패
PATT

PATTON

KODEF
안보총서
105

패튼
★ PATTON ★

전차전의 전설, 전장의 사자 패튼의 리더십

앨런 액슬로드 지음 | 박희성 옮김

플래닛미디어
Planet Media

차례

서문

조지 패튼의 시대 이후, 전쟁이 그런 것처럼 세계 자체도 상당히 변했다. 제1차 세계대전을 일으킨 원인이었던 제국주의적 지배를 위한 투쟁은 독일이 제2차 세계대전을 일으켜 회복과 복수를 위한 투쟁을 벌이면서 지속되었지만, 원자폭탄이 출현하면서 서방과 그들의 잠재적인 적국 소련은 서로 억제해야 할 때라는 것도 알게 되었다. 핵확산의 위험은 너무나 위압적이었기 때문에, 세계를 지배하려는 투쟁은 주로 서구 문명의 변두리에서 거짓 전쟁이나 대리전 형태로 진행되었다.

하지만 더는 세계대전이 없는 상황에서도 미국은 전투를 계속하고 있다. 어떤 때는 힘겹고 피투성이가 되기도 하고, 또 어떤 때는 미묘한 차이를 보이며 공작도 벌인다. 여전히 패튼이 살아 있다면 이렇게 기계화차량과 공중 지원을 갖춘 부대가 치열한 지상전에 개입하는 전투가 자기 방식임을 명백히 인식할 수 있을 것이다. 한국전쟁 때의 낙동강 방어선 돌파나 베트남 전쟁 때의 캄보디아 침공 작전 등은 틀림없이 패튼의 작전 계획에서playbook에서 쉽게 찾아볼 수 있을 것이다.

한국전쟁과 베트남 전쟁, 그리고 40여 년의 냉전 동안 미국이 얻은 군사적 이익은 여러 면에서 패튼 세대의 유산이자 패튼이 남긴 유산이었다. 대규모 기동전과 관련한 패튼의 전술적 비전은 제2차 세계대전 이후 미군을 휩쓸었다. 그의 옛 부하들과 동료들은 그의 명성은 물론 그의 원칙과 정신을 잊지 않으려고 했다.

제2차 세계대전 후 미 육군은 처음 만든 전차에 패튼의 이름을 붙였다. 또 많은 육군 기지에는 패튼 홀이나 패튼 막사, 패튼 박물관이 있다. 패튼이 가르쳐준 기동전의 정신과 항공전력이 포함된 제병연합부대의 활용은 미 육군 전투교리의 특징이 되었다. 패튼의 힘든 훈련 방식은 전 세대 장교들이 그의 횃불을 들고 다닌다는 전설의 소재가 되었다. 육군 최고 참모 가운데 한 명인 그는 벌지Bulge 전투 중 바스토뉴Bastogne를 구하기 위해 앞장서서 제3군 전차부대를 이끌 때 리더십을 보여준 것으로 잘 알려져 있다. 패튼은 포트 녹스Fort Knox 미 육군기갑학교의 전투와 리더십 사례 연구에서 당당히 영웅으로 대우받고 있다.

미 육군사관학교에서는 50년 동안 사관생도들이 도서관 앞에 세워진 패튼 동상을 매일 걸어 지나가며 영감을 얻는다. 생도들은 패튼의 업적을 가까이에서 접하며 그의 유산에 부응할 기회와 용기를 갖게 되기를 꿈꾸며 기도하고 군인으로서의 자의식을 키웠다.

10여간의 힘들었던 베트남 전쟁이 끝난 뒤 미 육군이 기본자세를 회복하려고 애쓸 때, 육군의 리더들은 패튼이 쌓아 올린 기본으로 돌아가기 위하여 사막훈련센터the Desert Training Center로 돌아왔다. 육군은 1942년 패튼이 만든 훈련 캠프에서 북쪽으로 불과 몇 마일 떨어진 곳에 제병합동 전술 및 대규모 기동훈련을 전문으로 교육하는 국가훈련센터를 건립했다. 나는 그곳에서 두 번 복무하는 영광(마지막은 지휘관으로서)을 누렸다. 이 훈련센터에서 우리는 육군이 진정 패튼 스타일로 더 나은 전투기술을 교육하고, 더 나은 장비를 위한 요구조건을 개발하려고 노력한다는 것을 확실히 알게 되었다. 그 결과는 잘 훈련되고 확 바뀌어 싸울 준비가 된 육군이었다.

1989년 베를린 장벽이 무너지면서 미군 활용에 대한 제약이 일부 풀렸다. 사담 후세인Saddam Hussein 군단을 쿠웨이트에서 몰아내기 위해 전면적인 대규모 기동을 실시했는데, 패튼은 이를 자랑스러워했을 것이다. 그는 제2기갑사단 소속 자신의 여단을 포함한 미군의 기갑력으로 군 역사상 가장 큰 전차전이었던 이 전투에서 그날 밤 정밀 사격으로 최대 2마일 거리나 떨어져 있던 적 차량을 타격하며 대규모 방어군을 격파하는 모습을 보면서 분명 기뻐했을 것이다. 2003년 봄, 사담 후세인의 군대를 뚫고 이라크 깊숙이 들어가 바그다드를 포위한 제5군단의 스콧 윌리스Scott Wallace와 지상군 사령관 데이브 맥키어넌Dave McKiernan에게는 패튼의 정신이 함께했을 것이다. 대규모 기동전, 위험 감수 등 모든 것이 그들과 함께 있었다. 패튼은 이들이 자신의 유산을 이해하고 있음을 자랑스러워했을 것이다.

물론 지금의 기술은 훨씬 진보하였다. 무인항공기가 적 상공을 비행하며 사진을 찍어 지상으로 보내고, 전차는 인터넷 메시지로 통신하며, 적외선 기술로 야간에도 아군에 유리한 상황으로 만들 수 있게 되었다. 하지만 패튼이라면 이 모든 것들을 자신의 설계에 따른 자연적인 전쟁의 진화로 생각할 것이다.

패튼의 영향력을 전쟁 방식에만 제한하는 것은 잘못이다. 그의 캐릭터 또한 장교단에 많은 영향을 주었다. 정치에 대한 그의 "무감각"과 공격적인 허세, 그리고 "우리는 명령이 내려진 곳에서 싸우고, 싸우는 곳에서 승리한다"는 마음가짐은 직업윤리의 본보기가 되었고, 많은 장교가 이를 따랐다. 그는 자신의 직업을 전문적으로 익히는 데 전념한 완벽한 프로 전사이자 "검의 달인Master of the Sword"이었다.

분별없는 용맹에도 불구하고 패튼은 자기 의심이 컸다. 인류가 가장 예측하기 어려운 전쟁과 리더십에 항상 바보들만이 확신을 가진다. 자기 의심을 인정한 패튼의 의지야말로 그가 계속 군인으로 성장해가는 핵심 요소가 되었을지도 모른다. 패튼은 "절벽의 가장자리"를 훑어보고, 예견된 실패를 피하기 위해 노력했다.

미 육군사관학교와 그 이후 나의 멘토들 중 상당수는 전투에서 에너지가 넘칠 뿐 아니라 군사 전략과 국가 운영의 복잡함을 다룰 수 있는 "패튼 플러스Patton-plus" 정신을 만들어내기 위해 열심히 노력했다. 오늘날의 평화유지 활동에서 우리가 직면한 도전에 비추어볼 때 "패튼 플러스" 사고방식이 이렇게 절실하던 적은 없었다.

앨런 액슬로드의 이 책에서 읽게 되겠지만 패튼은 (적어도 대부분의 경우) 미디어의 달인이었다. 그러나 언론에 대한 모든 감사함과 그의 언론 활용에도 불구하고, 미디어가 홍보 역할을 하여 자신의 경력을 쌓을 수도 있지만, 자신의 경력을 끝낼 수도 있는 양날의 검이라는 사실을 그는 알게 되었다.

패튼도 테러나 세계전쟁, 평화유지를 위한 세계전쟁에서 의심할 여지

없이 좌절감을 느꼈을 것이다. 액슬로드가 쓴 글에는 패튼이 전후 독일에서 겪은 어려움, 즉 현재 평화유지 임무에 반영된 어려움이 묘사되어 있다. 하지만 패튼은 각 임무를 완수하는 가장 좋은 방법을 끊임없이 연구한 학생이었다. 패튼이 오늘날 지도자들에게 제시하는 것은 무엇보다 이러한 사고방식이다. 그는 승자였고, 모든 도전에 신속하게 적응하고 숙달하기 위해 노력했으며, 사기가 충만한 팀을 만든 사람이었다. 오늘날 우리에게는 그와 같은 리더가 필요하다.

웨슬리 K. 클라크Wesley K. Clark 장군*

---

* 34년 동안 미 육군에서 복무한 4성 장군으로 NATO의 유럽연합군 총령관을 지냈다. 베스트셀러인 『현대전쟁의 수행 : 보스니아, 코소보와 미래전투Waging Modern War: Bosnia, Kosovo and the Future of Combat』의 저자이다.

지휘와 논란

제2차 세계대전의 뛰어난 독일군 사령관 게르트 폰 룬트슈테트^{Gerd von} Rundstedt 원수의 대담하고도 필사적인 아르덴^{Ardennes} 공세 "벌지 전투"는 조지 S. 패튼의 제3군에 의해 재앙이 되어버렸다. 전쟁이 끝난 뒤, 룬트슈테트에게 가장 깊은 인상을 준 미군 지휘관의 이름을 물었을 때 그는 주저하지 않았다. "패튼, 당신이 최고였다."[*]

이오시프 스탈린^{Joseph Stalin} 원수는 놀랄 만큼 솔직한 평가를 통해 "붉은 군대^{RED ARMY}는 프랑스 전역에서 제3군이 실행한 진격을 상상할 수도 실행할 수도 없었다"고 밝혔다.[**]

미국인들도 칭찬을 아끼지 않았다. 패튼의 부하로 시칠리아 작전 중

---

[*] Rundstedt quorted in Martin Blumenson, *Patton: The Man Behind the Legend, 1885-1945*(New York: Quill/William Morrow, 1985), 296.

[**] Stalin quoted in Blumenson, *Patton*, 296.

패튼과 격렬히 충돌했던 완고한 기병대 출신 사령관 루시안 트루스콧 Lucian Truscott 은 "아마도 그가 제2차 세계대전에서 가장 뛰어난 전투지휘관이자 가장 파란만장한 인물일 것"이라고 말했다.

반면, 미 정규군에서는 확실히 많은 사람이 그를 좋아하지 않았었다. 어느 정도는 자기 스스로 만들어낸 별명인 "올드 블러드 앤 거츠Old Blood and Guts"(War will be won by Bloody and Guts alone)는 전쟁 내내 어디에서나 들을 수 있었고, 많은 미군이 미 육군의 전형적인 빈정거림이 된 "그래! 그의 배짱, 우리의 피!"라고 떠들어댔다. 그러나 미합중국 육군 제3군의 남자들은 1945년 12월 21일 패튼이 죽자 그의 죽음을 매우 고통스럽고 자신과 직접적인 관련이 있는 사건으로 받아들였다. 한 일병은 부모에게 쓴 편지에서, 그의 제복을 입은 모든 젊은이가 "그동안 살았던 가장 위대한 사람 중 한 명을 애도하고 있습니다. … 나머지 세상 사람들은 그를 그저 어깨에 별을 단 또 다른 사람이라고만 생각합니다. 하지만 그의 휘하에서 복무한 사람들은 그를 병사들의 리더로 알고 있습니다. 저는 그가 이끈 제3군에서 복무했다는 것이 자랑스럽습니다"라고 말했다.[*]

일부 미국인들은 다른 감정도 있었다. 예컨대 제2차 세계대전에 복무한 비평가 겸 문화사학자 드와이트 맥도널드Dwight Macdonald는 패튼을 "으스대는 떠버리, 파시스트적 사고를 가진 귀족, 악랄하고 히스테릭하며 거칠고 과장되고 폭력적이고 텅 빈, … 우리들의 따분한 행적에 비하면 패튼 장군은 상당히 미쳤다"라고 평가했다. 오늘날 CBS TV 프로그램 〈60분60 Minutes〉의 인색한 해설자로 잘 알려져 있는 앤디 루니Andy Rooney는 당

---

[*] Lucian K. Truscott, Command Mission(New York: E. P. Dutton, 1954), 509; Carlo D'Este, *Patton: A Genius for War* (New York: Harpercollins, 1995), 440 and 800.

시 젊은 전쟁특파원이었다. 그 역시 "패튼과 그의 방식에 관한 모든 것이 매우 싫었다. 우리에게 그와 같은 군인이 적었기 때문에 전쟁에서 승리할 수 있었다. … 패튼 같은 장교보다는 전시에 입대한 장병들이 더 똑똑했다"고 말했다. [*]

이처럼 조지 S. 패튼 주니어에게 보낸 찬사만큼이나 그를 상대로 한 많은 고발을 쉽게 찾아볼 수 있다. 하지만 중간은 없다. 패튼 장군에 대한 객관적인 의견은 고사하고, 중립적인 의견을 가진 사람은 아무도 없는 것 같다.

패튼은 왜 그렇게 양극화된 강한 의견들을 만들어냈으며, 실제로 왜 늘 그렇게 행동했을까?

역사학자, 탁상공론을 좋아하는 장군들, 그리고 직업군인들은 전술과 병력 이동에 근거하여 칭찬이나 비난, 공로나 비판을 가하면서 나폴레옹 Napoleon, 그란트 Grant, 리 Lee의 전쟁을 일상적으로 해부하고 토론한다. 하지만 패튼의 경우는 그렇지 않다. 아무도 그가 보여준 결과에 이의를 제기하지 않는다.

현대 기계화전뿐 아니라 전격전을 만들어낸 독일군에 맞서 미 지상군이 대항할 수 있도록 만든 신속기동공세교리에 있어 패튼은 매우 실질적인 개척자, 옹호자, 그리고 주창자였다. 미국이 제2차 세계대전에 참전하기 전날 밤, 미 육군이 실행한 가장 크고 야심 찬 워게임에서 패튼은 모든 동료를 능가했다고 널리 인정받았다. 그 뒤 패튼은 캘리포니아 인디오 Indio 외곽에 사막전쟁 훈련센터를 설립하기 위해 보직되었고, 미국의 제1

---

[*] Dwight Macdonald quoted in John Phillipas, "The Ordeal of George Patton," *New York Review of Books*, December, 31, 1964; Andy Rooney quoted in D'Este, Patton, 813.

세대 사막 전사들을 배출했다. 독일군을 상대로 한 미군의 첫 대규모 전투 중 제2군단이 튀니지 카세린 패스Kasserine passes에서 치욕적인 패배를 당하자, 드와이트 D. 아이젠하워Dwight D. Eisenhower는 북아프리카의 미 육군을 지휘하기 위해 패튼을 불렀다. 완전히 사기가 떨어져 있던 미군을 패튼은 며칠 만에 의기양양하게 독일군 아프리카 군단Afrika Korps을 물리치고 승리를 이끈 핵심 군대로 변화시켰다. 영미 연합군이 북아프리카에서 출발해 시칠리아를 침공했을 때, 패튼은 자신의 제7군에 부여되었던 영국군 예하부대 임무를 일방적으로 수정하고 번개 같은 속도로 팔레르모Palermo를 점령한 다음, 영국 장군 버나드 로 몽고메리Bernard Law Montgomery와의 경쟁에서 이기고 메시나Messina를 정복했다.

노르망디Normandy에 상륙한 디데이D-Day 이후 패튼은 제3군의 지휘권을 쥐었고, 오마 브래들리Omar Bradley 장군이 노르만의 산울타리 지역을 탈출하기 위해 수립한 평범한 계획인 코브라 작전Operation Cobra을 제2차 세계대전에서 가장 극적이고 생산적인 진격전으로 증폭시켰다. 공식 문서인 제3군 작전결과 보고서는 다음과 같이 시작된다.

"9개월 8일이라는 전역 전투 동안, 제3군은 최상급이라고 평가될 수 있는 공격작전 기록을 작성했다. 제3군의 업적은 세계를 놀라게 했을 뿐 아니라 그 공적은 상상 속에서만 도전할 수 있는 수치였기 때문이다."

이 짧은 기간 동안 패튼의 부하들은 프랑스에서 8만 1,522제곱마일, 룩셈부르크에서 1,010제곱마일, 벨기에에서 156제곱마일, 독일에서 2만 9,940제곱마일, 체코슬로바키아에서 3,485제곱마일, 오스트리아에서 2,103제곱마일을 해방시키거나 확보했다. 제3군은 약 1만 2,000여 개의 도시와 마을 및 촌락을 해방시키거나 점령했으며, 그중 27개는 인구 5만

명 이상의 큰 도시였다. 1944년 8월 1일부터 1945년 5월 13일까지 128만 688명의 전쟁포로를 붙잡았다. 이 공격으로 적군 4만 7,500명을 사살하고 11만 5,700명에게 부상을 입혔다. 같은 기간 제3군의 병참부대들은 철도, 트럭, 항공편으로 53만 3,825톤의 탄약을 포함한 123만 4,529톤의 물자를 공급했다. 공병은 약 8.5마일에 해당하는 2,498개의 다리를 건설했으며, 2,240마일의 도로와 2,902마일의 철도를 수리하고 재건했다. 통신부대들은 3,747마일의 지상 전신과 3만 6,338마일의 지하 케이블을 가설했다. 전화 교환원들은 하루 평균 1만 3,986통의 전화를 처리했다. 구급차는 26만 9,187명의 환자를 후송했다. 장교와 병사들은 벨기에, 체코슬로바키아, 프랑스, 룩셈부르크에서 민정을 관리하고, 독일과 오스트리아 일부 지역에서는 군정을 관리하여 궁극적으로 약 3,000만 명의 남성, 여성, 아이들의 삶과 복지를 총괄했다.[*]

대규모 연합군이 동쪽으로 질주하는 동안, 독일의 폰 룬트슈테트 원수는 미군의 가장 약한 지점을 타격하여 연합군이 장악하고 있던 안트베르펜Antwerp 항을 탈환하는 동시에 전면적인 진격작전을 통해 연합군을 둘로 분리시키기 위한 아르덴 공세를 감행하였다. 패튼은 3개월 동안 계속되는 전투와 진격으로 지칠 대로 지친 부대 대부분을 북쪽으로 90도 선회하여 독일군 남쪽에서 과감한 반격을 실시하였는데, 그때 패튼은 전술과 보급, 병력에 있어 부대원들에게 기적적인 인내심을 발휘하도록 하였다. 초반에 연합군의 엄청난 대참사로 시작된 이 벌지 전투는 독일군의 후방을 무너뜨린 미군의 승리로 바뀌었다.

---

[*] Alan Axelrod, *Patton on Leadership: Strategic Lessons for Corporate Warfare*(Paramus, N.J.:Prentice Hall Press, 1999), 8-9.

이런 천재성에도 불구하고 패튼은 계속해서 지휘관에서 해임될 위기에 처했다. 이는 이 남자를 둘러싸고 있는 수많은 모순의 종합에 불과했다. 그는 낭만적인 군사 전통에 깊이 빠져 있는 기병장교였고, 그를 위해 특별히 미 육군이 부여한 "검의 달인"이라는 칭호를 가지고 있었다.

그러나 그는 완고하고 주저하던 미군을 가장 진보적인 영역인 기동화된 기갑전으로 이끄는 데 중요한 역할을 했다. 버지니아와 캘리포니아의 상류층 가문인 뉴잉글랜드의 상속녀와 결혼한 독재적인 속물 패튼은 여전히 자신이 지휘하는 계급 중 가장 낮은 계급인 이병과 미증유의 관계를 형성하였다. 그는 노골적인 인종차별주의자였지만 아프리카계 미군 전투부대에 크게 의존했다. 패튼과 동시대 사람들 대부분은 흑인들을 하찮은 업무와 지원부대로 밀쳐버렸다. 그는 불경한 욕을 많이 했지만 신앙심이 깊은 사람이었고, 하나님이 자신을 군사적 위대함으로 운명지었다고 믿었다. 그는 하나님과 개인적인 관계를 맺었다고 공언하였으며, 기도의 효력을 믿는 사람이었다. 패튼은 어린 시절 난독증에 시달려 불안을 악화시켰고, 성인이 되었을 때는 자신의 마음속에서 일어나는 비겁함으로 고통을 받았다. 그는 평생, 특히 중년에 심한 우울증과 다른 사람들이 히스테리(그는 그것을 "화를 내다"라고 얘기했다)라고 얘기하는 여러 사건을 겪었다. 하지만 그는 제7군과 제7군 장병들에게 절대적인 자신감과 더불어 변함없는 승리의 영감을 불어넣었다.

북아프리카 전역의 사령관이었고, 유럽연합군 최고사령관이 되는 드와이트 데이비드 아이젠하워와는 1919년 메릴랜드 캠프 미드^{Camp Meade}에서 함께 근무하면서 친구가 되었다. 그리고 아이젠하워는 패튼보다 어렸지만, 패튼의 상관이 되었다. 아이젠하워만큼 패튼의 실패를 뼈저리게 알고 있는 사람은 없었다. 그는 가까운 동료들에게 패튼의 "불안정"에 대하여 두려움을 표현했다. 대중을 위한 전후 회고록인『유럽의 십자군Crusade in Europe』에서 그는 패튼의 "정서적 긴장감과 충동성"에 관해 썼다. 아이젠하워는 패튼이 그런 특성으로 인해 터무니없는 발언을 하고 불경스러운 말을 쏟아내 입대 장병들은 좋아했지만 반대로 일부 사람들을 당황하게 만들었다고 썼다. 그의 가장 악명 높은 "충동성"은 전투 피로로 고통받는 두 병사를 공격하게 만들었고(제9장 참조), 그 사건으로 정치인, 언론, 대중들은 패튼의 즉각적인 해임을 끊임없이 요구하였다. 아이젠하워는 그런 압력에 굴복하고 싶었고, 심지어 상관인 조지 C. 마셜George C. Marshall 육군 참모총장의 지시를 기대했다. 하지만 마셜은 다시 아이젠하워에게로 결정권을 떠넘겼다. 한동안 자기 자신을 깊이 들여다본 아이젠하워는 마셜에게 "다가오는 유럽 침공에서 저는 패튼을 저의 육군 지휘관 중 한 명으로 원합니다"라고 썼다. 그는 또 "특정 유형의 작전에서" 조지 S. 패튼이 "미국에서 가장 뛰어난 군인"이라고도 썼다. 그러나 아이젠하워는 패튼을 그리스 비극의 영웅과 같다고 여겼다. 즉, 패튼이 가진 위대함의 요소들이 언제든지 그를 파멸시킬 것이라고 보았다. "그의 정서적 긴장감과 충동성은 개방적인 상황에서는 그를 대단히 뛰어난 리더로 만드는 자질이다. 추격과 약탈에서는 오직 앞만 보는 지휘관이 필요하다. 그가 부하들을 더 많이 몰아붙일수록 더 많은 부하의 목숨을 구할 것이다."[*]

1943년 12월 14일 아이젠하워는 준 젠킨스 부스June Jenkins Booth의 편지에 답장했다. 부스 여사는 패튼이 전투 피로로 고통받는 병사들의 뺨을

---

[*] Dwight David Eisenhower, *Crusade in Europe*, reprint ed. (Baltimore: The Johns Hopkins University Press, 1997), 180-81.

때렸다는 글을 읽고 나서, 자신의 한 아들은 군 복무 중이고 또 다른 아들은 내년에 복무할 예정이라며 패튼의 "또 다른 불행한 희생자에게 또다시 성질을 부릴 수 있는" 지휘권이 유지되지 않길 바란다고 썼다. 그녀는 최고 사령관에게 그녀의 아들들이 "그런 잔인하고 불경스럽고 참을 수 없는 장교" 밑에서 복무해야 한다면 "걱정으로 죽을 것" 같다고 말했다.

아이젠하워가 답했다.

> … 부인께서 (패튼의) 그런 행동에 개탄하고 그런 일이 미군에서 일어날 수 있다는 사실에 격분하는 것은 당연합니다. 그러나 시칠리아에서 패튼 장군은 수천 명이나 되는 미군의 생명을 구했습니다. 그의 대담함, 속도, 질주로 인해 그는 전투에서 얻은 것보다 더 많은 것을 진격으로 얻어냈고, 시칠리아 전역에서 자신의 몫을 해냈습니다. 패튼 자신과 부하들은 거의 인간의 인내를 뛰어넘어 질주해야 했지만, 그 덕분에 미국 가정의 비극은 최소화되었습니다.
>
> … 패튼 장군을 집으로 돌려보내는 것이 더 쉬운 일이지만 … 저는 우리가 이 전쟁에서 승리하려면 (패튼을) 잃어서는 안 된다고 결심했습니다. 두 미군의 어머니인 부인께서 이해해주시길 바랍니다.[*]

본질적으로 아이젠하워는 병사의 어머니에게 자신의 방식대로 이 "잔

---

[*] Alfred D, Chandler, Jr., ed., *The Papers of Dwight David Eisenhower : The War Years* (Baltimore: The Johns University Press, 1970), Ⅲ :1594-95.

인하고 불경스럽고 참을성 없는 장교"가 만들어낸 결과, 즉 생명을 구한 것만 기억하고 나머지 모든 일은 눈감아 달라고 부탁한 것이다. 연합군 최고사령관이 한 어머니에게 무언가를 부탁하는 것은 중대한 일이다. 이는 사실, 전 세계가 목격한 가장 잔인하고 파괴적인 폭정에 맞서 싸우도록 아들을 군에 보내는 민주 국가에 요구하는 크나큰 합의였다.

아이젠하워가 패튼의 어마어마한 결점들을 받아들여야만 했던 것처럼, 오늘날 군 리더들은 이 논란 많은 지휘관의 유산을 계속 소중히 여기고 있다. 패튼에게 막중했던 두 차례의 세계대전은 모두 완전한 승리를 위해 군사전력과 정치적 정책을 전제로 최대한의 노력을 쏟아부었다. 반면, 제2차 세계대전 이후의 전쟁은 잠재적으로 문명을 파괴하는 제3차 세계대전을 촉발시키지 않고도 반드시 승리를 달성해야 했기에 "억제" 원칙에 의해 지배되는 "제한적인" 충돌이었다. 그럼에도 그 맥락 안에서는 가능하다면 최대의 노력과 엄청난 속도, 격렬한 집중공격, 반응의 유연성, 그리고 최고의 기동성을 요구하는 경우가 많았다. 패튼은 한국전쟁 당시 더글러스 맥아더Douglas MacArthur 장군의 훌륭한 인천상륙작전과 진격, 베트남 전쟁에서의 "공중기병 기동대", 제1차 페르시아 걸프전(사막의 폭풍 작전Operation Desert Storm)에서 주요 작전으로 실행된 전면적인 기갑 침공, 그리고 2003년 이라크 자유작전Operation Iraqi Freedom 개시 단계에서 이라크를 횡단하여 바그다드로 경주하기 위한 토대를 마련했다. 이런 작전들은 조지 S. 패튼 주니어의 전술적 유산에 해당하지만, 현대의 어떤 지휘관도 이 목록을 보고 그것이 미국 군대의 생생한 역사에서 패튼의 위치를 가장 적절하게 요약한 것이라고 말하지는 못할 것이다. 패튼은 또한 개성 있는 결단력과 리더십을 직접 보여줌으로써 미 육군이 승리할 수 있도록 헌신했다. 그의 유산 가운데 이 측면은 전술적 교훈보다는 확실히 그 실체가 덜하겠지만, 오늘날과 미래의 지휘관들에게는 더욱 절실한 부분이다.

패튼이 만들어낸 결과에 대해 아무도 의문을 제기하지 않지만, 상비군에 적합한 군인이나 민주주의에서 타고난 전사를 양성하려면 의문과 의심, 경멸과 두려움, 심지어 혐오의 대상까지 항상 스스로 찾아야만 한다. 우리는 패튼을 지휘관으로 존경하고 전설로 좋아하긴 하지만, 적어도 우리는 패튼이라는 이 남자가 불편한 것도 사실이다.

이 짧은 전기는 위대했지만 결함이 많았던 한 인물에 대하여 균형 잡힌 시각을 갖게 해준다. 그는 현대 군사교리와 현대 세계사에 크게 공헌한 인물이었다. 그의 이런 위대함과 실패는 우리가 (과거) 누구였고, 우리가 (현재) 누구이며, 우리가 (앞으로) 누가 될 것인지에 대한 상상을 포함하여, 조지 스미스 패튼 주니어가 누구였는지 객관적으로 보여줄 뿐 아니라, 그에 못지않게 미국에 대해서도 많은 것을 보여준다.

Chapter 1

타고난 군인

To the Army Born

Patton, Old Blood and Guts

타고난 군인인 조지 스미스 패튼 주니어^{GEORGE SMITH PATTON}

^{JR.}는 1885년 11월 11일 로스앤젤레스 외곽의 고향 집 레이크 빈야드^{Lake}

^{Vineyard}에서 태어났다. 그의 이름은 아버지 조지 윌리엄 패튼^{George William}

^{Patton}(그는 자신의 친아버지와 의붓아버지 조지 휴 스미스^{George Hugh Smith} 둘 다

를 기리기 위해 중간 이름을 스미스라고 바꾸었다)과 할아버지 조지 스미스 패

튼^{George Smith Patton}의 이름을 따서 지어졌다. 할아버지는 1852년 버지니

아군사학교^{Virginia Military Institute(VMI)}를 졸업했고(토마스 '스톤월' 잭슨^{Thomas}

^{'Stonewall' Jackson}의 학생이었다), 남북전쟁 때 제22버지니아보병연대를 지휘

했다. 그는 세넌도어 전투^{Shenandoah campaign}에서 부상을 당한 뒤 잡혀가 포

로로 교환되었으나, 결국 1864년 9월 19일 제3차 윈체스터 전투^{Third Battle}

^{of Winchester}에서 전사하였다. 마찬가지로 작은할아버지 월러 태즈웰 패튼

^{Waller Tazewell Patton}도 제2차 불런 전투^{Second Bull Run}에서 부상을 당했고, 그 뒤

게티스버그 전투Battle of Gettysburg 피켓 돌격Pickett's Charge 때 쓰러졌다. 조지 윌리엄(자녀들은 그를 파파Papa라고 불렀다)*은 자신의 아버지처럼 버지니아 군사학교에 입학한 버지니아인이었다. 독립 100주년이던 1876년에 3학년 생도가 된 조지 윌리엄은 필라델피아에서 열린 행진에서 최선임 지휘 생도로 생도들을 이끌었다. 남북전쟁이 끝난 뒤 북부에서 행군한 최초의 남부 군대였다. 파파는 군 생활을 이어가는 대신 버지니아를 떠나 캘리포니아에서 변호사가 되었고, 로스앤젤레스 카운티의 지방검사를 지냈다. 이후 아내 가문의 땅과 포도원을 관리하기 위해 이 모든 것을 포기했다.

조지 스미스 패튼 주니어는 남부연합군에서 지휘관을 한 여러 친척과 명망 있는 선조들의 이름에 대해 배웠다. 그리고 그들 이전에는 1771년 버지니아 프레더릭스버그Fredericksburg에 정착한 고조부 로버트 패튼Robert Patton이 있었다. 로버트 패튼은 자신의 출신지인 스코틀랜드 컬로든Culloden에서 적으로 만나 전투를 벌였던 휴 머서Hugh Mercer의 딸 앤 고든 머서Anne Gordon Mercer와 결혼했다. 머서는 미국에 이민을 와 프렌치 인디언 전쟁French and Indian War에서 싸웠고, 미국독립혁명 때 조지 워싱턴George Washington 장군의 동료로 프린스턴 전투Battle of Princeton에서도 함께 했다.

어린 조지의 선조 숭배는 조심스럽게 선택적으로 이루어졌다. 친가 조상들의 군사적 영광에 감동한 그는 어머니 루스 윌슨 패튼Ruth Wilson Patton의 가문에는 관심을 거의 두지 않았다. 외증조부 데이비드 윌슨David Wilson은 테네시의 개척자로 미국독립혁명의 중요 인물이었고, 그 이후에 테네시 지역 의회의 의장이 되었다. 또한 외조부 벤자민 윌슨Benjamin Davis Wilson

---

* 패튼은 부친 조지 윌리엄을 파파로 불렀고, 따라서 이 책에서는 패튼이 평소 부르던 파파로 호칭하였다.

은 미시시피와 뉴멕시코에서 모피 사냥꾼, 인디언 교역자, 상점 주인을 하다가 남캘리포니아로 이주한 뒤 목장을 사들여 가죽과 수지 무역으로 돈을 벌었다. 그는 스페인계 멕시코 여성과 결혼하였고, 샌버너디노San Bernardino의 알칼데alcalde(평화재판관)가 되어 누구에게서나 애정 어린 존경을 받는 돈 베니토Don Benito로 불렸다.

그 뒤에는 로스앤젤레스로 이주하여 살았는데, 나중에 유니언 스테이션Union Station이 될 작은 포도원을 운영하면서 상인, 술집 주인, 호텔리어, 작은 부동산 재벌로 성공하였다. 하지만 1849년 부인을 잃은 돈 베니토는 가정부 마가렛 헤어포드Margaret Hereford와 (그녀의 남편이 죽은 뒤) 결혼했는데, 그녀가 바로 조지의 어머니를 낳았다. 윌슨은 결국 지역에서 최고의 명성을 얻어 로스앤젤레스의 초대 시장이 되었고, 현재의 패서디나Pasadena, 사우스 패서디나South Pasadena, 산 마리노San Marino, 알함브라Alhambra, 그리고 산 가브리엘San Gabriel을 포함하여 1만 4,000에이커의 목장을 가지게 되었다. 그는 자신의 지역인 레이크 빈야드를 캘리포니아에서 가장 큰 와인과 브랜디의 생산지로 만들었다.

그럼에도 개척자, 정치가, 재계 거물이었던 돈 베니토는 외손자에게 부계의 군인 선조들처럼 영향을 주는 데는 실패했다. 설상가상으로 돈 베니토가 죽자, 사위이자 사업 파트너인 사치스러운 제임스 드 바르스 쇼브James De Barth Shorb가 가뭄과 서리가 계속되던 기간에 포도주 양조장을 잘못 경영하는 바람에 사업이 심각한 빚더미에 나앉게 되었다. 회사를 구하기로 결심한 조지의 아버지는 자신의 법률 업무를 포기하고 가족들을 레이크 빈야드로 옮겼다. 조지는 아버지를 존경했지만, 쇼브의 연속적인 재정 파산으로 인해 포도주 양조장과 다른 많은 사업에 시간을 많이 할애

해야 하는 것에 화를 냈다.

월리엄 패튼의 주요 활동 가운데 하나는 짧은 시간이지만 아들에게 책을 읽어주는 것이었다. 패튼을 아는 사람들은 그가 열렬한 독서가라는 것을 저절로 알게 된다. 하지만 그는 어린 시절 책 읽기를 어려워했고, 상당수 부모들이 책 읽어주기를 그만두는 나이를 훨씬 넘어설 때까지 아버지가 큰 소리로 계속해서 책을 읽어주었다. (그가 단순한 독서뿐 아니라 낭독을 사랑하는 법을 배웠다는 점은 그의 의지와 결단력이 강했음을 보여준다.) 이들 부자가 가장 좋아한 월터 스콧 경Sir Walter Scott의 소설은 조지의 로맨스와 기사도에 대한 동경의 성장뿐 아니라 스코틀랜드 유산에 대한 감사의 마음도 키워주었다. 『일리아드』와 『오디세이』, 영웅적 이상에 대한 고전적 회상, 셰익스피어의 비극, 루드 야드 키플링 이야기와 시, 구약성서 등 조지는 아버지가 읽어준 책 속의 긴 구절들을 암송하곤 했다.

아버지가 부르던 애칭인 '더 보이the Boy'와 많은 시간을 보낸 사람들은 그가 매우 똑똑하다는 걸 알았다. 그러나 패튼은 읽기와 쓰기를 어려워했고, 가족들은 물론 조지 역시 그 일 때문에 당황하고 좌절했다. 오늘날이라면 그런 학습 장애는 난독증이라고 쉽게 진단될 것이다. 난독증의 특징은 글씨를 인식하고 이해하는 데 어려움을 느낀다는 것이다. 어린 시절 패튼의 이런 문제는 소년에게 "더디다"는 낙인을 찍었다. 그런 오명을 피하려고 부모는 열한 살이 될 때까지 가정교사를 고용하여 가르쳤다.

그 무렵 부모는 그가 좋은 사립학교에 갈 준비가 되었다고 판단하여 패서디나에 있는 스티븐 커터 클라크 소년학교에 입학시켰다. 처음부터 가장 좋아한 과목은 역사였다. 그는 고대 지도자들, 특히 스키피오 아프리카누스Scipio Africanus, 한니발Hannibal, 카이사르Caesar 등 위대한 명장들의 이야기에 몰두했다. 현대로 좀 더 옮겨가면, 가장 좋아한 인물은 잔다르크Joan of Arc와 나폴레옹 보나파르트였다. 이 남학생에게 이런 인물들은 로버트 E. 리와 스톤웰 잭슨을 포함한 자기 시대의 영웅들과 매끄럽게 결합되었다. 남부연합의 "회색 유령Gray Ghost"으로 유명한 존 싱클턴 모스비John Singleton Mosby는 남태평양철도의 변호사가 되었고, 패튼이 어렸을 때 종종 집에 방문하여 자신의 대담한 기병 돌격 이야기로 조지의 넋을 빼놓곤 했다. 패튼에게는 어린 시절 만난 이런 생생한 영웅적 행동의 흔적과 위대한 명령의 모델이 항상 존재했다. 그가 읽은 역사적 인물들은 자신의 경험과 겹쳐졌다. 평생 그는 역사의 도서관에서 고대 정복사, 일반 군사사, 유명한 장군들의 회고록을 탐독했다.

디데이 한 달 뒤 제3군을 맡기 위해 노르망디로 날아가기 전까지 그는 "자유인으로 『노르망 정복The Norman Conquest』을 읽었고, 특히 정복자 윌리엄William이 노르망디와 브르타뉴Brittany 작전에 사용한 도로를 주의 깊게 보았다." 그가 믈룅Melun에서 센Seine 강을 건널 것을 제안했을 때, "믈룅 횡단은 기원전 55년경 제10군단과 라비에누스Labienus가 이용한 곳과 같은 곳이다"라며 순식간에 관측한 것은 당연한 일이었다. 그는 윤회에 대한 믿음을 비밀로 하지 않았기 때문에 군대 역사에 대한 흡입력은 지식인이나 심지어 전문가 이상이었다. 1943년 연합군이 시칠리아를 침공하기 위해 북아프리카를 떠나기 전, 영국 장군 해롤드 알렉산더 경Sir Harold Alexander은 감탄하며 "조지, 당신이 19세기에 살았더라면 나폴레옹의 대원수가 되었을 겁니다"라고 말했다. 패튼은 "그렇겠죠"라며 건성으로 대답했다.

그는 윤회에 대한 믿음을 절대 부끄러워하지 않았다. 그는 14세기 나폴레옹과 함께 또는 보헤미아의 장님왕 얀 룩셈부르크John the Blind와 함께 자신이 투르크족에 대항하여 행군했다고 확신했고, 심지어 자신이 로마 군인으로서 "어쩌면 (내가) 우리 구세주를 찔렀을지도 몰라. 그의 신성하고 무력한 옆구리를!"이라고 고백하기도 했다.[*]

1908년 크리스마스에 베아트리체에게 청혼한 뒤 그는 그녀의 아버지 프레드릭 에이어Frederick Ayer에게 자신이 선택한 군인 직업이 옳다고 주장하는 내용의 편지를 썼다. 패튼은 금전적 보상이 크지 않은 미 육군장교 생활을 시작할 만한 합리적인 이유는 없다고 우선 인정하였다. 하지만 그는 "저는 오직 그곳에서만 느낍니다. 숨 쉬는 것만큼이나 제게 군인이 되는 것은 당연한 일이며, 숨쉬기를 그만두는 것이 어렵듯이 군에 관한 모든 생각을 포기하는 것도 어렵습니다"라고 덧붙였다.[**]

그가 기억하는 어린 시절의 첫 놀이는 니타Nita라고 부른 여동생 앤Anne과 함께 한 "군인들"이라는 일종의 전쟁 역할극 놀이였는데, 자신이 이병이 아닌 소령 계급을 맡게 되자 "나는 스스로 상급자라고 생각하는 이병을 맡겠다고 우겼다"고 회상하기도 했다. 아버지가 이 게임에 참가하여 매일 아침 남매에게 경례하고 "이병님과 소령님, 안녕하십니까?"라고 물었다. 얼마 지나지 않아 조지는 "이병"이 보잘것없는 계급이라는 것을 알게 되었고, 자신을 "조지 S. 패튼 주니어 중장"이라고 부르기 시작했다.[***]

---

[*] George S. Patton, Jr., *War as I Knew It*, reprint ed. (Boston: Houghton Mifflin, 1995), 92 and 111; Carlo D'Este, *Patton: A Genius for War* (New York: HaperCollins, 1995), 320 and 324.

[**] Patton, letter to Frederick Ayer, January 3, 1909, in Martin Blumenson, ed., *The Patton Papers 1885-1940*, reprint ed. (Bridgewater, N.J.: Replica Books, 1999), 157-58.

[***] Martin Blumenson, *Patton: The Man Behind the Legend, 1885-1945* (New York: Quill/William Morrow, 1985), 16.

조지는 일찌감치 캘리포니아의 황금빛 햇살 아래에서 말 타는 법을 배웠다. 패튼의 아버지는 행복해하는 아들을 위해 목검을 만들어 주고 부지런히 요새 구축하는 법을 알려주었지만, 소년의 에너지와 추진력, 그리고 놀이에 대한 끝없는 갈망과 활기를 따라갈 수는 없었다. 가문의 유산, 영웅담과 군대 역사 관련 독서, 말에 대한 사랑, 무한한 에너지, 그리고 활기찬 놀이 등은 어린 시절 패튼을 구성하는 요소였고, 어른이 되어서도 절대로 그것들을 멀리하지 않았다. 그가 군인이 아닌 다른 사람이 되기 위해 진지하게 생각했다는 증거는 없다. 더 중요한 것은 어릴 적 성장 과정에서 나타난 모든 증거가 리더, 지휘관, 위대한 영광과 보편적인 인정을 받는 승리자가 되려 하는 욕망을 보여주고 있다는 점이다.

클라크 소년학교에서 보낸 6년 동안 난독증에도 불구하고 뛰어난 성적을 받기 위해 노력했는데, 큰 소리로 읽거나 칠판에 글을 쓸 때마다 또는 더듬을 때마다 급우들은 그를 비웃었다. 그는 고통스러웠지만 절대 낙담하지 않았다. 그는 패배했지만 절대 굴복하지 않은 스코틀랜드와 남부 연합 조상들의 모험담 속에서 자랐고, 패배를 다음 차례의 승리나 맨 나중의 큰 성공을 위한 도전으로 받아들였다. 훗날 원숙한 지휘관이 된 그는 야전에서 사용한 노트에 대문자로 이렇게 적었다. "YOU ARE NOT BEATEN UNTIL YOU ADMIT IT, HENCE DON'T."[*](네가 인정하기 전까지는 진 것이 절대 아니다.) 아무튼 어린 그에게 어떤 일이 일어나든 그를 사랑하는 아버지와 어머니는 결코 그가 패배감을 느끼게 놔두지 않았다.

---

* Patton, field notebook, quoted in Alan Axelrod, *Patton on Leadership: Strategic Lessons for Corporate Warfare* (Paramus, N.J.: Prentice Hall Press, 1997), 74.

난독증이라는 한계가 있었지만, 조지 스미스 패튼 주니어는 훗날 회상했듯이 "세상에서 가장 행복한 소년"*이었다. 여름을 완벽하게 보낼 수 있는 카탈리나섬의 목가적인 전원은 벤자민 윌슨의 사업 파트너인 피니어스 배닝Phineas Banning이 고급 휴양지로 바꾸기 위해 1892년 구입한 곳이었다. 그곳에서 패튼 가족은 여름을 보냈는데, 1902년 17세의 조지가 베아트리체 배닝 에이어Beatrice Banning Ayer를 만난 곳이다. 그녀는 보스턴의 사업가 프레드릭 에이어와 두 번째 부인인 피니어스 배닝의 조카 엘렌 배로우즈 배닝Ellen Barrows Banning 사이에서 태어난 소중한 딸이었다. 베아트리체는 배닝을 만나기 위해 부모님과 함께 캘리포니아에 도착했다. 조지는 한눈에 반해버렸다. 어떤 면에서 이것은 정반대의 매력을 보여준 사례이다. 조지는 키가 크고 근육질에 거칠었지만, 16세의 베아트리체는 작고 날씬하고 우아했다. 하지만 다른 면에서는 완벽하게 일치했다. 그녀가 배 타기보다 더 좋아한 것은 승마뿐이었다. 그녀는 어디로 가는지 거의 알아보지 못하는 심한 근시였지만 격렬하고 겁 없이 말을 탔다.

카탈리나에서 여름을 보내고 베아트리체가 보스턴으로 돌아간 뒤 두 사람은 서로에게 편지를 쓰기 시작했고, 크리스마스 때 베아트리체는 조지에게 넥타이핀을 보냈다. 1903년 1월 10일 편지에서 패튼은 "진실로 내가 가장 받고 싶었던 선물이오. 그리고 내가 처음으로 핀을 착용하고 똑바로 되었는지 거울로 보았을 때 나도 모르게 모자를 들어 올렸다오"라고 적었다.**

---

* Blumenson, *Patton*, 31.

** Patton, letter to Beatrice Ayer, January 10, 1903, in Blumenson, ed., *The Patton Papers 1885-1940*, 45.

베아트리체를 만나기 전 조지는 여자들에게 관심이 거의 없었다. 하지만 지금의 그는 분명 성장했다. 그에게는 8년 뒤 결혼하게 될 여자친구가 있었을 뿐 아니라, 1902년 가을쯤에는 부모님에게 자신의 인생을 결정했다고 말할 준비도 되어 있었다. 그는 미 육군장교가 되기로 마음먹었다.

아들이 결정을 내린 순간부터 아버지는 웨스트포인트 추천서를 받기 위해 끊임없이 노력했다. 9월 29일 소년을 생도에 추천할 힘을 가진 토마스 R. 바드Thomas R. Bard 상원의원에게 편지를 썼다. 그리고 저명하고 영향력 있는 여러 친구에게도 아들을 위해 상원의원을 설득해달라고 부탁했다. 그러나 이런 모든 활동에도 불구하고 바드 상원의원에게서 얻어낸 최선의 결과는 조지가 다른 젊은이들과 같이 최종 후보를 결정하기 위한 시험을 볼 수 있게 해주겠다는 약속뿐이었다. 윌리엄 패튼은 아들을 사랑했지만 현실주의자였다. 철자법만으로도 조지는 시험에 떨어질 것이 분명해 보였다. 하는 수 없이 다른 모든 수단을 알아보기 위해 사촌이 지휘하는 애리조나 대학의 군사훈련단corps of cadets과 프린스턴과 코넬의 ROTC 프로그램도 살펴보았다. 또 뉴저지의 모리스톤 예비학교Morristown Preparatory School의 대학 입학 전 1년 교육과정도 고려했다. 그리고 자신과 아버지, 조지의 두 삼촌의 모교인 버지니아군사학교도 생각해두었다. 그곳에는 아버지 패튼의 친구와 친척들이 교수진으로 있었다. 이 버지니아 군사학교는 조지가 1년 동안 훈련과 교육을 받고 성숙해질 수 있는 최적의 학교로 여겨졌고, 웨스트포인트에 입학시험을 보지 않고 입학 신청을 할 수 있는 "증명서"를 받을 수 있는 이상적인 곳이라고도 판단되었다.

아버지 패튼의 편지에서 비난을 받은 바드 상원의원은 조지의 웨스트포인트 입학 추천에 대해 부정도 긍정도 하지 않았다. 6월에는 프린스턴이 (입학시험의 평면기하학 과목에서 떨어졌음에도) 조지의 입학을 허가했지만, 윌리엄 패튼은 아들을 VMI에 등록시키기로 결정했다. 만약 바드 의원이 갑자기 웨스트포인트 입학시험에 부르기라도 한다면 언제든 캘리포니아로 돌아갈 예정이었다. 그해 9월, 조지는 버지니아로 갔다. 그곳은 소년 시절 조지의 상상력을 먼 곳으로 확장해주던 선조들의 고향이자 조지의 영적인 고향이었으며, 그곳으로의 이주는 조지가 캘리포니아 밖으로 떠나는 첫 번째 여정이 되었다.

24년 뒤 패튼은 다음과 같이 회상했다. "VMI로 가기 직전, 나는 글라셀 삼촌과 걸으면서 겁쟁이가 될까 봐 두렵다고 말했다. 삼촌은 나에게 그 어떤 패튼도 겁쟁이가 될 수는 없다고 말씀하셨다." 성격상 조지는 이 대화를 아버지에게 털어놓았고, 아버지는 삼촌의 말이 도움이 되도록 조지에게 다시 설명해주었다. 그는 아들에게 "예전부터 (너 같이) 가정교육을 잘 받은 사람들은 첫 전투에 참전하기를 주저할 수 있을지는 몰라도, (그 같은 좋은 가정교육이) 자신의 의지에 따른 죽음을 두려워하지 않는 것은 확실하다"라고 말했다. 그러나 용기에 관한 패튼의 내적 논쟁은 끝이 나지 않았다.

그는 평생 그 주제에 대하여 자신에게 의문을 제기하고 자신을 의심했다. 그러나 24년 뒤, 희망을 얻은 그는 아버지의 설명에 대해 "나는 그 말씀이 진실이라고 생각한다"고 썼다.[*]

---

[*] Patton, "My Father as I Knew Him" (unpublished manuscript), in Blumenson, ed., *The Patton Papers 1885-1940*, 58.

Chapter 2

생도, 군인, 육상선수, 검객

Cadet, Soldier, Athlete, Swordsman

조지 S. 패튼 주니어는 여러 지역과 국가에서 군인으로 싸웠지만, 가장 인상적인 여정은 1903년 캘리포니아 남부의 낮지만 예리한 갈색 언덕으로부터 블루 리지Blue Ridge 산맥의 푸르게 우거진 완만한 언덕으로의 여정이었다. 버지니아 렉싱턴 외곽이었고, 그곳에 총안銃眼 모양으로 장식된 고딕 건물의 버지니아군사학교 캠퍼스가 있었다.

말년에 패튼은 회상하길 "파파와 마마가 나를 데리고 VMI 동쪽 입구로 들어갔다. … 나와 함께 파파가 보고했다. 선임 중대장 래글랜드Ragland는 선임 부사관 시절 파파 소유의 샐리 포트 왼쪽 방에 있던 사람이었다." 낯설고 새로운 곳임에도 과거의 존재가 있었다. 아버지(1877)와 할아버지(1852), 그리고 증조부 존 머서 패튼 주니어John Mercer Patton Jr.(1846)와 월터 태즈웰 패튼 역시 이곳의 생도였다. 조지는 입학 서류에 서명했고, 래글랜드는 패튼의 아버지를 바라보며 말했다. "래글랜드는 '패튼 씨, 이제 당신의 아들이 생도라는 사실을 당연히 아시죠? 당신의 아들은 이곳을 떠날 수 없습니다'라고 말했고, 파파는 '물론입니다'라고 대답했다. 나는 내 생애에서 가장 하찮은 존재라고 느꼈다."[*]

그의 느낌은 VMI의 1학년 생도로서는 일면 당연했다. 그곳의 1학년 생도는 쥐라고 불렸다. 그런데 조지에게는 또 다른 단점도 있었다. 모든 입학 생도들이 집회에서 손으로 쓴 "거짓말 금지 서약서"를 소리 내어 읽어야 했는데, 그는 난독증 때문에 더듬거렸다. 늘 그렇듯 아버지에게는 비밀을 숨기지 않았다. 1903년 9월 27일 아버지에게 보낸 편지에서 조지는 "온갖 종류의 글을 읽는 연습을 하는 것 외에 이 어려움을 어떻게 극복해야 하는지 저는 모르겠습니다"라고 적었다. 답장에서 파파는 이렇게 적었다. "포기하지 마라." 이어서 아버지는 적었다. "어떤 것이든 읽기 시작하면 그것이 해결될 때까지 계속해서 읽어라." 그는 실질적으로 도움이 되도록 아들의 편지에서 'hazing'의 철자가 'hazeing'이라고 잘못 적은 것을 지적하면서 이렇게도 조언했다. "이 동사의 원형은 'haze'이며, 'ing'를 붙이기 전에는 마지막 'e'를 빼는 것이 일반적인 규칙임을 기억해라."[**]

패튼의 아버지는 아들에게 과장하거나 공허한 말은 하지 않았다. 언제나 따뜻한 격려와 실용적인 조언을 했다. 이것은 패튼의 지휘 스타일의 뿌리가 되었다. 패튼은 엄격하고 무서운 존재였지만 부하들의 높은 성과를 축하했다. 부하들을 바로잡기 위해서 구체적인 비판과 실질적인 조언을 했

---

[*] Patton, "My Father as I Knew Him" (unpublished manuscript), in Martin Blumenson, ed., *The Patton Papers 1885-1940*, reprint ed. (Bridgewater, N.J.: Replica Books, 1999), 61.

[**] Father, letter to Patton, September 27, 1903, in Blumenson, ed., *The Patton Papers 1885-1940*, 61.

다. 학교 재단사가 패튼 생도를 패튼 가문의 일원으로 인정하고, 그의 제복 치수가 아버지나 할아버지 치수와 똑같다고 말하자 패튼은 아버지와 소통하는 것만큼이나 위안이 되고 기뻤다. 그는 마치 집에 있는 것처럼 자신이 그곳에 속해 있다고 느꼈다.

(패튼이 훗날 회상하길) 윌리엄 패튼은 그에게 "먼저 훌륭한 군인이 되고, 다음으로 훌륭한 학자가 되어라"라고 조언했다. 패튼은 모범생도였고 외관상 흠잡을 데가 없었으며, 훈련의 모든 동작을 완벽히 수행했다. 그는 VMI 규정을 외우고 이를 편지에 쓰기도 했다. 외부 관찰자 입장에서 본다면 그의 몰입이 강박적이고 심지어 광신적이라고 생각할 수도 있지만, VMI 안에 외부인은 없었다. 3대째 생도인 그는 많은 급우가 그랬던 것처럼 자신의 타고난 권리를 당당히 누렸다. 그들은 그를 공부벌레나 광적인 생도라고 생각하지 않고, 그를 높이 평가하고 존중했다. 그는 "동료 중 한 명"처럼 행동하는 타고난 능력이 있었지만, 윌리엄이 흔쾌히 인정했듯이 규칙을 어기거나 자신이 책 잡히는 것을 절대 용납하지 않았다. 그는 학급 내 비밀 모임인 "K.A."에 가입했고, 그 결과 곧장 상급생들에게 "거의 동등한" 대우를 받게 되었다. 조지는 VMI의 계급 체계에 완전히 공감하며 이해한 듯 아버지에게 "이성적으로 생각하면 저는 상급자에게 길러지는 것을 찬성하지 않습니다. 하지만 사실상 저도 그렇게 되고 있습니다"라고 썼다.

이 편지들에 나타나 있는 확고하게 나아가면서도 인기를 얻는 그의 능력은 그가 미래에 사령관이 될 것을 예고하는 것이나 마찬가지였다. 패튼 장군은 의전과 규정, 흠잡을 데 없는 제복, 그리고 완벽한 군대예절의 실천을 고수했지만, 그는 자기 안에서 파격적인 대담함과 영광에 대한 끝없

는 욕망을 키웠다.[*]

그가 VMI에서 잘 지내고 있을 때도 조지와 파파는 진정한 목표인 웨스트포인트 입학에서 눈을 떼지 않았다. 그리하여 파파가 상원의원 바드와 그에게 영향력을 행사할 수 있는 사람들에게 계속 편지를 보낸 결과가 마침내 결실을 보았다. 1904년 2월, 바드는 비공식적인 시험을 치르기 위해 조지를 로스앤젤레스의 사무실로 불렀다. 그는 기차를 타고 서쪽으로 오래도록 달리는 중에도 지리학과 철자 공부에 집중했다. 집에서는 가족들과 따뜻하고 짧은 인사를 나눈 뒤 다시 책 속에 빠져들었고, 시험이 끝나기 전까지 방에서 나오지 않았다. 그 후 VMI로 다시 돌아왔고, 2월 18일 바드 상원의원이 추천할 세 명의 후보자 중 한 명이 조지 S. 패튼 주니어라는 소식이 올 때까지 계속해 마음속으로 시험 내용을 곱씹어 보았다.

그는 첫 단계를 통과했다. 다시 아버지가 행동에 나섰고, 저명하고 영향력 있는 친구들이 바드에게 편지를 계속 보내게 했다. 상원의원은 결국 1904년 3월 3일 백기를 들었고, 윌리엄 패튼은 아들이 추천되었다는 전보를 보냈다. 너무나도 기뻐 아들에게 전보로 좋은 소식을 알리는 동시에 편지도 이렇게 써서 보냈다. "네가 얼마나 자랑스러운지, 그리고 네가 인생의 전투에서 처음으로 선발된 것에 내가 얼마나 만족하는지 넌 모를 거다. … 네게는 훌륭한 군인의 피가 흐르고 있단다."[**]

---

[*]   Patton, "My Father as I Knew Him" (unpublished manuscript), in Blumenson, ed., *The Patton Paper 1885-1940*, 62; Patton, letter to Father, December 13, 1903, in Blumenson, ed., *The Patton Papers 1885-1940*, 62.

[**] Father, letter to Patton, in Blumenson, ed., *The Patton Papers 1885-1940*, 83-84.

◇◇◇◇◇◇◇◇◇◇◇◇

조지 S. 패튼 주니어는 평균 90점 이상의 성적을 거두고 VMI를 떠나 웨스트포인트로 향했다. VMI의 지휘관 L. H. 스트로더^{L. H. Strother} 소령은 조지의 특징을 "모범적인 생활, 뛰어난 정신력과 성취도를 가진 젊은이로 군 생활에 적성이 있다"라고 표현했다. 그뿐 아니라 패튼이 계속 남아있었다면 2학년 생도 중 가장 높은 직책인 일등 상병이 될 것이라고 알려주었다.[*]

사관학교의 1학년 생도들은 신입생이라는 의미지만 본래는 경멸의 느낌이 있던 플리브^{plebes}라고 불렸다. 그리고 많은 '신입생'들은 첫해에 학교의 규칙과 규율, 상급생들의 힘든 잔소리, 그리고 무엇보다도 쉴새 없이 진행되는 속도에 충격을 받았다. 고향에 보낸 첫 편지를 보면, 패튼 생도가 괴로워한 것은 오직 자기 필요에 의해 새벽 5시에 일어나야 한다는 것이었다. 사실 생도들은 "매일 면도를 해야" 하는데, 이것을 할 수 있는 "유일한 시간은 오직 기상 전"뿐이었다. 또 "일요일을 제외하면 그 시간이 생도들에게 허용된, 편지를 쓸 수 있는 유일한 시간"이었다. 야간 목욕도 의무였는데, 생도들에게는 "단 8분 동안 목욕할 수 있다"고 허락되었다. 음식은 "다양하고" "괜찮다"라고 했고, "매일 식탁보가 바뀐다"고 했다. 그것은 자신을 남부의 훌륭한 신사라고 생각하는 패튼에게는 분명 중요한 것이었지만, 그는 사관학교 자체의 가치인 "신사적" 가치가 부족한데에는 실망했다. 두 명의 룸메이트는 "매우 착하고 열심히 하며 방을 깨

---

[*] Strother, letter, January 31, 1904, in Blumenson, ed., *The Patton Papers 1885-1940*, 84-85 and 77.

끗하게 유지하려고 노력했지만, 세련되고 좋은 문법을 사용하는 신사는 아닙니다. 그저 아주 존중해줄 만한 중산층 동료입니다"*라고 했다.

패튼은 결코 관대한 사람이 아니었다. 평생 작성한 그의 일기와 편지에는 인종차별, 반유대주의, 기타 외국인 혐오증이 포함되어 있다. 지금의 양심과 인식에 따르면 이런 태도는 혐오스러운 것이지만, 패튼이 자란 사회적 환경, 즉 멕시코 혈통의 하인들이 일을 도맡아 해주는 상황, 번영을 이룬 앵글로 캘리포니아 가정, 기사도 정신에 뿌리들 둔 가계, 노예제가 존재하는 버지니아 등 그가 살던 당시의 미국 모습을 적나라하게 보여주는 것이기도 하다.

신입생인 그는 사실 사회적 속물이었다. 그것은 어린 시절과 VMI에서의 1년 동안 만들어진 것이었다. 하지만 조지에게서 보이듯이 사회적 정체성은 단순한 훈련이나 훈육의 결과보다도 더 깊었다. 그것은 문자 그대로, 가정교육의 문제였다. 그리고 혈통의 문제였다. 1904년 7월 3일, 컬럼 홀Cullum Hall에서 열린 독립기념일 연설에 대해 조지는 아버지에게 편지를 썼다. 연설의 주제는 "현대 군인과 그 자세"였는데, 모든 참석자가 박수를 보냈지만 패튼은 "모두가 연사에게 동의하는 것 같았습니다. 하지만 저는 그렇지 않습니다"라고 썼다.

> 사실 여기서 본 것과 (버지니아 군사)학교에서 본 사실들로 볼 때 저는 아마도 거의 사라진 계급인 것 같습니다. 또는 천국이 지옥과 떨어져 있는 것처럼 이런 게으로고 애국적이고 평화로운 군

---

* Patton, letter to Mother, June 21, 1904, in Blumenson, ed., *The Patton Papers 1885-1940*, 89.

인들과는 아직 동떨어져 있는, 아마도 존재한 적이 없는 다른 계급에 속해 있는 것 같습니다. 저는 제 야망이 개인적이고 냉정하다는 것을 알고 있으며, 이는 인색해 보일지 모르나 이기적인 것은 아닙니다. 그것은 제가 저나 다른 누구에게도 도움이 되지 않을 목적을 달성하기 위해 최선을 다하도록 스스로 노력하게 만듭니다. 물론 제가 몽상가일 수도 있지만, 제게는 그렇지 않다는 강한 확신이 있습니다. 어떤 경우에는 운명이라고 생각하는 것, 물론 잘못된 것일 수도 있지만, 그것을 따르기 위해 최선을 다할 것입니다.[*]

젊은 패튼의 자기 이해는 나이를 뛰어넘어 성숙했고, 실제로 어른들도 거의 갖지 못하는 수준에 이르렀다. 그의 우월의식은 특별한 "운명"(자신을 말할 때 자주 사용하는 단어였다)에 대한 인식의 단순한 징후에 지나지 않았다. 그 운명은 고대와 태곳적의 무엇("아마도 거의 사라진")과 완전히 신화적인 것("아마도 존재한 적이 없는")의 복합체였고, 또한 운명은 "현대" 군인들과 자신을 구분하는 것이었고,("천국이 지옥과" 떨어져 있듯이), 그가 겉으로는 냉정한 야망과 인색함이 엿보이지만 이런 모습은 자신에게 전혀 인색하지 않도록 하는 도구였다.

자신의 운명을 깨닫기 위해서는 패튼 생도가 가지지 못했던 인내심이 필요했던 것 같다. 그의 목표는 최고 상급생인 부관 생도로 졸업하는 것이었고, 따라서 1학년 말에는 상병 생도가 되고 싶었다. 처음에 패튼은 동료 생도들을 가볍게 판단했기 때문에 이것이 그리 어려운 일이 아니라

---

[*]   Patton, letter to Father, July 3, 1904, in Blumenson, ed., *The Patton Papers 1885-1940*, 90.

고 생각했다. 그에게 동료 생도들은 "피로로 무기력, 부주의하고 무관심, 흐릿하고 확신 없음"에 둘러싸여 게으른 것처럼 보였다. 반면에 패튼 생도는 언제나 면도칼처럼 날카로웠다. 그러나 곧 VMI보다 웨스트포인트가 학업이 훨씬 더 어렵다는 것을 조지도 알게 되었다. 그는 고군분투해야만 했다. 11월이 되자 아버지에게 편지를 썼다. "만약 제가 상병(상병 생도로 승급)이 되지 못한다면 저는 죽어버릴 것 같습니다. … 저는 우리 반에서 정말 꼴찌가 되기 싫어서 1등을 하려고 그렇게 노력했지만, 지금은 그저 완전히 낙제하는 일이 없기를 바라고만 있습니다. … 사실 저를 종합해 보면 특성이 없고 게으르고 멍청하며 야심만 있는 몽상가입니다. 저는 삼류 소위가 되어 소대 이상은 절대 지휘하지 못하게 될 겁니다."(어른이 된 뒤에도 패튼의 과장된 오만과 허풍스러운 자신감은 때로 솔직하게 끊임없이 지속되는 자기 의심을 가리곤 했다.) 12월 1일 수업 보고서를 보면 학우 152명 가운데 수학 42등, 영어 71등, 훈련 규정은 30등이었다. 1월에는 아버지에게 "지성이 적고 야망이 반도 안 돼 보이는 남자애들보다 더 나쁜 점수를 받는 것이 몹시 실망스럽습니다"라고 썼다. 6월에는 프랑스어 시험에 떨어졌고, 이것은 (사관학교의 복잡한 규정에 따라) 수학 시험도 다시 봐야 한다는 의미였다. 6월 12일 그는 아버지에게 전보를 보냈다. "다음 수업에도 수학 시험을 통과하지 못한다면 아마도 이번 여름 휴가는 확실히 꼼짝 못 하게 될 것입니다." 윌리엄 패튼은 다음 날 바로 전보로 회신했다. "나의 아들아, 틀림없이 신의 가호가 있을 것이다."*

---

* Patton, letters to Father, July 31, 1904; "end of November" 1904; January 27, 1905; Patton, letter to Father, April 9, 1905, in Blumenson, ed., *The Patton Papers 1885-1940*, 93, 106, 110, 113, and 116.

패튼은 상처를 치유하기 위해 캘리포니아로 돌아와 카탈리나에서 가족과 함께 휴가를 보내면서 혼자 공부를 하거나 가정교사와 함께 공부했다. 마치 자신의 생각을 단련시키기로 작정한 듯, 그는 스쳐 가는 생각을 하나도 잊지 않기 위해 노트를 샀다. 거기에 첫 번째 쓴 글귀가 "항상 최선을 다하라"였다.[*]

유급으로 첫해를 다시 보내게 된 패튼은 웨스트포인트로 돌아온 뒤 풋볼 대표가 되려고 노력했다. 그러나 너무 지독하게 연습을 하다가 팔을 다쳤고 선수단에서 아예 제외되었다. 그때 그는 검을 들었고, 육상팀에서도 열심히 뛰었다. 다행히 그는 두 종목 모두에서 탁월했다. 비록 성적으로 화려하지는 않았지만 요령껏 만회했고, 2학년이 되었을 때 이등 상병으로 임명되었다. 이는 그에게 실망감과 안도감을 동시에 주었다.

여름 동안 그는 하계 군사훈련에서 신입생들을 지도하는 임무를 맡았다. 이등 상병 패튼은 물을 찾는 목마른 사람처럼 지휘했다. 그는 중대를 지휘했지만, 일등 상병이 다른 임무로 자리를 비웠을 때는 대대 전체를 맡았다. 신입 생도들은 그에게 완벽한 훈련을 받았지만, 그들은 진심으로 패튼을 싫어했다.

그는 자기에게 원했던 것만큼 그들에게도 요구한 것이다. 그것은 그야말로 무리였다. 그는 어떤 칭찬도 하지 않았고, 사소한 위반도 지적하고 보고했다. 그러나 그것은 1학년 생도들에게 많은 영향을 미쳤다. 그는 요구가 너무 많은 지휘관과 아주 엄격한 지휘관 사이에는 차이가 있다는 귀중한 교훈을 얻었다. 하계 군사훈련이 끝나자, 훈육 장교들은 패튼

---

[*] Patton, undated notebook entry, quoted in Martin Blumenson, *Patton: The Man Behind the Legend, 1885-1945* (New York: Quill/Morrow, 1985), 53.

을 이등 상병에서 육등 상병으로 강등시켰다. 베아트리체에게 보낸 편지에서 그가 설명했듯이, 그는 "너무 군대적"이었다.[*] 나중에 성숙한 지휘관에게 필요한 모든 군대예절과 함께 여전히 엄격하지만 칭찬과 지적을 섞는 언어 사용법을 배웠다. 2년 차 동안(1학년을 반복한 것까지 친다면 실제로는 3년 차), 패튼은 반에서 중간으로 성적이 성큼 올라섰고, 다시 풋볼을 시도했다.

하지만 또다시 연습에서 부상을 입어 그만두게 되었지만 검을 휘두르거나 말을 탈 때는 스타가 되었다. 교실에서는 뛰어나지 못했고, 풋볼 경기장에서는 그럴 기회가 있을지도 몰랐지만, 그는 사브르와 승마로 좀 더 군인다운 업적을 쌓고 집으로 돌아온 것에 매우 만족했다. 패튼은 자신의 경력 내내 이 같은 무모한 용기 테스트에 자신을 반복적으로 밀어 넣었다. 패튼은 "장군이 총을 맞을 수 있다는 것을 병사들에게 보여주기 위해서" 전선에서 자신을 눈에 띄게 하는 것이 중요하다고 믿었다. 생도 패튼은 소총 사거리 이내의 표적 참호 안에 웅크리고 있었다. 그의 임무는 사격 표적을 올리고 그다음 내려서 점수를 확인하는 것이었다. 하지만 패튼은 총에 맞는 것이 어떤 것인지 알아보고 싶었다. 아버지가 말했던 "무기로부터 죽음에 직면할 때 미소 지을 수 있는" 용기를 가질 수 있을까? 그는 갑자기 참호의 안전구역에서 벌떡 일어나 총알이 쌩쌩 날아다니는 사선을 쳐다보았다. 그는 두려워하지 않았다. 다른 사람들이 이 실험을 어떻게 생각했다는 기록은 남아 있지 않다.[**]

---

[*] Patton, letter to Beatrice, quoted in Blumenson, *Patton*, 54.

[**] George S. Patton Jr., *War as I Knew It*, reprint ed. (Boston: Houghton Mifflin, 1995), 187.

2학년 봄이 되어 패튼은 이등 상병 자리를 되찾았고, 3학년 때는 선임 부사관 생도로 승급했다. 상급생인 선임부사관 생도는 꽤 높은 직책에 임명될 가능성이 있었다. 실제로 1908년 2월, 운명에 따른 멋진 전조가 왔다. 그는 다음 해에 부관 생도로 임명되었다. 그것은 단지 성취의 증거일 뿐 아니라, 더 많은 영광을 위한 기회였다. 부관 생도는 학급의 리더였고, 행진의 중심인물이었다. 부관 생도는 매일 대형의 중앙에서 행진하고 그날의 명령을 낭독했다. 모든 시선이 그에게 고정되었고 그에게만 쏠렸다.

그는 부관 생도에 임명됨과 거의 동시에 베아트리체 에이어를 사랑하고 있음을 깨달았다. 두 일은 서로 얽힌 것 같았다. 그는 2월 22일 베아트리체의 승급 축하 메시지에 답장을 보냈다. "오래전 그날을 기억하나요? … 나는 부관 생도가 되고 싶지만 그럴 수 없을 것 같아 두렵다고 당신에게 말했죠."[*] 웨스트포인트 시절 다른 여자들도 있었다. 그중 바사르Vassar 출신의 아름다운 상속녀 케이트Kate의 외모와 재력에 잠시 끌렸다. 하지만 그는 아버지에게 "오직 베아트리체"라고 썼다. 전장에서 그렇게 빨리 결단력을 발휘하던 지휘관이었지만, 현재 이 젊은이는 곧장 청혼할 수 없었다. 크리스마스 휴가 동안 에이어 가족을 방문했을 때 베아트리체에게 자신의 사랑을 얘기하면서 그녀와 결혼하고 싶다고 말했지만 아직 대답은 하지 말아 달라고 부탁했다. 그는 결혼 문제를 미정인 상태로 남겨두었고, 마지막 해에 어느 병과를 선택할 것인지에 대한 복잡한 문제를 처리하고 나서야 베아트리체가 청혼에 동의했다. 당시 육군에는 보병, 기병, 포병, 그리고 공병이 있었다. 뒤의 두 병과는 쉽게 제외되었다. 패튼은

---

[*] Patton, letter to Beatrice, February 22, 1908, in Blumenson, ed., *The Patton Papers 1885-1940*, 141.

공병으로 배치될 적성과 학문적 성취가 없었고, 가장 큰 위엄과 영광을 안겨줄 지역인 전선에서 포병의 대포는 통상 먼 후방에 있었다. 이제 보병과 기병만이 남았다. 보병은 가장 빨리 승진할 수 있는 "전투의 여왕"이었지만, 말을 좋아하고 뛰어난 기수였던 패튼에게는 기병이 더 잘 어울리는 것 같았다. 기병은 보병보다 좀 더 엘리트였고, 기병 장교들은 전형적으로 자기와 비슷한 좀 더 한결같은 "신사" 계급이었다. 그리고 서민들은 걸어서 행군하는 동안 기사들은 항상 말을 탔다는 역사적 사실도 있었다. 그럼에도 패튼이 마침내 결정을 내리기까지 찬반의 얘기를 들어준 사람들은 모두 지쳐버렸다. 그는 결국 기병이 되었다.

◇◇◇◇◇◇◇◇◇◇

1909년 6월 11일, 조지 스미스 패튼 주니어는 103명 중 46등으로 미합중국육군사관학교를 졸업하였고, 이 등수는 (민간 대학과 마찬가지로) 학업 성적만을 근거로 한 것이 아니라 "일반 장단점을 종합한" 것이었다. 패튼 생도의 이런 평범한 성적으로 그의 군 생활을 예측할 수 있는 것은 물론 아니었다. 제2차 세계대전 당시 아이젠하워의 공병 및 군수참모로 무례하고 비협조적인 태도로 "Jesus Christ Himself"라는 별명을 얻은 J. C. H. 리J. C. H. Lee는 1909년 졸업 때 12등이었다. 다른 생도들이 구제불능 게으름뱅이로 생각한 제이콥 L. 데버스Jacob L. Devers는 유럽에서 제6집단군을 지휘했다. 68등으로 졸업했던 로버트 아이첼버거Robert Eichelberger는 더글라스 맥아더의 가장 뛰어난 장군으로 태평양에서 제8군 사령관이 되었다. 그리고 103명 중 101등이던 윌리엄 H. 심슨William H. Simpson은 유럽에서 제

9군을 지휘했다. 등수나 패튼의 자기 평가보다 더 중요한 것은 동기들이 그를 어떻게 생각했는가였다. 그런데 기껏해야 "예의 바르게 잘난 척한다"는 정도가 패튼에 대한 동료들의 전반적인 평가였다. 그의 열정과 노력에는 감탄할 수밖에 없었지만, 영광에 대한 끝없는 이야기는 동료로서도 받아들이기가 어려웠다. 게다가 패튼의 이야기들은 매우 솔직하고도 진지하게, 전혀 웃거나 찡그리지 않고 말해졌기 때문에 다른 사람이 이를 받아들이기가 더욱 어려웠다. 학급에는 친한 친구가 없었는데, 그나마 웨스트포인트에서 불린 별명 중 하나인 조지^{Georgie}(나중에 제2차 세계대전의 동료 고급 지휘관들 사이에서도 사용되었다)에는 어느 정도 동료들의 애정이 포함되어 있었다. 반면에 다른 별명인 퀼^{Quill}에는 진심 어린 적의가 담겨 있었다. 생도 용어에서 "quill"은 동료 생도를 쓸데없이 "skin"하는, 즉 그 위반사항을 쓸데없이 보고하는 행위를 말하는 것이다. 요점은 패튼 생도가 고자질을 하거나 앙심을 품거나 가학적인 것이 아니라, 하급생도가 거의 할 수 없는 여러 행동 수준을 요구하면서 극단적으로 엄격했다는 것이다. 다행히도 그가 자신에게 가장 엄격하다는 것을 일부 동기들이 알고 있었기에 그는 보편적인 비난에서 벗어날 수 있었다.

솔직히 말해서 패튼은 자신이 선택한 직업에 대한 변호의 필요성을 받아들인 것처럼, 동기들이 자신에 대해 내린 평가를 모두 분명히 인정했다. 베아트리체의 아버지 프레드릭 에이어는 근무하는 군 기지를 수시로 옮기고 종종 사회적 하층민과 함께 살아야 하며, 결코 많은 돈을 벌지 못하는 남자와 함께하는 군인 아내로 살아야 할 딸의 어두운 미래를 많이 걱정했다. 이에 대해 패튼은 1909년 2월 16일 베아트리체에게 보낸 편지에서 "나는 내 직업을 지키기 위해서 지독해지는데, 이는 나에게 매우 좋은 것 같소. 이것은 가장 오래되었고 한때는 매우 정당한 일이었기 때문이오. … 나는 평화로운 행동을 위해 기억되는 모든 사람에게는 전쟁으로 만들어진 열다섯 가지의 불멸이 있으며, 내 마음속에서 모든 삶이 나의 이름을 영속시키기 위한 투쟁이기 때문에, 전쟁은 자연히 나의 선택이라고 감히 말할 수 있다오."라고 썼다.[*]

패튼은 졸업을 앞두고 군 내부에서 경력을 쌓는 대신 전쟁에 나갈 수 있는 방향을 선택했다. 그의 목적은 자신의 이름을 영원히 남길 수 있는 유일한 영예를 얻는 것이었다. 웨스트포인트 동기들에게도 그의 이런 태도는 퍽 불쾌한 것이었다. 베아트리체 역시 심란했지만, 결코 그런 마음을 조지에게 털어놓지는 않았다.

그러나 1909년에는 전쟁이 없었다. 졸업 후 시카고 북쪽 조용한 포트 셰리단Fort Sheridan에 배치된 패튼 소위는 군사용 건물 3층에 마련된 형편없는 독신자 숙소에 머물렀다. 가구는 적갈색 책상 하나와 철제 침대뿐이었다. 연간 1억 5,000만 달러의 막대한 예산(대부분은 대형 선박과 더불어 해군에 쓰였다)에서 극히 일부를 받아내 장교 4,299명이 지휘하는 8만 672명의 병력을 유지하기 위해 고군분투하는 육군의 모습은 당시 미국에서는 너무나도 당연했다. 유럽의 가장 작은 국가도 이 정도 규모의 육군을 보유하고 있었지만, 제1차 세계대전 이전 아메리카에 대규모 상비군이 필요하다고 생각하는 사람은 거의 없었다. 패튼은 포트 셰리단 같은 음울한 지옥에서 벗어날 길은 오직 하나, 상위 계급으로 진급하는 것뿐이라는 것을 알고 있었다. 그러나 평시 군대의 진급이란 관례상 빙하처럼 아주

---

[*] Patton, letter to Beatrice, February 6, 1909, in Blumenson, ed., *The Patton Papers 1885-1940*, 166.

느리게 진행된다는 것도 알고 있었다. 유일한 희망은 처음부터 상급자들의 긍정적인 관심을 끌어내는 것이었다. 그는 지휘관인 프랜시스 C. 마셜Francis C. Marshall 대위의 인정을 받기 위해 최선을 다했다. 마셜 대위는 (패튼이 본 것처럼) 다른 장교들과는 달리 최소한 신사였다. 포트 셰리단의 많은 장교가 1898년 미국–스페인 전쟁Spanish-American War에서 복무한 덕에 정규군으로 편입된 전직 민병대원들이었다. 마셜에게 깊은 인상을 주기 위해 패튼은 군인 가문의 유산을 마음껏 이용하긴 했지만, 한편으로는 흠잡을 데 없이 열정적으로 임무를 수행했다. 이 때문에 마셜은 그를 "특별히 약속된 장교"이고, "내가 아는 사람 중 가장 열성적인 군인"이지만 "진급의 기회를 놓치고 있다"고 평가했다.*

패튼은 웨스트포인트에서 그랬던 것처럼 자신에게 하듯 자기 부하들을 몰아붙여 명성을 얻었는데, 대다수 입대 병사들이 보기에는 필요 이상으로 매우 지나칠 정도였다. 어느 날 오후 정상 근무 중 그는 말 한 마리가 마구간에 묶여 있지 않다는 것을 알게 되었다. 패튼은 이 일에 책임이 있는 사람을 찾아 그에게 성큼성큼 걸어갔다. 패튼은 그 병사를 지적하고 혼을 낸 뒤, 벌로 마구간 건물 맨 끝에 섰다가 마구간으로 달려가 말을 제대로 묶은 다음 다시 자신에게 뛰어오라고 명령했다. 병사는 고분고분 몸을 돌리고, 마구간으로 조금 빠른 속도로 걸어갔다.

"뛰어, 빌어먹을 놈아, 뛰라고!" 패튼이 소리쳤다.

병사는 바로 뛰었지만, 이 사건으로 젊은 소위는 양심의 가책을 느꼈다. "빌어먹을Damn it!"이라면 그런대로 괜찮지만, "빌어먹을 놈Damn you!"

---

* Captain Francis C. Marshall quoted in Blumenson, *Patton*, 63.

은 분명 잘못된 것이라고 스스로 결론지었다. 병사가 말을 묶고 다시 뛰어오자, 패튼은 주변 사람들을 불러모아 '그 병사'의 잘못을 꾸짖은 것이 아니라 저주한 것에 대해 사과했다.[*]

패튼이 그 병사를 지적하고 혼을 내고 말았더라면 부하들은 그를 그저 조금의 무게를 짊어진 흔한 소위로 생각했을 것이다. 하지만 그가 지적하고 혼낸 뒤 자신이 선을 넘은 것에 대해 공개적으로 사과하면서 패튼은 서서히 군대의 전설과 신화의 영역으로 넘어가기 시작했다.

물론 사소한 사건이었다. 그러나 패튼은 자신이 작은 사건을 작은 신화로 바꾸는 데 타고난 재능이 있다는 것을 금방 알아차렸다. 부대가 훈련하고 있던 어느 날, 갑자기 말에서 패튼이 떨어졌다. 곧바로 다시 말에 올라탔지만 말은 계속 몸부림쳤다. 그 바람에 이번에는 말에 탄 채 말과 함께 쓰러졌다. 패튼은 말에 깔린 다리를 빼내 벌떡 일어났고, 말 역시 일어섰다. 패튼은 모자를 벗어 눈썹 바로 위에 난 깊고 흉한 상처를 확인하였다. 그러고는 20분 동안 얼굴과 소매에 피를 흘리며 훈련을 마쳤다. 그는 얼굴을 닦기 위해 잠시도 멈추지 않았다. 일정대로 부하들을 해산시키고 돌아온 뒤에야 몸을 씻었고, 일정에 따라 부사관들을 가르치고, 일정에 따라 초급장교 교육에 참가했다. 이런 임무들을 마친 후에야 외과의사를 찾아갔다. 의사는 이 젊은이에 대해 크게 감탄하며 상처를 꿰매었다.

장교가 말에서 떨어지는 것은 창피한 일이며, 패튼은 한 번도 아니고 두 번씩이나 자신의 동물을 통제하지 못했다. 그러나 자신의 상처에 신경을 쓰지 않음으로써 잠재적인 굴욕의 이야기를 포트 셰리단에서 꽤 오랫

---

[*]　Blumenson, *Patton*, 63.

동안 전해지는 신화적 이야기로 바꾸었다.

사고 그 자체 이외에 패튼의 행동에 우연한 것은 없었다. 그는 의도적으로 자신을 뛰어난 장교로 모델링하고 있었다. 또 다른 예를 보자. 그는 "매우 사나운 전사인 나는 저주받을 정도로 온화한 표정을 가지고 있다"[*]며 짜증 섞인 독백을 자주 했다. 그러다가 나중에는 자신이 "전쟁 얼굴war face"이라고 부르는, 수많은 장군의 전쟁 당시 사진에서 보이는 엄하고 매서운 표정의 그런 이미지를 가지려고 거울 앞에서 연습을 하기 시작했다. 패튼은 배우들이 무대에 서기 전 화장을 하는 것처럼 이 전쟁 얼굴을 평생 부대원들 앞에서 보여준 것으로 알려져 있다.

패튼은 1909년 크리스마스 휴가 때 에이어 가족을 방문하여 베아트리체 아버지와 결혼 문제를 상의하였다. 그러나 아직 청혼하지 않았다. 1910년 2월 28일 포트 셰리단으로 돌아온 패튼은 더듬더듬 말로 하는 대신, 마침내 베아트리체에게 "6월에 나와 결혼해주시오"라며 편지를 썼다. 베아트리체는 그를 이해하고, 서부 연합의 전보로 "당신이 좋다면 부모님도 6월에 함께해주실 거예요"라고 답했다.[**]

이 커플은 1910년 5월 26일 매사추세츠 베벌리 팜스Beverly Farms에 있는 세인트 존스 성공회당에서 결혼식을 올리고, 프라이드 크로싱Pride's Crossing에 있는 에이어의 집에서 성대한 피로연을 열었다. 패튼 부부는 보스턴에서 결혼식 밤을 보낸 후 뉴욕으로 떠나, 한 달의 긴 신혼여행을 유럽에서 보내기 위해 독일로 가는 여객선에 탑승했다. 패튼은 당시 일기에 신혼여

---

[*] Blumenson, *Patton*, 64.

[**] Patton, letter to Beatrice, February 28, 1910, and Patton, letter to Mother, March 6, 1910, in Blumenson, ed., *The Patton Papers 1885-1940*, 197 and 199.

행에 관해서는 거의 쓰지 않았는데, 그 대신 런던에서 로맨틱하지 않게 칼 폰 클라우제비츠Karl von Clausewitz의 『전쟁론』 사본을 구입한 것은 정확히 기록했다. 패튼은 또한 제1차 세계대전의 참혹한 서부 전선이 될 지역을 포함하여 프랑스 시골을 처음으로 둘러보았다.

신혼여행 후 부부는 패튼이 포트 셰리단 바로 외곽에 빌려 둔 집에 정착했는데, 그 집은 두 가구가 함께 쓰는 집이었다. 호화로운 환경에 더욱 익숙한 베아트리체지만 군인 아내의 생활에도 쉽게 적응했다. 그녀는 자신의 사명이 사회적으로 거칠고 날카로운 남편을 부드럽게 바꾸고 남편의 경력을 발전시키기 위해 모든 힘을 다하는 것이라고 생각했다. 1910년 가을 임신했고, 프랑스어를 유창하게 하는 그녀는 남편과 함께 프랑스 군대 기사를 영어로 번역하면서 시간을 보냈다. 이것은 패튼이 군사 전문 저널에 실었던 여러 기사 중 첫 번째 기사였다. 그는 교리와 전술에 대한 자신의 생각을 표현하고, 관심을 끌고 싶은 불타는 욕망은 되도록 자제했다. 그런데도 그의 메시지는 설득력이 있었다. 그리고 오랜 군 생활을 하는 동안 세부적으로는 수정되었지만 절대 그 원칙만큼은 흔들리지 않았다. 수정해서 쓴 대부분은 공격, 진격, 그리고 재공격에 관한 약간의 변화뿐이었다. 이렇게 해서 전쟁이 일어나기도 전인 군 생활 초기부터 패튼의 명성은 소규모 전문군인 미군의 공격전 교리와 연관되었다.

1911년 3월 11일, 패튼 가족에게 딸이 태어났다. 이름은 베아트리체라고 지었다. 패튼은 이제 어떻게 하면 자신의 경력을 다음 단계로 끌어올릴 수 있을지에 대해 더욱 고민하였다. 그는 아버지에게 아버지의 인맥을 이용하여 진급할 수 있게 도와달라고 부탁했다. 아버지는 집안의 친구이며 육군 부관 참모인 프레드 C. 에인스워스 소장Fred C. Ainsworth에게까지 연줄이 닿아 있었다. 패튼은 또한 에이어 가문과 연결되어 있던 윌리엄 하워드 태프트^{William Howard Taft} 대통령과 그의 모임도 이용했다. 1911년 말 패튼은 워싱턴 D.C. 외곽의 포트 마이어^{Fort Myer}로 전출을 가게 되었다.

당시 육군에서 포트 마이어는 명소이자 권력의 중심이었다. 그곳에는 육군참모총장 관사가 있고, 포트 셰리단에서는 만날 수 없던 신사적인 장교들도 많았다. 이 남자들은 승마술을 완성하는 데 많은 시간을 투자했는데, 치열한 폴로 시합에서 정기적으로 승마술을 보여주었다. 포트 마이어는 미국 육군의 간부들에게 핵심 지역이자 가장 유망한 경력이 시작되는 곳 중 하나였다. 패튼 부부는 중서부의 평범한 반쪽짜리 집을 떠나 포트 마이어 안에 있는 아주 좋은 관사로 이사했다. 그들은 워싱턴 사회 안으로 빠르게 입성했고, 패튼은 최고의 워싱턴 클럽에서 유력자들과 함께 점심을 먹었다. 어느 날 그는 기지의 여러 승마 루트 중 하나를 따라가다가 육군성 장관인 헨리 L. 스팀슨^{Henry L. Stimson}과 마주쳤다. 열렬한 승마인인 스팀슨은 날씨가 허락할 때마다 포트 마이어 승마장에 오곤 했다. 소위 한 명과 육군성 장관, 이 두 사람은 운명처럼 평생 지속될 우정을 쌓았다. 패튼은 곧 사회적으로 중요한 지위를 가진 장관의 현역군인 보좌관이 되어 보급장교로 임명되었다. 그것은 일상적인 부대 업무에서 해방되어 충분한 여유 시간을 즐길 수 있는 보직이었다. 그는 승마술을 연마하여 포트 마이어 폴로팀에 자리를 잡았고, 물불을 가리지 않고 빠져들어 마침내 장거리 장애물 경마 대회에도 출전하였다.

1912년 스웨덴 스톡홀름에서 개최되는 제5회 올림픽을 앞두고 패튼은 승마술과 펜싱 솜씨로 새로운 올림픽 종목인 근대 5종 경기에 참가할 미 육군 대표가 되었다. 근대 5종 경기는 5,000미터 장애물 경주, 25미터 권총 사격, 펜싱, 300미터 수영, 그리고 4,000미터 달리기로 구성되어 있다. 이 다섯 종목은 말을 탄 장교가 메시지를 전달하고, 적군과 마주치면 총을 쏘고 칼을 사용한 뒤, 수영하여 강을 가로지르고 크로스컨트리 달리기로 탈출해야 하는 명확한 군사 시나리오를 나타내기 위한 것이었다. 패튼은 체형이 아주 좋았지만 담배와 술을 끊고 날 스테이크와 샐러드 다이어트 식사를 하면서 열심히 달려 단기 집중훈련 코스를 밟았다. 패튼, 베아트리체(어린 베아트리체와 함께), 아버지, 어머니, 여동생 니타는 6월 14일 핀란드호를 타고 벨기에로 항해한 뒤 벨기에에서 스웨덴으로 이동하여 6월 29일에 스톡홀름에 도착하였다. 윌리엄은 경기 전의 모든 연습에 조지와 동행하였다. 결국 패튼은 펜싱 경기에서 탁월하게 29명 가운데 20명을 물리쳤으며(특히 미국인에게는 놀라운 결과였다), 장거리 경마는 3위로 마쳤다. 최악의 성적은 놀랍게도 42명의 경쟁자 중 21위를 차지한 권총 사격이었다. 마지막 종목인 4,000미터 달리기에서는 원래 42명의 주자 중 단 15명만이 남았다. 비록 그가 달리기에는 선수처럼 탁월한 실력을 보인 적이 없지만, 패튼은 3위를 차지하고 이어서 기절했다.

"우리 아들이 살아날 수 있겠나요?" 윌리엄이 패튼의 트레이너에게 물었다.

이것은 진지한 질문이었다. 트레이너는 "제 생각에는 살아날 것 같지만, 장담할 수는 없습니다"라고 대답했다.[*]

물론 그는 회복했고, 근대 5종 경기 종합 순위에서 5위를 차지했다. 그리고 스웨덴 언론의 많은 찬사를 받았다. 스웨덴 언론은 그의 에너지를

---

[*] "My Father as I Knew Him" (unpublished manuscript), quoted in Carlo D'Este, *Patton: A Genius for War* (New York: HarperCollins, 1995), 134.

믿을 수 없으며, 펜싱에 대해서는 그의 "차분함은 평범하지 않고 계산적이었다. 그는 상대방의 모든 약점을 능숙하게 이용했다"라고 평가했다.[*]

패튼과 아내는 유럽을 떠나기 전 프랑스 육군기병학교가 있는 소뮈르 Saumur로 여행을 떠났다. 그곳에서 패튼은 일상적으로 유럽에서 가장 위대한 펜싱 선수로 인정받고 있는 기병학교의 펜싱 교관이며, 역사 내내 아듀탕트 클레리 Adjutant Cléry라고만 알려지는 장교에게 2주간 개인 교습을 받았다. 패튼은 검과 사브르로 자신만의 테크닉을 연구했을 뿐 아니라, 클레리 교육방식의 개요도 배웠다. 그는 이를 미 육군으로 가져오고 싶었기 때문이다. 포트 마이어로 돌아온 패튼은 육군참모총장 레오나드 우드 Leonard Wood 장군의 초대를 받아 스팀슨 장관과 함께 저녁 식사를 했다. 패튼은 워싱턴의 파워 엘리트를 위한 술집인 메트로폴리탄 클럽에도 가입했고, 평지 경기뿐 아니라 장거리 장애물 경마선수로서도 쉽지 않은 명성을 더욱 쌓아갔다. 패튼은 악마처럼 말을 탔고, 자신을 위험의 끝으로 몰아붙였으며, 무엇보다도 필요한 사람들이 스스로를 몰아붙이는 자신을 반드시 지켜보게 했다. 그는 이것을 "광고"라고 불렀다.

패튼은 베아트리체의 유창한 프랑스어 실력을 최대한 활용하여 아듀탕트 클레리와의 경험에 대한 상세한 보고서를 작성했다. 그 결과 미 기병대에서 전통적으로 가르치던 기마 검술법이 혁파되기 시작했다. 미 기병들은 칼로 베도록 훈련을 받았지만, 프랑스군은 검을 사용할 때 끝 부분으로 찌른다고 보고했다. 패튼은 프랑스군의 검 사용방식이 기동공격에 훨씬 더 적합하기에 칼로 베는 것보다 효과적이고 효율적이라고 믿었

---

* "My Father as I Knew Him" (unpublished manuscript), quoted in D'Este, *Patton*, 134.

다. 이로써 기마 군인은 적과 더 빨리 접촉하게 되었다. 미 육군의 표준 사브르는 찌르는 것이 아닌 베기 위한 것이었기 때문에 포인트 공격을 쉽게 하려면 직선 칼날을 채택해야 한다고 패튼은 대담하게 제안했다.

패튼의 보고서는 육군 부관장교들에게 회람되었고, 그들은 보고체계를 통해 이 보고서를 통과시켰다. 군사 저널에 실린 패튼의 보고서는 상당한 관심을 끌었고, 패튼은 육군 사브르를 공식적으로 바꾸기 위하여 작은 캠페인을 벌였다. 참모총장 사무실에서 임시로 근무하게 된 패튼은 군 내 최고위 장교들과 접촉했다. 1913년 스팀슨 장관은 육군참모총장에게 조지 S. 패튼 주니어 소위가 작성한 디자인에 따라 2만 개의 새로운 기병용 검을 제작하도록 지시했다. 미 육군 사브르, M-1913이 그렇게 탄생하였다. 이는 여전히 사용 중이며, 흔히들 "패튼 검^{Patton sword}"이라고 부른다.

패튼은 검술을 좋아했고, 1913년 말까지도 현대전에서 검이 중요한 역할을 할 거라고 진심으로 믿었다. 그는 기병 저널에 전쟁에서의 검의 역사에 관한 글도 실었다. 이 글은 널리 읽혔으며, 과거의 교훈을 현재에 적용하기 위한 방법론을 신중하게 이끌어냈다. 이렇게 검은 패튼에게 명성을 얻게 해준 특별한 수단이었고, 그 명성은 자신을 발전시키는 수단이 되었다. 그는 자신이 경비를 부담한 소뮈르에서의 6주 동안 발전적인 일을 하기 위해 출장을 허가받았고, 클레리의 지도로 검술을 완성할 수 있었으며, 클레리의 교육방법 가운데 세부사항들을 캔자스 포트 라일리^{Fort Riley}의 육군기병학교^{Mounted Service School}로 가져올 수 있었다.

미국으로 돌아온 후 그와 베아트리체는 포트 라일리로 이사하기 위해 재빨리 짐을 꾸렸다. 어떤 면에서는 캔자스 수도의 자극적인 우아함에 급격히 실망하였지만, 기병학교의 학생이자 펜싱 교관 패튼은 군대에서 특별히 그를 위해 만든 '검의 달인'이라는 칭호를 받았다. 이 칭호는 미 육군에서 유일무이했으며, 그러한 호칭을 가진 젊은 장교가 관심을 끌게 될 것은 거의 확실했다. 물론 그 점이 가장 좋았지만, 패튼에게 좀 더 흥미로웠던 것은 기사도 시대 분위기를 자아내는, 시대착오적이지만 고귀함을 드러낸 낭만적인 링이었다. 하지만 곧 전쟁의 끝에서, 기사도 검도 설 자리가 없어진 세상을 한참이나 되돌아보게 될 것이었다. 패튼은 정말로 그렇게 하였다.

Chapter 3

판초 비야 추격

In Pursuit of Pancho Villa

1913년 9월 23일 패튼은 캔자스 포트 라일리 기병학교에 입학하여 학생으로 등록하고, 동시에 검의 달인으로 형제 기병들에게 사브르 검술과 이론을 가르쳤다. 패튼은 제2차 세계대전 초기에 훌륭한 교육자로 등장하게 되지만, 대부분 자기보다 선배이며 더는 쓸모없을 것 같은 기술을 다소 건방지게 가르치는 소위를 못마땅하게 생각하는 장교들에게 검술을 가르치는 것을 좋아하지는 않았다.

또한 베아트리체를 화려한 포트 마이어에서 먼지 많고 건조하며 칙칙한 중서부의 포트 라일리로 데려온 것에 대해 미안함을 느꼈다. 그와 가족에게 배정된 숙소는 아주 누추하지는 않았지만 그들에게는 꽤 음울했다. "당신은 나 때문에 확실히 많은 것은 포기했군요." 그가 베아트리체

에게 했던 말이다.[*]

　패튼은 낙담했지만, 결코 자신의 감정이 업무에 지장을 주게 하지는 않았다. 그는 열심히 공부했고, 열심히 가르쳤으며, 기병위원회가 자신이 설계한 M-1913 검의 교범을 작성해달라고 하자 즉각 작업에 들어갔다. (난독증에도 불구하고 패튼은 노련한 작가임을 증명하였다.) 패튼은 1914년 4월 우드로 윌슨Woodrow Wilson 대통령이 멕시코 항구도시 베라크루즈Veracruz 점령을 명령하자, 전쟁의 징조를 보았다. 윌슨은 그해 멕시코에서 우호적인 민주주의 정권을 재확립하기 위해 프란시스코 마데로Francisco Madero가 암살된 뒤 대통령직을 맡고 있던 빅토리아노 우에르타Victoriano Huerta 장군을 강제로 퇴임시키고 싶어 했다. 그런 와중에 우에르타가 탐피코Tampico에서 일부 미군 수병들을 구금하자, 윌슨은 군사적 개입을 고려하였다. 4월 21일, 의회의 승인을 받은 윌슨은 우에르타에게 무기와 장비를 수송하는 독일 선박의 상륙을 막기 위해 베라크루즈 항을 장악할 수 있는 소규모 상륙부대를 파견하였다. 상륙부대가 강력한 저항에 부딪히자, 윌슨은 더 많은 도시를 점령하라고 명령했다. 패튼은 전면전을 바랐다. 1914년 4월 19일 아버지에게 "전쟁이 단기간에 끝나면 제 계급의 군인들에게는 명성을 얻을 기회가 없을 겁니다. … 그러나 전쟁이 오래 지속된다면……개인 능력을 갖춘 명성이 높은 사람들은 훌륭한 지원자 또는 군대 지휘관이 되어야 합니다"라고 썼다.[**]

---

[*]　Patton, letter to Beatrice, quoted in Martin Blumenson, *Patton: The Man Behind the Legend, 1885-1945* (New York: Quill/William Morrow, 1985), 75.

[**]　Patton, letter to Father, April 19, 1914, in Martin Blumenson, ed., *The Patton Papers 1885-1940*, reprint ed. (Bridgewater, N.J.: Replica Books, 1999), 273.

그러나 아쉽게도 우에르타 장군은 7월 15일 대통령직을 사임했고, 베라쿠르즈 점령은 11월 23일까지 지속되었으나 전쟁이 길든 짧든 전쟁에 대한 패튼의 희망은 금방 사라져버렸다. 이렇게 전망이 어두워진 가운데, 폐결핵 환자인 보스니아-세르비아계 십 대 청소년 가브릴로 프린치프Gavrilo Princip가 1914년 6월 14일 사라예보 거리에서 차를 타고 가던 오스트리아-헝가리의 대공 부부를 총으로 살해한 사건이 발생하였다. 그리고 이후 전 유럽은 세계전쟁으로 치달아 대량 학살을 시작했고, 젊은 소위는 의무를 지게 되었다. 대부분의 다른 미국인들처럼 패튼은 이 모호한 유럽의 분쟁이 미국과 무슨 관계인지 잘 알지는 못했지만, 전쟁은 빠르게 폭발하였고, 유럽 대륙을 집어삼켰다. 물론 패튼은 미국이 조만간 그 분쟁에 개입해야 한다고 생각했다. 그리고 더욱 이전인 1914년 11월 11일, 스물아홉 번째 생일에 아버지에게 편지를 썼다. "확실히 나이를 먹고 있습니다. … 스물일곱 살에는 준장이 되리라 확신했었는데, 스물아홉 살인 지금 중위도 되지 못했습니다." 그의 머리카락은 점점 숱이 적어지고 있었다. 그러나 그는 베아트리체에게는 이 사실을 장밋빛으로 제시했다. "지금보다 머리카락이 적어지면 독일인 결투 선수처럼 보일게요."*

검의 달인이든 아니든 29세의 소위는 영광의 기회가 부족한 것에 크게 좌절했다. 지금은 누구나 들어 아는 일이지만, 그는 U-보트가 영국 여객선 루시타니아Lusitania호를 어뢰로 공격하여 미국인들이 생명을 잃은 뒤에도 전쟁에 참전하지 않고 미국을 지키려고 결심한 우드로 윌슨 대통령에게 분노를 터뜨렸다.

---

* Patton, letter to Beatrice, quoted in Blumenson, *Patton*, 76.

1915년 2월 28일 베아트리체가 둘째 딸 루스 엘렌Ruth Ellen을 낳자 패튼의 기분은 밝아졌다. 그러나 6월 기병학교를 졸업하게 되면 연대로 복귀하게 될 것이고, 필리핀에 배치될 것임을 알게 되었다. 1898년 미국은 미국-스페인 전쟁의 전리품으로 스페인으로부터 필리핀 제도를 얻었고, 이곳은 모든 젊은 육군장교들에게는 사실상 필수 근무지였다. 문제는 필리핀이 통과의례가 아니라, 사실상 장교로서 마지막 경력이 될 수 있다는 점이었고, 이를 알고 있었기에 패튼은 걱정했다. 패튼은 항상 자신이 찾을 수 있는 모든 수단을 동원할 준비가 되어 있었고, 11일간의 휴가를 받아 찾아간 워싱턴에서 영향력 있는 친구들에게 다른 보직에 임명될 수 있게 도와달라고 부탁하였다. 그들은 간신히 멕시코 국경 텍사스 엘파소El Paso에 있는 포트 블리스Fort Bliss로 근무지를 변경해주었다. 거기엔 확실히 마닐라보다 편하고 좋은 직책도 없지만, 멕시코와 미국 사이에 새로운 문제가 발생하고 있었기에 패튼은 현지에서 실제 작전에 참가하게 될 가능성을 느꼈다. 멕시코는 혼란에 빠져 있었다. 잔인한 빅토리아노 우에르타와 그보다 온건한 베누스티아노 카란사Venustiano Carranza를 포함한 많은 예비 지도자가 권력을 위해 경쟁했다. 이런 투쟁에서 한 지도자나 다른 지도자의 일원들은 때때로 텍사스, 뉴멕시코, 애리조나의 마을에서 "빼앗은" 현금과 물품으로 전쟁 자금을 보충하기 위해 국경을 넘어 미국으로 들어왔다. 미 육군의 국경경비대는 이 지역을 감시하면서 침입을 예방하거나 원상태로 회복시킬 임무를 수행했고, 패튼은 이러한 경찰 행동으로 인해 곧 전쟁이 벌어질 것으로 기대했다.

몇 달만 지나면 실제로 그렇게 될 것 같았다. 하지만 패튼이 포트 블리스에서 현재 무엇을 해야 하는지 말해주는 사람은 아무도 없었다. 결국 자기 연대가 도착할 때까지 정말로 할 일이 없다는 통보를 받았다. 그 사이 소위에서 중위로 진급할 수 있는 자격시험을 공부하라는 의견이 나왔다. 그는 추가 준비시간을 요구했고, 그것 말고는 할 일도 없던 터라 연장이 승인되었다. 패튼은 이 시간을 활용하여 공부만 한 것이 아니라 아주 염치없이 진급위원장에게 잘 보이려고 위원장의 폴로 조랑말 훈련을 도와주었다. 이전 포트 셰리단에서 지휘관이었던 대위(현재는 소령) 프랜시스 마셜이 진급위원회의 외부 위원으로 포트 블리스에 공식 방문해 있다는 것을 알게 된 패튼은 마셜과 위원장에게 연락하는 데 시간을 낭비하는 대신 "M 소령님이 나를 추천해주실 것"이라고 확신하였다.[*] 의심의 여지 없이 마셜은 그렇게 하였고, 패튼은 시험을 보고 곧바로 진급 대상이 되었다. 실제 진급은 1916년 5월 23일에 이루어졌다.

그가 시험을 통과한 직후 패튼의 연대인 제8기병대가 포트 블리스에 도착하였다. 패튼은 부대와 함께 시에라 블랑카Sierra Blanca로 파견되었다. 아마도 집 스무 채 정도와 살롱 하나 정도가 있는 텍사스의 기본적인 국경 도시였을 것이다. 카우보이들이 살고, 곧 젊은 장교와 친해지게 될 강인한 인상과 눈처럼 흰 머리칼의 데이브 앨리슨Dave Allison 보안관이 순찰하는 삼류 소설 속 마을 말이다. 마을에 몇 안 되는 울퉁불퉁한 거리 너머에는 황량한 풍경이 펼쳐져 있었는데, 패튼은 국경경비대를 이끌고 가서 말을 타고 달리며 아메리카검은멧토끼를 사냥했다. 그는 편지에 만족감을 표시했다. "나는 이런 일이 좋습니다. 너무나도."[**]

---

[*] Blumenson, *Patton*, 78.

[**] Blumenson, *Patton*, 78.

추수감사절 전날 밤 토끼보다 더 흥미로운 무언가가 지평선에 나타났다. 시에라 블랑카의 제8기병대 A부대에 있던 패튼은 포트 블리스로부터 멕시코 혁명 도적단 200여 명이 마을을 습격할 것이라는 경고 전보를 받았다. 모든 상급 장교들이 순찰을 나간 가운데 패튼이 지휘를 맡고 있었다. 그는 아버지에게 습격 "루머"를 믿지 않았다고 썼다. 하지만 그는 습격을 막아낼 방법을 계획하고, 함께 있던 100여 명의 부대원에게 전투 구역을 할당한 뒤, 모두 무기 옆에서 취침하라고 지시했다. "도적 떼가 왔으면 합니다. 저는 … 그들을 반겨줄 수 있습니다."[*] 그러나 패튼의 예상대로 아무 일도 일어나지 않았다.

추수감사절에 그는 멕시코인 80명이 숙영지를 설치했다고 보고된 미국 쪽 리오 그란데Rio Grande로 진격하라는 명령을 받았다. 그는 하루 중 적이 가장 취약한 시간인 새벽에 공격하는 전형적인 공격을 하기로 결정했다. 그러나 예상했던 공격의 즐거움은 거의 없었다. 패튼이 부하들을 이끌고 나가기 전, 부대장과 중위는 순찰에서 돌아와 사브르를 캠프에 남겨두라고 명령했다. 검도 없는 검의 달인은 멕시코인을 발견하지 못한 채 리오 그란데를 따라 11시간 동안 지루하게 순찰한 뒤, 시에라 블랑카로 복귀했다. 그는 곧 포트 블리스로 복귀하라는 명령을 받았고, 베아트리체와 아이들도 두 달 동안 머물 계획으로 그곳에 왔다. 처음에 그곳의 끔찍한 상황에 충격을 받고, 지독하게 먼지가 많은 폭풍에 겁을 먹은 그녀는 실제로 남편에게 전역을 하라고 얘기했다. 패튼의 초기 전기작가 라디슬라스 파라고Ladislas Farago는 베아트리체를 "상황이 나빠지면 최선을 다하

---

[*] Patton, letter to Father, April 19, 1914, in Blumenson, ed., *The Patton Papers 1885-1940*, 307.

는"* 여성이라고 묘사했는데, 그녀가 이제 그것을 증명했고, 재빠르게 정신을 바짝 차렸다. 실제로 엘파소를 탐험하기 시작하면서 그녀는 결국 그렇게 나쁘지는 않다고 결론지었다. 그녀는 두 아이와 함께 덜 화려한 포트 내 숙소로 이사하기로 결심했다.

패튼 부부가 일단 수수한 집에 정착하자, 여동생 니타가 찾아왔다. 패튼은 그녀를 포트 블리스의 최고 지휘관인 존 J. 퍼싱^{John J. Pershing}에게 소개했다. 니타 패튼은 스물아홉 살 미혼에 사귀는 사람도 없는, 오빠처럼 인상적인 인물이었다. 퍼싱의 전기작가는 그녀를 "키 큰 금발 아마존"이라고 묘사했다.** 퍼싱은 텍사스에서 근무하던 1915년 8월 27일에 샌프란시스코 요새 화재로 아내와 세 명의 딸이 사망하여 비극적으로 홀아비가 된 55세의 미남이었다. 퍼싱과 니타 사이에는 서로 간의 끌림이 있었고, 그녀는 계획보다 더 오래 포트 블리스에 머물렀다. 패튼은 여동생과 지휘관 사이에 로맨스가 싹틀 것이라고 예상했는데, 이는 즐거운 기대를 안겨주었다.

◇◇◇◇◇◇◇◇◇◇◇◇

훗날 스스로 프란시스코 비야^{Francisco Villa}라고 불렀지만, 판초 비야라고 세상에 더 알려지게 된 도로테오 아랑고^{Doroteo Arango}는 가난한 농장 노동자의 아들로 태어나 부모를 여읜 고아였다. 가족이 열심히 일하던 농장

---

*   Ladislas Farago, *The Last Days of Patton* (New York: McGraw-Hill, 1981), 285.

**   Quoted in Carlo D'Este, *Patton: A Genius for War* (New York: HarperCollins, 1995), 161.

의 주인이 여동생을 강간하자 판초 비야는 그 남자를 죽이고 산으로 도망쳤고, 그곳에서 도망자 신세로 십 대를 보냈다. 그는 생존기술을 배웠고, 타고난 게릴라전 재능뿐 아니라 확실한 개인적 매력도 가지고 있었다. 1909년 그는 포르피리오 디아즈^{Porfirio Díaz}의 잔혹한 독재에 대항한 프란스시코 마데로의 성공적인 봉기에 동참했다. 이 과정에서 비야는 선배 동지들과 어울리기에는 너무나도 빛이 나기 시작했다. 그리고 1912년 혁명 동지 빅토리아노 우에르타에게 사형 선고를 받았다. 마데로가 개입하여 비야를 감옥에 보냈다. 그는 탈출하여 미국으로 도망쳤고, 1913년 마데로가 암살되자 멕시코로 돌아와 디비시온 델 노르테(북부사단)^{División del Norte}라고 불리는 수천 명의 집단을 규합했다. 비야와 부하들은 베누스티아노 카란사^{Venustiano Carranza} 밑에서 복무하면서 독재자 우에르타와 싸웠고, 1914년 6월 카란사와 함께 영광스러운 승리를 거두었다.

비야와 카란사가 최후의 혁명 승리 지도자로 멕시코시티에 도착한 직후 둘은 다투었으며, 비야는 혁명 지도자 에밀리아노 사파타^{Emiliano Zapata}와 함께 북부의 산으로 도망쳤고 미국과의 국경을 자주 넘었다. 그의 이런 행적에 대해서는 특별한 설명이 거의 없고 합리적이지도 않다. 어쩌면 한때 동지였던 카란사를 지지하는 미국의 윌슨 대통령에게 분노한 것인지도 모른다. 아니면 동포들과 세계에 멕시코 북부를 지배하는 사람이 카란사가 아니라 자신임을 보여주고 싶었는지도 모른다. 그의 동기가 무엇이든 간에 1916년 1월 비야는 멕시코 산타 이사벨^{Santa Isabel} 타운에서 미국인 17명을 처형했고, 3월 9일 뉴멕시코 콜럼버스^{Columbus}를 습격하기 위해 "비야스타^{Villista}" 500명과 국경을 넘었다. 그리고 거기서 인근 제13기병대 군인들뿐 아니라 지역 주민들과도 싸웠다. 그 습격으로 미국인

10명과 미군 14명이 사망했다. 비야의 병력은 사상자 수가 상당히 많았는데 적어도 100명이나 죽었다.

월슨 대통령은 콜럼버스에서의 잔학 행위에 대응하여 판초 비야를 체포하거나 죽이기 위하여 퍼싱에게 멕시코 안으로 "토벌 원정대Punitive Expedition"를 보내라고 명령했다. 이것은 흥분되는 일이었다. 문제는 제8기병대 지휘관인 대령이 비만에다 몸 상태도 좋지 않다고 판단하여 퍼싱이 패튼이 속한 이 부대를 원정대에서 제외할지도 모른다는 점이었다. 패튼은 그게 걱정이었다. 1916년 3월 12일 패튼은 아버지에게 "뚱뚱한 대령들을 죽이는 법이 있어야 합니다"라고 썼다.[*] 그런데 패튼의 걱정은 현실이 되었다. 퍼싱은 제8기병대를 후방에 남겼다. 작전에서 제외된다고 생각한 패튼은 당황했고, 퍼싱의 부관으로 자신을 추천해달라고 직접 부대 부관을 설득했다. 또 토벌 원정대 부관참모로 임명된 존 L.하이네스John L. Hines 소령에게도 호소하였으며, 계속해서 장군의 정식 보좌관 중 한 명인 마틴 C. 샬렌버거Martin C. Shallenberger 중위에게도 얘기를 해두었다. 그러고는 퍼싱에게 직접 연락하여, 자신이 원정대에 참가할 수만 있다면 위험을 감수하더라도 어떤 일이든 하겠다고 말했다. 또 퍼싱이 매스컴의 관심을 싫어한다는 것을 알고 자신은 특히 신문기자라면 누구든 잘 다룰 수 있다고 말했다. (사실 당시 그는 언론 발표를 한 번도 해본 적이 없었다.) 하지만 퍼싱은 그 자리에서 패튼의 결심을 묵살했다. 그러나 다음 날 패튼은 퍼싱 장군의 전화를 받았다.

"패튼 중위, 준비하는 데 얼마나 걸리나?"

---

[*] Patton, letter to Father, quoted in D'Este, *Patton*, 163.

패튼은 이미 짐을 쌌다고 대답했다. 퍼싱은 깜짝 놀라 말했다. "이런, 놀랍군. 자네를 보좌관으로 임명하겠네."[*]

토벌 원정대는 2개 기병여단과 1개 보병여단, 거의 1만 5,000여 명으로 편성되었다. 이 대규모 병력에 더하여 당시 미 육군의 최신 항공기지만 세계 기준으로는 뒤떨어진 낡아빠진 "제니스Jennies" 커티스Curtiss JN-2 6대가 편제된 제1비행대1st Aero Squadron가 증강되었다. (비록 비행기는 신뢰도가 매우 낮다는 것이 입증되었지만, 제2차 세계대전 때 프랑스 전역에서 제3군이 대규모로 진격하는 동안 조명지원 및 정찰용 비행기 활용을 계획하게 될 패튼을 매료시키기에는 충분했다.)

1916년 3월부터 1917년 2월까지 거의 1년 동안 퍼싱은 부하들을 멕시코 시에라 마드레스Sierra Madres의 험준한 동쪽 기슭 안으로 약 400마일이나 이끌었다. 보좌관 패튼은 장군의 식사부터 장군의 말, 자동차, 부대 검사를 챙기는 것은 물론 부관으로서 모든 잡일을 수행했다. 마지막 역할은 위험한 것이었지만 패튼은 기꺼이 받아들였다. 4월에 그는 남으로 진격하여 현재 어디엔가 있을 제11기병대에 메시지를 전달하는 임무에 자원했다. 배웅하던 퍼싱이 악수를 하면서 말했다. "거의 건초더미 속 바늘 찾기다. 조심해라. 그곳에는 많은 비야스타들이 있다." 그리고 여전히 손을 잡은 채 말했다. "하지만 명심해라, 메시지를 전달하지 못하면 돌아오지 마라." 물론 메시지는 전달되었다.[**]

원정대가 판초 비야를 잡기는커녕 찾지도 못한 것에 실망한 퍼싱 장군

---

[*] Patton, letter to Father, quoted in D'Este, *Patton*, 163.

[**] Patton, "Personal Glimpses of General Pershing" (unpublished manuscript), quoted in D'Este, *Patton*, 168.

은 비야의 핵심 부하 중 몇몇을 목표로 삼기로 결정하였는데, 그중 가장 중요한 인물이 훌리오 카르데나스Julio Cárdenas 장군이었다.

패튼은 퍼싱에게 수색에 참여할 기회를 달라고 간청했고, 임시로 제13기병 C부대에 배치되었다. 카르데나스가 산 미구엘리토San Miguelito 부근 목장에 살고 있다는 것을 알게 된 패튼과 C부대의 일부는 4월 중순 출발했다. 그들은 장군을 찾지는 못했지만, 그의 삼촌과 아내, 아기의 위치를 찾아냈다. 4월 17일 아버지에게 보낸 편지에서 패튼은 "삼촌은 매우 용감한 사람이었고, 나에게 어떤 말을 하기도 전에 이미 거의 죽음에 이르렀습니다"라고 썼다. 분명히 패튼과 부하들은 장군의 행방을 알아내기 위해 카르데나스의 삼촌을 고문하려 했을 것이다. 하지만 더 분명한 것은 그들은 그렇게 할 수 없었다. 패튼이 일기에 쓴 것처럼 "삼촌에게서 정보를 얻으려고 노력했다. 실패했다."[*]

다음 달인 5월 14일 퍼싱은 멕시코 농부에게서 옥수수를 사기 위해 패튼을 보급대로 파견했다. 패튼과 병사 10명, 민간 정찰대 2명, 민간 운반인 2명이 자동차 3대를 타고 출발했다. 그들은 코요테Coyote와 살시토Salsito 두 마을에 들러 필요한 물건을 샀다. 그러고 나서 패튼은 루비오Rubio에서 매우 거칠게 보이는 멕시코인 60명을 발견했는데, 그 정찰병 중 1명은 비야와 카르데나스의 동료였던 비야스타였다. 이것은 패튼에게 카르데나스가 근처에 있음을 시사하는 것이었고, 패튼과 부하들은 북쪽으로 6마일을 달려 산 미구엘리토와 삼촌과 아내, 그리고 아기를 발견했던 농장으로 갔다. 패튼은 평생에 걸쳐 몇 번이나 그다음에 무슨 일이 일어났는지

---

[*] Patton, letter to Father, April 17, 1916, quoted in D'Este, Patton, 173; Patton, diary entry, quoted in Blumenson, *Patton*, 83.

를 설명했다.[*]

집에서 남쪽으로 약 1마일 반 정도 떨어진 땅은 집보다 낮았다. 그리고 이 오르막 꼭대기를 넘어설 때까지는 아무도 보이지 않았다. 오르막을 넘자마자 나는 전속력으로 차를 몰고 집 앞을 지나갔는데, 집 앞에서 소가죽을 벗기고 있는 남자 4명이 보였다. 남자 중 1명은 집으로 달려갔다 다시 돌아와 그 일을 계속했다. 나는 집 북서쪽에 차를 세우고, 다른 차 2대는 남서쪽에 세웠다. 나는 왼손에 소총을 들고 뛰어내렸고, 뒷문 테라스로 통하는 커다란 아치형 문으로 급히 갔다. … 뒤따르는 사람들은 돌아가게 하고, 문으로 절반쯤 걸어갔다. 내가 문에서 15야드 떨어진 곳에 있을 때, 무장한 남자 3명이 말을 타고 달려 나와 남동쪽 모퉁이를 돌기 시작했다.

총을 쏘지 말라는 교육을 받은 나는 그저 권총만 뽑고 무슨 일이 일어나는지 보려고 기다렸다. … 그들이 모퉁이에 이르자, 내 부하들이 오는 것을 보고 3명이 뒤돌아서서 모두 나를 향해 총을 쏘았다. 총알 1발이 나를 향해 날아와서 짜증이 났다. 나는 신형 (아이보리 손잡이의) 권총을 5발 쐈다. 그러자 내 부하들이 모퉁이를 돌아서 총을 쏘기 시작했다. 나는 집 안에 누가 있는지는 몰랐다. 우리의 오른쪽 불과 몇 피트 떨어진 곳에는 창문이 많았다. 내가 모퉁이를 막 돌았을 때, 3발의 총알이 땅으로부터 약 7피트

---

[*] Patton's account of the episode is given in D'Este, *Patton*, 172-7.

정도 높이에 맞았고, 벽돌이 내 위로 떨어졌다.

패튼은 소규모 병력을 조심스럽게 배치하여 집에서 나가는 모든 출구를 차단하고 있었다.

나는 권총을 다시 장전하였고, 말을 탄 남자가 바로 내 앞으로 오는 것을 보고 뒤로 물러섰다. 나는 그에게 총을 쏘기 시작했고, 데이브 앨리슨이 항상 도망치는 사람의 말을 쏘라고 한 말이 기억나서 그렇게 했고, 말의 엉덩이가 찢어졌다. 나는 말 탄 남자를 쓰러뜨렸고, 고작 10야드 정도 떨어진 곳이었기에 우리는 모두 달려들어 그를 두들겨 팼다. 그는 엉망진창이 되어 죽어버렸다.

이 총격전 동안 목장에서 빠져나온 또 다른 비야스타는 거의 도망칠 뻔했지만, 패튼과 부하 몇 명이 그를 쫓아 총알을 퍼부었다. 그 역시 죽었다. 2명이 쓰러졌다. 그러나 패튼은 얼마나 많은 비야스타가 목장에 남아 있는지 확인해야 했다. 그는 더 잘 보기 위해서 건물 옥상으로 올라갔다. 진흙으로 지은 건물 옥상에 올라가자마자 옥상이 무너졌고, 패튼은 구덩이에 떨어졌다. 하지만 패튼은 재빨리 구덩이에서 빠져나왔다. 그 사이 패튼의 정찰병 중 하나가 도망치는 비야스타에게 총을 쏴 또 1명을 죽였다.

패튼이 말하길, 자신이 사건을 처리하고 있는 동안 소가죽을 벗기고 있던 남자 4명은 이 난장판을 완전히 무시한 채 계속 일을 하고 있었다. 패튼은 이제 이 4명을 검거하라고 명령했고, 그와 3명의 병사가 목장 내

부를 수색하는 동안 각각 1명을 인간 방패로 삼았다. 카르데나스의 어머니와 (딸을 품에 안고 있던) 아내가 증오에 가득 찬 눈으로 남자들을 따라갔다. 두꺼운 나무문을 조심스럽게 열자, 웅크려 기도하고 있는 주름이 쭈글쭈글한 노파 여럿이 보였다.

이 "산 미구엘리토 전투"에서 멕시코인 3명이 죽었다. 소가죽을 벗기던 사람 중 1명이 홀리오 카르데나스임이 밝혀졌다. 다른 사람은 비야스타의 중대장과 병사였다.

패튼은 시체 3구를 마치 전리품 수사슴처럼 자동차 3대의 후드에 묶으라고 명령했다. 떠날 준비가 되었을 때 패튼은 갑자기 50여 명의 비야스타 무리가 전속력으로 달려오는 것을 보았다. 총격전이 벌어졌고, 아주 큰 수적 열세의 미군들은 가속 페달을 밟고 루비오로 가는 길을 질주했다. (아니면 패튼이 비웃으면서 얘기했듯, "우린 우아하게 철수했다.") 총격전이 마을에서 발생하지 않도록 패튼은 부하 1명에게 멕시코인들이 도착하기 전에 도로를 따라 전선을 끊으라고 지시했다. 그들은 고속으로 통과한 뒤 퍼싱의 사령부에 도착할 때까지 멈추지 않았다. 주변 사막처럼 건조하고 단조로운 멕시코에서 오래도록 체류하는 동안 뉴스거리에 지쳐 있던 기자들이 패튼 주위로 몰려들었다. 헤드라인에 패튼의 이름이 부각되었고, 더 좋은 것은 공식적인 육군 급보에도 그의 이름이 반복적으로 언급되었다는 것이다.

적어도 몇 주 동안, 조지 S. 패튼 주니어는 국가 영웅이 되었다. 장기적으로 토벌 원정대는 그에게 더 중요한 결과를 가져왔다. 패튼이 자동차로 산 미구엘리토에 간 것은 사실 미 육군 부대가 전투를 위해 자동차로 이동한 첫 사례였다. 제1차 세계대전에서 전차를 옹호하고, 제2차 세계대전에서는 미군 기동전의 상징으로 맨 앞에 서게 될 패튼은 의도치 않게 기계화 전투를 개척하게 된 것이다. 그런데 더 중요한 것은 패튼과 퍼싱의 진정한 유대관계를 만들었다는 것이다. 패튼은 이상적인 장군인 퍼싱에게서 모든 선례를 보았다. 퍼싱은 전략과 전술에 대해 확고한 이해력을 가지고 있었을 뿐 아니라 아주 단호한 명령을 내렸고 완벽한 규율을 요구했으며 절대적인 충성심을 얻으면 돌려주었고 큰 그림을 절대 놓치지 않으면서도 아주 미세한 세부사항도 놓치지 않았다. 이 모든 것에 더하여 그는 이상적인 장군의 표본처럼 생겼다. 그는 그 자체로서 지휘관이었다. 패튼은 그를 존경했고 그에게서 배웠다. 자신 역시 존 J. 퍼싱 같은 장군이 되겠다고 그 어느 때보다 굳게 결심했다.

산 미구엘리토는 토벌 원정대의 요충지임이 증명되었다. 국제적으로 중대한 위기를 피하기 위해 윌슨 대통령은 퍼싱에게 미국-멕시코 국경에서 150마일 안쪽으로 철수하도록 명령했으며, 그 시점부터 지루함이 시작되었다. 5월 18일 일기에 패튼은 "나는 목욕 외에 아무것도 하지 않았다"고 썼다. 다음 날에는 "온종일 끔찍한 바람뿐. 그 누구도 아무것도 하지 않았다"고 썼다.* 그렇게 따분한 날이 계속되었다.

패튼 소위는 1916년 5월 23일 마침내 중위로 공식 진급했고, 미 상원의원에 출마하기로 결정한 아버지를 격려하는 등 가족들에게 편지를 쓰는 데 많은 시간을 보냈다. 8월에 패튼은 퍼싱과 함께 며칠 간의 휴가를 보내기 위해 뉴멕시코 콜럼버스로 돌아왔다. 베아트리체는 남편을 만났고, 니타는 퍼싱을 맞이하기 위해 같이 있었다. 두 사람의 나이 차이에도

---

* Patton, diary, May 18, 1916, in Blumenson, ed., *The Patton Papers 1885-1940*, 339.

불구하고 모든 사람은 두 사람이 결혼하리라 생각하기 시작했다. 패튼이 베아트리체에게 말했다. "니타가 우리보다 계급이 높아질지 모르오."[*]

패튼은 곧 멕시코의 사령부로 돌아왔고, 10월 초 그곳에서 기이한 사고를 당했다. 자신의 텐트에서 보고서를 쓰고 있을 때 휘발유 램프가 터졌고 얼굴과 머리카락에 불꽃이 튀었다. 그는 나중에 베아트리체에게 설명했다.[**] "나는 옆으로 피했고 몸을 날렸소." 화상은 심각했고 고통스러웠지만, 영구적인 흉터나 시력 손상은 없었다. 그는 병가를 내고 콜럼버스에서 베아트리체를 만나 기차로 레이크 빈야드에 있는 소년 시절에 살던 집으로 가서 로스앤젤레스에 있는 친척 아저씨 빌리 윌스Billy Wills 박사에게 치료를 받았다. 그는 병가 동안 공화당 상원의원을 상대로 완패한 아버지의 곁에 있을 수 있었다.

퍼싱 장군에게 그랬듯이 패튼은 아주 중요한 사람에게 확실하고 깊은 인상을 주었다. 하지만 그가 의도한 것보다 더 많은 감동을 주었다. 퍼싱은 미국이 제1차 세계대전에 참전한 직후 패튼을 자기편으로 데려오면서 그를 높이 평가했음을 보여주었다. 그러나 그보다 훨씬 이전인 1916년 10월 16일, 회복 중인 패튼에게 보낸 편지에서 퍼싱은 빨리 회복하길 바랄 뿐 아니라, 자아도취의 위험에 대한 경고의 말로도 패튼에 대한 애정을 드러냈다. "자신의 개인적 견해를 너무 고집하지 말게. 우리가 군에 입대할 때 주어진 우리의 첫 번째 의무인, 어떤 상황에서도 우리의 견해와는 전혀 상관없이 우리 정부를 충분히 이해하고 따라야 한다는 점을 반

---

[*] Patton quoted in Frank E. Vandiver, *Black Jack: The Life and Times of John J. Pershing* (College Station: Texas A&M University Press, 1997), Ⅱ : 658.

[**] Patton, letter to Beatrice, October 7, 1916, quoted in D'Este, *Patton*, 181.

드시 기억해야 하네."[*] 퍼싱 장군의 사례를 통해 배웠고 앞으로도 배우게 될 패튼이었지만, 아마도 패튼은 이 말을 진정으로 받아들이지는 않았던 것 같다. 그는 이것을 확실히 실천할 수가 없었다.

---

* Pershing, letter to Patton, October 16, 1916, in Blumenson, ed., *The Patton Papers 1885-1940*, 354.

Chapter 4

제1차 세계대전과 신무기

The Great War and the New Weapon

조지 S. 패튼은 판초 비야를 추격하면서 명성을 얻었다. 하지만 매혹적이었던 명성은 짧았고, 다시 지루함을 견뎌내야 했다. 패튼이 갈망하던 전쟁은 아니었지만, 존 퍼싱의 영향권 안에 들어간 것이야말로 그의 경력에 큰 이득이 되었다. 멕시코에서의 활약으로 퍼싱은 2성2 star 소장으로 진급하며 승승장구했다. 퍼싱이 프레드릭 펀스턴Frederick Funston 소장에게 남부 사령관을 인계하고 샌안토니오의 새로운 사령부로 떠날 때까지 패튼은 계속하여 그의 보좌관으로 일했다. 패튼은 기병대와 함께 엘파소에 머물렀고, 기병대의 지휘권을 부여받았다. 또 진급 평가를 손쉽게 통과했고, 그 결과 대위로 진급하게 되었다. 퍼싱과 니타가 점점 더 가까워지고 있다는 패튼의 예상도 틀리지 않았다. 결혼이 임박한 것처럼 보였다.

토벌 원정대의 임무가 끝날 무렵 패튼의 앞날은 밝았다. 그 뒤로는 더욱 밝아졌다. 패튼이 멕시코에서 돌아온 지 두 달만인 1917년 4월 6일, 윌슨 대통령은 "그로 인해 우리는 전쟁을 피했다He Kept Us Out of War"라는 선거 슬로건으로 재선에 성공하였고, 미국은 중립국으로 독일의 공격을 더는 참을 수 없다고 결정했다. U-보트가 미국 승객을 태운 영국 여객선을 공격한(1917년 5월 7일 루시타니아호 침몰 포함) 것과 독일 정부가 반미 군사 동맹을 멕시코에 제안했던 악명 높은 짐머만 텔레그램Zimmermann Telegram의 폭로, 나아가 독일의 제국주의적 침략이 민주주의 자체에 지속해서 위협이 된다는 인식이 커지면서 대통령은 독일과 기타 "동맹국들Central Powers"에 대한 선전포고를 의회에 요청했다.

그러나 전쟁에 뛰어들려고 한 첫 번째 사람은 조지가 아니라 아버지 윌리엄이었다. 그는 정부에서 의미 있는 자리를 얻기를 희망하며 워싱턴행 기차에 올랐다. 아내와 딸 니타도 함께 했다. 니타 덕분에 샌안토니오의 퍼싱을 방문할 수 있었는데, 육군성이 방금 퍼싱을 수도로 소환했다는 것을 알게 되었다. 4명은 모두 같은 기차를 타고 워싱턴으로 향했다.

육군성에서 퍼싱은 사단을 조직한 뒤 지휘관이 되어 연합 전쟁에서 미국이 처음 기여하게 되는 프랑스로 가라는 명령을 받았다. 퍼싱은 속히 패튼을 포함한 장교들의 명단을 작성했고, 자신의 참모진을 꾸리길 원했다. 그러나 퍼싱의 명령이 하달되기도 전에 육군성은 퍼싱의 임무를 크게 확대하였다. 그는 단지 1개 사단만을 이끌고 프랑스로 가는 것이 아니라, 국가가 유럽으로 파견하는 모든 병력인 '미 원정군American Expeditionary Force' 전체를 이끌고 지휘하게 되었다. 동시에 퍼싱은 육군성이 육군용 군마를 사기 위해 패튼을 버지니아 프런트 로얄Front Royal로 보낼 것이라는 소소한 사실도 알게 되었다. 퍼싱은 패튼을 배려하기 위해 직접 그 명령을 취소시킨 다음, 5월 19일 부관 참모에게 명령하여 패튼에게 워싱턴에 있는 퍼싱에게 보고하라는 전보를 보내게 했다. 퍼싱에게 갑자기 맡겨진 책임은 정말로 중대했다. 토벌 원정대가 창설된 1916년의 미 육군은 장교와 군인 약 13만 3,000명으로 구성되어 있었고, 고위 지휘부는 주요 전쟁 계획과 관련된 것이 아니라 패튼의 새로운 사브르 디자인과 새 매뉴얼 같은 문제들을 다루고 있었다. 그러나 이제 징병과 애국적 입대를 통해 육군은 1918년 11월까지 450만 명으로 늘어 폭발적으로 성장하게 되었다. 이들 중 약 200만 명이 퍼싱의 지휘 아래 유럽으로 파병될 예정이었다.

패튼의 관심은, 퍼싱이 자신의 큰 행운을 어떻게 운용할 것인가에 맞추어졌다. 전군을 유럽으로 파견하는 데는 몇 개월이 걸리겠지만, 5월 15일 대위로 진급한 조지 패튼은 양키의 첫 물결의 일부로 곧바로 "저 너머"로 가게 되었다. 윌리엄은 운이 없었다. 워싱턴에는 그를 위한 자리가 아무것도 없었기 때문에 그와 아내, 그리고 니타는 다시 캘리포니아로 돌아왔고, 그곳에서 니타는 전쟁과 관련된 자원봉사를 하거나 퍼싱에게 긴 편지를 쓰면서 시간을 보냈다. 패튼은 겨우 장교 60여 명 중 한 명이었다. 입대 병사 120명과 퍼싱, 그리고 장군과 함께 승선한 소수 민간인과 함께 패튼은 5월 28일 발틱Baltic호를 타고 리버풀Liverpool로 향했다.

6월 8일 발틱호는 리버풀에 도착했다. 퍼싱과 참모들은 함께 런던으로 향했고, 유스턴역Euston Station에서 미국대사와 사람들의 환영을 받았다. 퍼싱은 고급스러운 사보이 호텔에 머물렀고, 패튼과 부하 67명은 런던타워 근처 곳곳에 마련된 숙소로 보내졌다. 6월 13일에 퍼싱과 참모들은 런던을 떠나 파리로 갔다. 패튼은 널리 알려진 빛의 도시에서 아무런 즐거움도 느끼지 못했다. 왜냐하면 그들의 전쟁이 그곳에서 곧바로 진창에 빠져

버렸기 때문이다. 잡역병 관리, 보초 확인, 운전병 파견 등 지루한 문제만
이 그들을 기다리고 있었다.

퍼싱이 부관 패튼 대위를 대동하고 실제 전선에 접근한 것은 7월이 되
어서였다. 퍼싱과 함께 패튼은 생 디지에St. Dizier에 새로 도착한 부대의 훈
련을 검열했다. 패튼이 보기에 장교들은 게을렀고 부대원들은 허술했다.
이처럼 그저 그런 장교들이 반쪽짜리 병사들을 지휘하는 척하는 모습에
서 패튼은 자신이 웨스트포인트 이등 상병일 때 하급 생도들을 열심히
"갈궜던" 일이 정당했다고 느꼈을 것이다. "정말로 형편없는 군대"가 되
어버린 결과물이 그의 눈앞에 있었다.

또 다른 의미 있는 깨달음도 다가오고 있었다. 9월이 되자 퍼싱은 마침
내 전투 배치를 시작할 수 있을 만큼 충분히 훈련된 부대가 되었다고 생
각했다. 비교적 조용한 로렌Lorraine 구역에 미군이 처음으로 배치되기로
결정되었다. 이에 따라 9월 1일에 퍼싱은 사령부와 참모들을 데리고 파
리에서 쇼몽Chaumont으로 옮겨갔다. 이 작은 도시는 빠르게 훈련 캠프와
군사전문학교의 복합단지가 되었고, 성장한 미군들이 그곳을 지나갔다.
패튼은 퍼싱의 부관 중 한 명으로 계속 근무하는 것 외에도 9월 13일에
250명의 본부중대와 차량 90대가 편제된 수송부를 지휘하는 기지 중대
장이 되었다. 그것은 만족스러운 임무가 아니었고, 짜증이 난 패튼은 완
벽한 효율성과 규율, 군인다운 외모, 군대예절 준수를 주장하며 부하들을
심하게 괴롭혔다. 부하들이 어떻게 생각하든 퍼싱은 큰 감명을 받았고,
쇼몽 사령부가 광범위하고 빠르게 성장할 것이 확실했으므로 이제 패튼
은 더 큰 지휘권을 얻고 빠르게 소령으로 진급할 수 있는 완벽한 위치에
다가서게 되었다.

핵심층에 접근해가고, 빠르게 진급하는 것은 겉으로는 패튼이 항상 바라던 일이었다. 그러나 점점 더 그는 모든 것이 싫어졌다. 어쩌면 그가 지휘하고 있는 절대 사격할 일이 없는 대공포를 생각해서 그랬는지도 모른다. 그는 아내 베아트리체에게 "내 직책에 지쳤소. 어떤 계기가 생기면 직책을 바꾸고 싶다오"라고 썼다.[*]

그래서 그는 정확히 "어떤 것"을 찾기 시작했고, 곧 찾아낸 것은 영국인들이 "탱크"라고 부르는 새롭고, 못생기고, 전혀 입증되지 않은 무기였다. 르로이 엘틴지LeRoy Eltinge 대령이 우연히 기갑 장교가 되고 싶으냐고 물었을 때, 패튼은 그렇다고 대답했다. 그 얘기 뒤에 그는 또 프랭크 멕코이Frank McCoy 대령과 이 문제를 상의했다. "그는 나에게 전차부대가 편성되면 내 이름을 고려해달라는 편지를 쓰라고 조언했고, 나는 그렇게 했다." 평범한 방법으로 조지 S. 패튼 주니어의 이름은 아주 친밀한 관계인 관련 부서에 제출되었다. 그는 퍼싱에게 편지를 써서 전차에 적합한 사람으로 자신을 얘기했다. 그는 전차의 용도는 "보통 전쟁에서 기병대가 수행하는 임무와 유사합니다"라며 "저는 기병대입니다"라고 했다. 또 "늘 사격을 잘하는 부대에 있었기 때문에 저야말로 훌륭한 사격 교관이라고 생각합니다. 전차를 잘 활용하기 위해서는 정확한 사격이 꼭 필요하다고 명시되어 있습니다"라고도 강조했다. 이와 더불어 패튼은 휘발유 엔진에 대한 경험과 "가스 자동차"의 사용과 수리, 유창한 프랑스어("그래서 저는 프랑스에서 직접 정보를 얻을 수 있습니다")와 자신의 공격 정신과 도전 의지도 언급했다. 그는 퍼싱에게 산 미구엘리토 총격전을 상기시키며 글을

---

[*] Patton, letter to Beatrice, October 2, 1917, in Martin Blumenson, ed., *The Patton Papers 1885-1940*, reprint ed. (Bridgewater, N.J.: Replica Books, 1999), 426.

마무리했다. "제가 생각하기로는 자동차로 공격한 사람은 저밖에 없습니다."[*]

기갑부대가 아직 편성되지 않았기 때문에 퍼싱은 패튼의 편지에 직접 답하지는 않았지만, 대신 소령 진급 뒤(1918년 1월 23일 예정) 참모를 계속하고 싶은지, 아니면 보병대대를 지휘하고 싶은지 물었다. 패튼은 즉시 대답했다. 그는 부대원들과 함께 있고 싶었다.

10월 중순, 패튼은 병이 났다. 거울에 비친 자신의 안색이 누렇게 변한 것을 보고 즉시 기지 병원에서 검사를 받았는데, "황달 충수염"이라는 진단을 받았다. 그는 "장" 수술 후 회복 중이던 폭스 코너Fox Conner 대령과 같은 방에 입원했다. 조지 C. 마셜과 드와이트 D. 아이젠하워뿐 아니라 패튼의 초기 군 생활에 영향을 준 훌륭한 장교인 코너는 패튼에게 전차를 잊고 보병 소령이 되도록 노력하라고 충고했다. 패튼도 동의했다. 하지만 바로 다음 날 엘틴지 대령이 방문하여 11월 15일 랑그르Langres에서 미군 기갑학교가 개설될 것이라고 말하며 패튼에게 의향을 물었다. 패튼은 "제가 하겠습니다"라고 대답했다. 패튼은 뒤에 "나는 나의 결심과는 반대로 예라고 대답했다. 하지만 보병으로 결정하는 것의 장단점에 대해 폭스 코너 대령과 계속해서 상의했다"고 술회했다.[**] 패튼은 11월 3일 퇴원했고, 11월 10일 기갑학교를 담당하라는 명령을 받자 잘못된 판단을 한 것이라고 뒤늦게 걱정했다. 하지만 곧장 지금이 자신의 "운명"이라고 여기며 마음을 가다듬었다. 게다가 정말 중요한 것은 보병이나 기갑의 지휘

---

[*] Patton, undated diary entry, and Patton, letter to Pershing, October 3, 1917, in Blumenson, ed., *The Patton Papers 1885-1940*, 426 and 427.

[**] Patton, diary, November 6, 1917, in Blumenson, ed., *The Patton Papers 1885-1940*, 429.

권을 가지느냐가 아니라 더는 퍼싱의 후광에 얽매이지 않아도 된다는 것이었다. 미 원정군의 사령관은 그를 먼 길로 이끌었지만, 패튼은 이제 자신이 스스로 만든 것을 보여줄 때가 왔다고 결심했다. 마치 운명에 확신을 주려는 듯 패튼은 기갑병과로 가는 것의 이점을 마음속으로 계산했다. 그 첫 번째는 유일성이었다. 보병에는 많은 소령이 있었다. 패튼은 유일한 기갑 소령이 될 수 있었다. 두 번째는 모든 것에 정중함이 있었다. 제1차 세계대전 당시 보병은 진흙투성이의 참호 속에서 추운 낮과 비참한 밤을 보내고 있었다. 전차는 오직 공격 중에만 싸웠다. 이런 작전들 사이에는 따뜻하고 마른 본부의 편안한 곳에서 생활했다. (패튼은 전투를 좋아했다. 그는 더러워지는 것에 별로 신경을 쓰지 않았다.) 마지막은 전차가 실제로 운용될 가능성이 있다고 본 것이다. 당시 그렇게 생각한 사람은 거의 없었다. 전차는 시끄럽고 어설프게 생겼으며 기계적으로 신뢰가 없었다. 그러나 원칙적으로는 참호를 횡단하고 철조망을 끊으며 소총과 기관총 사격을 막아내면서 포격과 기관총 사격으로 응수할 수 있었다. 이러한 능력은 교착상태에 빠진 참호 전투원들에게 매우 부족한 기동성을 제공했다. 전차는 1914년 이후 계속된 서부전선의 교착 사태에 대한 해답이 될 수 있었다. 적어도 원칙적으로는 모두 그렇게 말했다. 1917년 11월 6일 패튼은 아버지에게 다음과 같이 썼다. "전차가 운용되지 못할 가능성이 50% 정도 되지만, 만약 운용된다면 지옥이 될 것입니다." 그리고 그가 "금빛 꿈"이라고 부르는 것을 개략적으로 설명했다.

1. 나는 기갑학교를 운영할 것이다.
2. 그리고 나서 대대를 편성할 것이다. 내가 지휘한다.

3. 그러고 나서 내가 잘하고 전차도 잘하고, 전쟁이 지속된다면 나는 첫 번째 [기갑] 연대를 맡을 것이다.

4. "만약" 전과 같이 여단이 만들어지면 나는 장군(준장)이 될 것이다.

패튼은 덧붙였다. "또한 전차는 신문과 삽화 잡지의 훌륭한 그림 카드가 될 것입니다." 또 다른 장점도 있었다. "전차 자체의 파괴율은 25%로 높지만 전차 승무원의 사상률은 7.5%로 보병Dough boys보다 훨씬 낮습니다. 또 전차 안에서는 부상을 당하지 않습니다. 직격탄을 맞고 부서지거나 아무렇지 않거나 둘 중 하나입니다."*

패튼은 미군 기갑학교가 개교하기 전, 콩피에뉴Compiégne 근처의 프랑스군 기갑학교에서 2주 동안 전차가 어떻게 작동하는지, 그들이 할 수 있는 것과 할 수 없는 것이 무엇인지 등 모든 것을 머릿속에 집어넣었다. 본질적으로 느린 자주포였던 영국의 중重전차와는 달리 프랑스의 경전차는 기동성, 장갑, 그리고 치명적이라는 점에서 기계화된 기마 기사와 비슷했다. 그는 그 기계에 푹 빠졌다. 1917년 11월 20일부터 12월 5일까지 패튼이 콩피에뉴에 있는 동안 캉브레 전투Battle of Cambrai가 벌어졌다. 전차를 중요하게 사용한 것은 그때가 처음이었다. 거의 500대의 영국 전차들이 4시간 동안 보병을 7마일 이상 전진시켰는데, 이는 전형적으로 엄청난 피를 흘리고 나서야 몇 야드 전진이 가능한 참호전에서는 놀라운 성과였다. 그러나 전투가 끝나기 전 독일군은 반격을 통해 영국군을 최초 라인

_____

* Patton, letter to Father, November 6, 1917 in Blumenson, ed., *The Patton Papers 1885-1940*, 432-33.

까지 도로 밀어냈다. 패튼이 보기에 전차는 자신의 가치를 증명해 보였다. 이제 두려움 없는 공격으로 전차를 이끌고, 전차가 만들어낸 적의 방어선 틈에서 후속 공격이 이루어질 수 있도록 전차를 제대로 사용할 수 있는 지휘관이 필요했다.

패튼만이 캉브레의 교훈에 주의를 기울인 유일한 장교는 아니었다. 전투 직후 전차 관련 새로운 부서로 전입하고 싶다는 신청서가 넘쳐났다. 새로운 유형의 군인이 되겠다고 처음으로 생각한 패튼은 결국 옳은 결정이었다고 자축했다. 기쁨이 최고조에 달했을 때 그는 갑자기 베아트리체에게 자신이 "완전히 '겁을 먹고 있다'"고 고백했다. 기갑학교 개교를 눈앞에 둔 그는 웨스트포인트에서의 첫해가 생각나는 자신감의 위기감을 겪었고, 한바탕 절망과 우울을 앓게 될 것을 예상했다. 그는 "모든 것이 창설되어야 하고, 내가 아니면 그 무엇도 시작할 수 없는 일이기 때문에 그 책임이 엄청나오"라고 썼다.[*]

과장이 아니었다. 비록 선임인 사무엘 D. 로켄바흐Samuel D. Rockenbach 대령이 전체 전차 부서(전차군단이라고도 불림)의 책임자로 임명되어 무거운 영국 전차를 운용하는 미군 전차 훈련을 담당했지만, 패튼은 혼자서 가벼운 프랑스 전차를 능숙하게 운용하는 미군 부대가 창설될 것이라고 예상했다. 1917년 12월 15일 그는 일기에 다음과 같이 썼다. "오늘이 참모로서 마지막 날이다. 이제 나는 스스로 일어나든지 넘어지든지 할 것이다."[**]

---

[*] Patton, letter to Beatrice, November 26, 1917, in Blumonson, ed., *The Patton Papers 1885-1940*, 445-46.

[**] Patton, diary, December 15, 1917, in Blumonson, ed., *The Patton Papers 1885-1940*, 459.

◇◇◇◇◇◇◇◇◇◇

미군 기갑학교 부지로 선정된 위치는 패튼의 심오한 역사 감각과 맞아 떨어졌다. 랑그르Langres는 한때 로마 군단의 캠프였고, 수 세기 뒤에는 중세의 요새였다. 비록 로켄바흐가 상관이었지만 패튼은 뛰어난 기술과 전술적 지식을 가지고 있었고, 재빨리 보수적인 대령을 설득하여 대부분의 일을 자기 방식대로 처리하도록 만들었다. 그는 또한 첫 번째 학생인 제24연안경비대 장교들에게 자신의 의지를 빠르게 따르도록 만들었다. 첫 교육은 전차와 아무 관련이 없었고, 모두 군인다운 외모와 규율에 관련된 것이었다. 패튼은 자신에게 맡겨진 이들이 훌륭한 군인과 훌륭한 전차 승무원이 되게 할 것이라고 결심했다. 그의 이런 태도는 상병 생도 시절로 돌아간 듯했지만, 그의 규율 개념은 상당히 성숙해졌다. 패튼은 규율은 단지 달성해야 하는 것이 아니라 그 자체로 명령에 "즉각적이고, 활기차고, 주저하지 않는 복종"을 보장하는 수단이기 때문에 전투에서 생명을 구하는 데 꼭 필요한 것이라고 믿었다. 게다가 패튼은 상응하는 어떤 것을 주지 않고는 자신의 부대원에게 최고의 성과를 절대 요구하지 않았다. 그는 처음 20여 명에서 그 뒤 숫자가 늘어날 때까지, 새로 도착한 사람들에게 편안한 막사와 따뜻한 식사가 기다리고 있게 보장해주었다. 처음부터 패튼은 자신의 부대원이 최고가 되길 바랐고, 그가 보았듯이, 최고의 대우를 받을 수 있도록 만들었다. 최대한 요구하면서 최대한 보답하는 이러한 조합은 패튼과 그의 지휘를 받는 사람들 사이에 특별한 유대감을 형성시켰다.

강한 의지도 있었지만, 패튼은 선배들과 어느 때 정치적으로 친해야 하는지도 알고 있었다. 랑그르에서 그는 육군 대부분이 새로운 무기를 경멸하거나 위협하는 존재로 느낀다는 것을 알게 되었다. 그는 전차에 대해서 고위 장교들과 이야기할 때, 항상 보병보다 하위 역할, 보병에게 중요한 모든 작전을 지원하고 보조하는 역할이라고 정의하고 묘사했다. 전차군단을 독립적인 군대로 만들겠다는 비전은 혼자만 생각하고 있었고, 대신 가장 전통에 얽매인 보병 장교들까지도 새롭고 큰 볼품없는 무기의 잠재력을 높이 평가하게 만드는 데 집중했다.

야전으로 간다는 불안감으로 패튼은 시간을 내어 랑그르에 있는 육군총참모대학Army General Staff College에 다녔다. 그는 모험과 영예를 갈망했지만, 무엇보다도 자신을 직업군인으로 생각했다. 대학에서 그는 조지 C. 마셜 및 아드나 로만자 채피 주니어Adna Romanza Chaffee Jr. 같은 인물을 만났고, 이 둘은 모두 육군의 최고 지휘관이라는 높은 지위까지 오르는 인물이다. 그리고 패튼은 소령으로 3개월 복무하다가 1918년 4월 3일 중령으로 전시 진급을 하며 계속 올라갔다.

1918년 8월 20일 육군총참모대학에서 강의를 듣던 패튼은 로켄바흐 대령의 사무실로 오라는 쪽지를 받았다. 미군은 전쟁에서 처음으로 생 미엘St. Mihiel 돌출부에 대하여 독자적으로 대규모 공세에 착수했다. 연합군 전선으로 튀어나와 커다란 주머니처럼 생긴 생 미엘 돌출부는 1914년 이래 연합군이 한 번도 공격에 성공하지 못하고 희생만 컸던 곳으로 연합군의 공격 대상이었다. 이제 미군이 마침내 그곳에 균열을 가하게 될 예정이었고, 전차가 그 공격의 일부가 될 예정이었다.

8월 24일 패튼은 공식적으로 제304전차여단(제1전차여단이라고도 불림)을 편성했다. 프랑스군이 225대의 경전차를 보내주어 미군 2개 부대가

장비를 갖추었다. 이중 패튼의 여단은 144대의 전차를 수령했다. 그 전차들이 도착하기 전 패튼은 치밀하게 준비했다.

그는 전차 하역에서부터 전방에 배치될 때까지 예상되는 전차의 수량과 수송에 관한 모든 세부사항을 계획했을 뿐 아니라 독일군의 전선을 평가하고, 지면이 차량을 지탱할 만큼 단단한지 직접 확인하기 위하여 위험한 정찰에도 나섰다. 전쟁에서 늘 그렇듯이 신중하게 계획이 수립된 뒤라도 상급 지휘부는 자신들이 원하는 것에 큰 변화를 주곤 한다. 패튼은 이에 굴하지 않고 공격을 위한 새로운 지대를 직접 정찰하고 효율적인 새로운 전투 계획을 직접 세웠으며, 휘발유 약 1만 갤런을 포함하여 필요한 모든 것들이 새로 선정된 출발지로 수송되는 것을 눈으로 지켜봤다. 작전이 시작되기 전날인 9월 11일 패튼은 부대원들과 이야기를 나누었다. 이런 초기 지휘 과정에서 나온 패튼의 메시지도 이제는 고전으로 읽힌다.

적에게 항복하거나 버려지는 전차는 없다. 만약 적의 한가운데 홀로 남겨지면 사격을 계속하라. 만약 너희 포가 고장이 나면 너희 총을 사용하고, 너희 무한궤도로 적을 짓눌러라. 빠른 방향 전환으로 전차의 꼬리를 잡히지 마라. 만약 엔진이 멈추고 포가 고장이 난다면…, 기다려라. 구조하러 올 것이다.

너희는 (전투의) 첫 번째 미군 전차이다. 너희는 미군 전차가 항복하지 않는다는 사실을 입증해야 한다. 전차가 움직일 수 있는 한 전진해야 한다. 전차의 존재는 보병 수백 명의 생명을 구할 것이고, 많은 독일군을 사살할 것이다. 결국 이것은 우리에게 큰 기

회이다. 우리가 이제껏 무엇을 위해 노력했는가? 가치 있게 만들
자.[*]

패튼과 그의 전차는 미군 55만 명과 프랑스군 11만 명이 참가하는 엄
청난 공세의 일부였다. 퍼싱이 계획한 작전대로, 미군이 돌출부의 남쪽에
서 북쪽으로 공격하고 또한 서쪽에서 동쪽으로 공격하는 동안, 프랑스군
은 독일군 서쪽부터 점령하기로 했다. 세 방향에서 불룩한 부분을 죄는
것이 목표였다. 전차는 남쪽에서 공격하는 미군을 지원했다. 프랑스군 전
차대대가 우측에서 보병 공격을 지원했고, 패튼의 전차부대(그의 지휘하
에 배속된 프랑스군 대대 포함)는 좌측을 지원했다. 패튼은 세레노 브렛[Sereno
Brett] 대위(훗날 대령)에게 배속된 전차를 이용해 제1사단의 보병을 이끌도
록 했다. 패튼 휘하의 프랑스군 대대가 보병을 후속하였다. 패튼이 라눌
프 콤프턴[Ranulf Compton] 대위에게 배정한 또 다른 미군 전차는, 제42사단을
후속하다가 대열을 통과하여 선두에 서게 했다. 이것은 타당한 계획이었
고, 패튼은 브렛을 매우 신뢰했다. 그는 콤프턴에 대한 확신이 부족했기
때문에 돌격하는 동안 더 가깝게 두기로 결정했다.

9월 12일의 공세는 4시간 동안 준비 포격이 진행된 뒤인 오전 5시에
시작되었다. 6시 10분 패튼은 언덕 꼭대기에 관측소를 설치하였고, 거기
서 작전을 지켜볼 수 있었다. 그러나 20분 뒤 몇몇 전차가 진흙탕에 빠져
있는 걸 본 패튼은 참호 탈출을 확인하기 위하여 2마일을 걸어갔다. 탈출
에 성공한 뒤 그는 언덕 위 지휘소로 돌아가지 않고, 참모와 함께 걸어서

---

[*] Patton, instructions to troops, September 11, 1918, in Blumenson, ed., *The Patton Papers
1885-1940*, 581-82.

진격 방향으로 나아갔다. 전장에서의 이런 실천은 패튼의 트레이드마크가 되었다. 그는 항상 전선에서 앞장섰다. 9시 15분, 일부 전차가 나쁜 지형에서 꼼짝도 하지 못한다는 전갈을 받고 패튼은 또 다른 장교 및 운전병 3명과 함께 그곳으로 다가갔다. 사방에서 폭탄이 터졌다. 물론 자연스러운 것은 몸을 피하는 것이다. 패튼은 그런 충동을 "운명을 회피하는 무의미함"이라고 비난하며 맞섰다.* 또한 그는 자신이 야전 계급을 나타내는 떡갈잎 상징이 있는 어깨끈을 제거하지 않고 공격 선봉에 서는 유일한 장교임을 알게 되었다. 계급장 배지는 유능한 저격수에게 확실히 거부할 수 없는 표적이 되었지만, 패튼은 자신이 표적이 되는 것을 두려워하지 않는다는 것을 병사들이 눈으로 확인하길 바랐다.

패튼은 계속 포격을 받으면서도 앞으로 걸어갔다. 작은 언덕에 서 있던 더글라스 맥아더 준장과 마주쳤고, 그와 함께했다. 패튼은 나중에 이렇게 썼다. "소름 끼치는 일제 사격이 우리에게 다가왔다. 내 생각에 우리는 각자 그 자리를 뜨고 싶었지만, 그 말이 하고 싶지 않아서, 그냥 포탄이 우리에게 밀려오게 내버려 두었다. 우리는 서서 이야기를 나누었지만, 둘 다 상대방의 말에는 별로 관심이 없었다."**

이 언덕에서 패튼은 계속 앞으로 나아갔고, 거기서 그는 독일군이 에세Essey 마을 뒤로 후퇴하는 것을 보았다. 마을을 탈취할 수 있는 상황이 무르익자 패튼은 콤프턴의 전차 5대에 마을로 이동하라고 명령했다. 그런데 프랑스 병사는 후방으로 전차의 방향을 전환하면서 마을이 심한 폭

---

*   Martin Blumenson, *Patton: The Man Behind the Legend, 1885-1945* (New York: Quill/William Morrow, 1985), 109.

**   Blumenson, *Patton*, 110.

격을 받고 있기 때문이라고 핑계를 댔다. 그러자 패튼은 직접 그 전차들을 이끌고, 보병을 앞질러 다리를 건너서 마을로 진입하라고 명령했다. 패튼은 다리를 밟으면서 이 구조물에 폭발물이 설치되어 있을지도 모른다는 생각이 들었지만, 어쨌든 전차를 이끌고 건너갔다.

패튼은 에세를 함락시킨 뒤 전차를 판^{Pannes}을 향해 2마일 더 움직이라고 명령했다. 그러나 마을 바로 앞에서, 전차 1대를 제외한 모든 전차의 기름이 떨어졌다. 자신들을 이끌고 은폐를 가능하게 했던 전차가 없어지자 보병들은 주저했다. 패튼은 아직 연료가 남은 전차 1대로 다가가 병장에게 주저하고 있는 보병을 이끌라고 명령했다. 병장이 망설이자, 마을로부터 총알이 날아오는데도 패튼은 전차를 앞쪽으로 밀어붙이기 위해서 전차로 뛰어올랐다. 패튼은 전차 포탑에 올라타고 판을 통과했고, 적의 사격이 거세져 전차 옆면에 총알이 엄청나게 쏟아지자 그제야 몸을 숨기기 위해 포탄 구멍으로 뛰어내렸다. 하지만 보병이 300야드 정도나 뒤처져 있다는 것을 깨달은 패튼은 다시 포탄 구멍에서 기어 나와 보병들이 올 때까지 계속 사격을 퍼부었다. 그는 보병부대 지휘관을 만나, 전차의 후방에서 계속 전진하라고 말했다. 그 지휘관이 거부하자 패튼은 전차로 다시 달려가 미군과 영국군 장교들이 야전으로 가져온 무거운 지팡이로 뒷문을 두드렸다. 병장이 나타나자 패튼은 전차를 돌려 다시 돌아가라고 명령했다. 그가 잘 알고 있는 임무는, 비록 그것이 되돌아가는 한이 있더라도 보병을 지원하는 것이었다. 그러나 연료를 가득 채운 전차 4대가 나타나자, 패튼은 판을 거쳐 다음 마을인 베네^{Beney}로 진격하라고 명령했다. 미군이 마을을 함락하자, 패튼은 걸어서 따라갔다.

패튼은 콤프턴의 대대가 훌륭하게 임무를 수행하고 있다는 사실에 만족해하면서, 기름이 떨어져 농사르Nonsard 마을에 갇혀 있는 브렛의 전차를 발견하고 걸어갔다. 지휘관으로서 패튼의 가장 기본적인 신념은 할 일이 있을 때 필요한 것은 무엇이든 하는 것이었고, 지금 해야 할 일은 연료 보급이었다. 그래서 그는 후방으로 걸어가서 농사르로 연료를 수송하도록 명령한 후, 모든 전차부대가 목표를 달성했으며 사실 더 많은 것을 달성했다고 군단 사령부에 보고했다. 어느 정도 보병을 앞질러 나아가던 그들은 야간에 보병 라인까지 짧은 거리를 철수했다.

첫날 전투에서 2대의 전차만이 포격으로 손실되었다. 엔진 고장으로 3대를 더 잃었고, 다른 2대는 무한궤도가 파손되었다. 40대가 참호 속에 갇혔고, 30대는 연료 부족으로 임무 수행을 다하지 못했다. 다음 날 미군 전차 80대와 프랑스 전차 25대가 함께 싸웠다. 전투가 끝났을 때, 전진이라는 결과는 의미가 있었다. 독일군은 완전히 후퇴했고, 전쟁 첫해부터 유지된 생 미엘 돌출부는 더는 존재하지 않게 되었다. 미군은 독일군 포로 15만 명을 잡았다. 패튼의 구역에서 독일군의 저항은 크지 않았지만, 패튼은 전차의 효과와 지휘관으로서의 능력을 모두 보여주었다. 그가 전차 포탑에 올라탄 이야기가 공식 보고서에 올라가자, 그 내용은 순식간에 신문을 뒤덮었다.

◇◇◇◇◇◇◇◇◇◇◇◇

로켄바흐 대령은 패튼이 공격하는 동안 지휘소를 떠난 것을 용납하지 않으려 했으나, 퍼싱 장군이 축하 편지를 보내자 태도가 바뀌었다. 그는 패튼과 그의 지휘 둘 다를 칭찬한 다음, 뫼즈-아르곤 공세Meuse-Argonne

Offensive에서 제1군단을 지원하기 위해 북쪽으로 60마일 거리의 새로운 전장인 베르됭Verdun 바로 서쪽 지점으로 재빨리 패튼의 부대를 투입했다.

패튼이 몹시 두려워한 것이 있다면, 더 싸우기도 전에 전쟁이 끝날 수도 있다는 점이었다. 패튼은 자신에게 배정된 공격 구역에서 미군이 공식적으로 프랑스군을 구해줄 때까지 기다리지 않고, 프랑스군 제복을 빌려 입고 전선으로 나갔고, 생 미엘 전투를 준비하면서 했던 것처럼 전차가 운용될 지형을 사전에 정찰했다. 그런 뒤 아주 적극적인 공격을 계획했는데, 전차로 종심 12마일 정도 되는 아주 잘 구축해놓은 거친 지형의 독일군 방어선을 강력하면서도 날카롭게 돌파하고자 했다. 일단 이곳을 통과하게 되면 전차는 후퇴하는 독일군을 추격하는 데 선봉에 서게 될 것이었다. 패튼은 전차 140여 대를 운용할 수 있었다.

표준절차에 따라 9월 26일 오전 02시 30분부터 이미 진행 중인 대규모 "포병공격준비사격"이 계속되고 있었다. 이른 아침 안개로 적으로부터 전차가 은폐는 되었지만, 패튼의 관측소까지도 무용지물로 만들었다. 패튼은 로켄바흐가 자신의 행동을 승인하지 않을 것을 알면서도, 투입된 전차들에 무슨 일이 일어나고 있는지 가까이에서 살펴보기 위하여 장교 2명, 병사 12명과 함께 관측소를 나섰다. 화약 발명 이후 군인들이 그랬던 것처럼 그는 총소리를 따라갔고, 곧이어 전차가 5마일 정도 전진하면서 그럴듯하게 진격했다는 것을 알게 되었다. 그러나 오전 9시경 셰피Cheppy의 작은 마을에서 적의 집중포화를 받아 공황상태에 빠져 후방으로 급히 후퇴하는 병사들과 마주쳤다. 그는 지휘권을 행사하여 그들을 정지시키고 집결시켰으며, 병사들을 이끌고 전진하는 전차를 후속하였다. 그러다가 많은 전차가 참호 속에 갇힌 것을 직접 보게 되었다. 패튼은 전차를 움직이기 위해 병사들을 보냈으나, 자신이 지켜보는 가운데서도 전차는 꿈쩍도 하지 않았다. 다시 한번 패튼이 앞으로 나섰고, 곧바로 문제점을 발견했다. 파견한 병사들은 전차를 구호하려고 땅을 파고 있었지만, 포탄이나 기관총 소리가 들릴 때마다 엄폐하기 위해 흩어졌던 것이다.

패튼의 신뢰에 대한 기본 항목은 병사들에게 본보기가 되고 자신이 그들을 이끌 수 있는 엄청난 능력을 지니고 있다는 것이었다. 패튼은 효과적인 작업조를 서둘러 조직하고, 멈춰선 전차에서 삽을 떼어낸 뒤, 적의 사격에 노출되는 지점에 자리를 잡았다. 패튼이 삽을 나눠주었지만, 한 병사가 계속 포화를 두려워하자 그는 병사의 헬멧을 한 대 때렸다. 곧 전차 5대가 재기동할 수 있게 되었고, 패튼은 지팡이를 머리 위로 들고 돌리면서 뒤에 있는 보병들에게 소리쳤다. "어서 가자. 누가 나와 함께 갈 것인가!" 그들은 전진했다. 오르막길에 오르자 격렬한 기관총 사격을 받았다. 모두가 땅에 바짝 엎드렸다. 패튼은 훗날 "도망치고 싶은 큰 욕망"을 고백했다. 두려움에 떨던 그는 갑자기 "나의 선조들이 생각났고, 그들이 독일군 전선 너머 구름 속에서 나를 바라보고 있는 것 같았다." 그런 환상은 패튼을 침착하게 만들었다. 자신에게 "또 한 명의 패튼이 죽을 때다"라고 크게 소리쳤다. 그러고는 훨씬 더 큰 소리로 주위 병사들에게 "가자"라고 외쳤다.

주위에는 병사 6명 만이 남았다. 한 명씩 차례로 죽어 나가고 있었다. 패튼의 당번병이었던 조 안젤로Joe Angelo는 지휘관 패튼에게 이렇게 말했다. "우리는 고립되었습니다." 패튼이 대답했다. "상관없어, 어서 가자"[*]

---

[*] Patton's account is given in Blumenson, ed., *The Patton Papers 1885-1940*, 613-14.

그때 총알 한 발이 패튼의 왼쪽 허벅지를 파고들며 살과 근육을 뚫고 직장 근처로 빠져나갔다. 패튼은 쓰러졌다. 안젤로는 패튼을 포탄 구멍으로 끌어당겨 바지를 자르고 출혈이 심한 상처를 단단히 붕대로 감았다. 일단 지혈을 하고 패튼은 가까이 접근하던 전차를 보고 안젤로에게 뛰어가서 적 기관총을 향해 사격할 것을 지시하도록 하였다. 안젤로가 지시를 전달하고 복귀하자, 패튼은 병장에게 다가갔다. 패튼은 병장에게 브렛을 찾아서 자신의 부상을 알리고, 브렛에게 지휘권을 넘긴다는 말을 전하라고 했다. 또한 사격이 너무 강하니 자신을 치료하기 위해 그 어떤 사람도 보내지 말라고 명령했다. 이제 다시 안젤로에게 돌아선 패튼은 전진하는 전차에 더 많은 표적을 지시하라는 명령을 내렸다. 의무병이 왔을 때 패튼은 붕대를 바꿔달라고 손짓했지만, 그 후에는 다른 부상자들을 계속 치료하라며 의무병을 돌려보냈다. 1시간 이상이 지나서야 적의 사격이 충분히 제압되었고, 들것병 3명이 접근할 수 있었다. 구급차까지 약 2마일이나 들것에 실려 이동한 패튼은 야전병원에 도착하기도 전에 보고서 작성을 위해 사단 사령부에 잠시 정차하라고 명령했다.

패튼이 야전병원에서 디종^{Dijon} 인근 기지병원으로 이송되기 전부터 신문들은 패튼이 포탄 구멍에서 피를 흘리면서도 어떻게 전투를 지휘했는지 보도하고 있었다. 9월 30일 부상을 당한 패튼은 10월 17일 (로켄바흐의 열렬한 지지로) 대령으로 진급하였으며, 10월 28일까지 입원하여 만족스럽게 상처를 치료하였다. 그에게 훈련받은 전차들은 그달 중순까지 뫼즈-아르곤 전역에서 계속 싸웠다.

패튼은 부르^{Bourg}에 있는 전차여단으로 복귀하였고, 도착하자마자 그의 트레이드마크였던 군인다운 외모와 자세를 바로잡도록 명령한 뒤, 뫼즈-

아르곤 전차 영웅들의 훈장 추천서를 작성하기 시작했다. 병원에 있는 동안 패튼은 베아트리체에게 편지를 썼다. "평화가 가능해 보이지만, 나는 몇 번 더 전투에 참전하고 싶기에 그렇게 되지 않았으면 하오."[*] 그러나 그 전쟁은 원하는 대로 되지 않았다. 그의 서른세 번째 생일인 1918년 11월 11일, 휴전협정으로 포화는 멈췄고 온 세상이 환영하는 짧은 평화가 찾아왔다. 그렇지만 패튼에게 이는 증오였으며 너무나도 긴 시간이었다.

---

[*] Patton, letter to Beatrice, quoted in Blumenson, *Patton*, 114.

Chapter 5

평화와의 전쟁

At War with Peace

제2차 세계대전 때 패튼의 서사적인 공적과 전설적인 기벽

은 제1차 세계대전에서 더 짧고 제한된 범위 동안 이룬 업적을 무색하게 만들었다. 전투에서 그는 무기로서의 전차의 성공 가능성을 증명했고, 그가 만들어내고 가르친 교리와 전술의 효과를 불과 몇 달이나 몇 주 전, 심지어 며칠 전에 테스트했다. 그는 자신이 능력 있고 카리스마 넘치는 부대 지휘관임을 보여주었다.

대위로 참전한 그는 능력을 인정받아 대령이 되었다. 그는 부상으로 퍼플 하트Purple Heart 훈장을 받았다. (실제 수여는 10년 이상 연기되었다. 제1차 세계대전 이후 관료주의적 사고 탓으로 일 처리가 밀렸다.) 기갑학교와 야전에서 보여준 용기로 무공훈장Distinguished Service Medal도 받았다. 패튼의 업적은 사실이었다. 그의 훈장도 진짜였다. 그 전쟁은 현실이었다. 그러나 평화 시기 육군이라는 또 다른 현실이 다가왔다. 미국으로 돌아오자 패튼은 곧 그 안에서 뒹굴고 있는 자신을 발견했다.

휴전 이후 국가는 단지 전쟁에 지친 것이 아니라 비명횡사에 물려버렸고, 아무리 고귀하더라도 더 이상의 희생을 원하지 않았다. 윌슨 대통령이 파리에서 전후 세계를 재건설하고 미국이 세계를 지배할 수 있도록 노력하면서 점점 더 많은 미국인은 유럽에 등을 돌렸고, 공화당 대통령 후보가 약속한 대로 "정상상태로 복귀"하기 위해 물러나길 바랐다. 풍채 있고 잘 생겼고 상냥하며, 우둔하지만 완전히 유연한 워렌 개메일리얼 하딩Warren Gamaliel Harding이 1920년 대통령에 당선되었다. 그는 미국은 국제연맹의 공허한 이상주의와 아무런 상관이 없다고 국민에게 말했으며, 사실상 공화당 참모들이 자신을 백악관에 들어가게 한 이유를 그대로 따를 생각임을 발표했다. "미국이 자기 일에만 신경 쓰도록 하라." 자기 일에만 신경을 쓰는 국가는 큰 군대가 필요하지 않았기 때문에 군대는 스스로 해체에 착수했다. 450만 명의 군대는 1920년 6월까지 감축되어 28만 명이 되었고, 1922년까지 다시 약 14만 명으로 줄었다. 33세의 패튼은 제1차 세계대전이 유일한 "자신의" 전쟁이었을지도 모른다고 우려했다.

그것으로만 끝난 것이 아니었다. 패튼은 1919년 3월 2일 프랑스를 떠나 17일 브루클린Brooklyn에 도착했다. 그는 잠시 메릴랜드의 캠프 미드에 배치되었다가 워싱턴에서 임시로 근무하게 되었다. 그에게 약속되었던 무공훈장이 마침내 6월 통과되었고, 가을에 캠프 미드로 돌아왔으며, 다른 많은 장교가 국가군National Army으로 알려진 해외에서 빠르게 진급하듯 그도 진급했지만, 1920년 6월 30일 다시 전쟁 전 정규군 대위 계급으로 되돌아갔다. 그러나 하루 뒤 소령으로 정식 진급했다. 따라서 이제 참모장교로 근무하게 되었고, 그 임무를 진심으로 싫어했다. 훌륭한 참모장교는 사령부 지휘부와 현장 지휘관들 사이에서 중간 역할을 하고, 최전방 지휘관이 최고 지휘부의 결정을 실행하도록 만들기 때문에 현대 군대의 작전에서 필수적이다. 하지만 조지 S. 패튼 주니어는 "중간"이 되고 싶은 마음이 없었다. 참모장교들은 훈장을 받지 못했다.

제1차 세계대전과 제2차 세계대전 사이, 미군은 병력과 돈, 그리고 장비 역시 부족했다. 그러나 시간은 충분했고, 패튼은 이를 체계적으로 활용하여 자신의 전투 경험과 전쟁 중 보고 들은 모든 것을 재검토했다. 그는 전문적인 논문을 쓰고, 총참모대학에서 강의를 했다. 이 작업을 통해 전차교리에 관한 매우 중요하고 중대한 결론에 도달했다. 전차를 보병에 속하게 한 것은 실수였다는 점이다. 전쟁 중 그는 스스로 보병에 전차를 예하에 두라고 설파했지만, 자신의 전투 경험에 의하면 기계를 사람의 속도로 늦추는 것은 어리석은 짓이었다. 전차를 자유롭게 배치하는 것이 나았고, 전차가 적진을 뚫고 적 후방 진지에 대혼란을 일으킨다면 전선의 균열을 줄 뿐 아니라 후방의 사기까지 떨어뜨리게 되는데, 보병이 대규모 후속 공격에서 이를 활용할 수 있었다. 패튼이 알지 못하는 독일 군사 사상가들은 패배에도 불구하고 이미 이런 생각을 정확하게 실행하기 시작했다. 독일군의 경우 최종 결과물을 "전격전blitzkrieg"이라고 불렀고, 이는 유럽을 불바다로 만들었다. 패튼의 글들은 미국 군사 기획자들이 전격전이 어떤 것인지 이해하면서 준비할 수 있게 했고, 따라서 미국은 실행 가능한 기갑병력과 그 배치를 지도할 교리를 가지고 제2차 세계대전에 참전할 수 있었다.

그러나 이 중요한 통찰력을 제쳐놓고, 패튼은 절대 이론가로서 꽃을 피우지 않았다. 그의 전문 논문은 언제나 실용적이고 타당했으며 범위가 한정되어 있었다. 그는 프랑스와 영국 부대의 형제 장교들로부터 그들이 사용한 훈련문서를 수집하고, 전후 보고서를 탐독하면서 항상 미래에 가장 효과적인 전차 사용법을 찾아내려고 했다. 그는 또한 전쟁 중 발급된 용감함과 관련된 표창장을 자세히 살펴보았다. 그의 목적은 영웅주의의 본질을 분석하고 정수를 뽑아내는 것이었다. 그는 전투의 기동과 결과를 연구하여 기계화된 전쟁을 최대한 활용하는 방법을 배울 수 있었다. 영웅적 행동에 대한 공식 보고서를 검토하면서 아마도 영웅적 행동 자체를 창조하는 법을 배울 수 있다고 생각했을 것이다.

1919년 봄 워싱턴에서 잠시 근무하는 동안 패튼은 전차 운영에 대한 포괄적인 매뉴얼을 작성하는 위원회에 임명되었고, 전차 자체를 개선하기 위한 권고안을 만드는 위원회에서 근무했다. 위원회에서 일하는 동안 패튼은 J. 월터 크리스티J. Walter Christie를 만났다. 그는 전 미 육군 군수부 기술자였고, 현재는 경주용 자동차 제작자이자 드라이버, 또 만능 발명가였다. 패튼은 자신의 전 부하 세로노 브렛과 뉴저지 호보켄Hoboken으로 함께 가서 시속 60마일에 달하며 2피트 반 높이의 벽을 오르고, 7피트 넓이의 도랑을 건널 수 있는 크리스티의 M1919 전차를 보았다. 패튼과 다른 사람들은 깊은 인상을 받았고, 패튼은 육군성에서 직접 크리스티의 디자인을 옹호했다. 그러나 1924년까지 양 대전 사이 예산이 삭감되어 M1919를 실행 가능한 무기로 개발하는 일에 관한 육군성의 관여는 끝이 났다. 그럼에도 불구하고 크리스티가 진행 중인 작업에 패튼이 직접 자신의 돈으로 자금을 대면서 계속 도왔을(기록적인 증거는 없지만) 가능성도 있다. 이것이 사실이든 아니든 패튼은 노르망디 해변에서 태평양의 섬까지 작전에 중요한 역할을 하는 수륙양용 전차를 포함하여 제2차 세계대전 미군의 기갑궤도차량에서 두드러질 기계와 관련된 개념을 개발하는 데 중요한 역할을 했다.

하지만 패튼이 좋아하고 매우 존경했던 크리스티와 함께한다고 해도 전쟁터, 즉 "남자가 진정하게 사는 유일한 곳"에서의 싸움을 대신할 수는 없었다.[*] 패튼은 자신이 살이 찌고 게을러지고 있다고 걱정했다. 그는 아침에 일어나기가 어렵다고 불평했다. 이러한 불쾌감은 퍼싱과 니타에 관한 소식 때문에 더 악화되었을지도 모른다. 그 커플은 전쟁 중에 헤어졌다가, 휴전 이후 런던에서 잠시 재결합했다. 관계를 끝내기로 한 결정이 두 사람 사이의 결정인지 아닌지는 알 수 없지만, 퍼싱은 니타를 다시는 보지 않고 홀아비로 남았으며, 니타도 평생 미혼 여성으로 살았다.

패튼은 자신이 싸울 수 있는 가장 가까운 존재인 폴로에 열정적으로 빠져 있었다. 그리고 중년의 위기에 들어선 다른 많은 남자와 마찬가지로 힘있는 차를 샀다. 아름다운 만큼이나 비용이 많이 드는 피어스 애로우Pierce Arrow였다. (나는 "전쟁 사이 나 자신을 즐겼다고 생각한다"라고 패튼은 말했다.[**]) 그리고 패튼은 그 차를 타고 예전 뫼즈-아르곤에서 자신의 목숨을 구한 충실한 부하 조 안젤로Joe Angelo를 만났다.

패튼은 프랑스에서 돌아온 후 몇 달 동안 전문적인 논문을 쓰는 것 외에도 후배들에게 "장교가 되기 위한 의무"라는 제목의 강연을 하기도 했다. 가장 진보된 최신 군사 무기의 기본에 실제 관여했던 이 남자는 오늘날 육군장교들을 "역사가 기록되기 훨씬 전부터 있던 용맹과 자기희생,

---

[*] Martin Blumenson, *Patton: The Man Behind the Legend, 1885-1945* (New York: Quill/William Morrow, 1985), 121.

[**] Blumenson, *Patton*, 121.

봉사를 주제로 다룬 노래와 이야기 속의 남자 중 가장 앞에 서 있었던 고대 시대 반신반인과 영웅의 현대적 전형"이라고 말했다. 그의 연설은 낭만적인 웅변의 음조로 이어졌다. "우리의 소명은 가장 오래되었고, 다른 모든 오래된 것들처럼 그것을 장식하고 고귀하게 만드는 특정한 관습과 전통을 통해 축적되었습니다. 우리의 소명은 오직 냉혹한 현실이라는 단단한 기반을 갑자기 뚫고 들어가는 것뿐입니다. 이러한 관습과 전통은 전문적인 전사이자 킬러라는 평범한 직업을 아름답게 만들어줍니다."[*] 패튼보다 먼저 싸운 그란트, 셔먼Sherman, 그리고 네이선 베드포드 포레스트 Nathan Bedford Forrest 같은 미국의 가장 사나운 전사들은 현실에 기꺼이 직면했지만, 패튼은 변명의 여지 없이 현실과 자신의 소명인 로맨스 모두를 받아들였다.

1920년 국방법National Defense Act of 1920은 군대 내 낭만주의자들에게 낭만을 상상할 여지조차도 거의 남기지 않았다. 군 병력은 28만 명으로 제한되었고, 새로운 법으로 인해 전차가 보병에 영구히 예속되어 전투를 돕는 보조 역할로 남게 된 까닭에 기갑의 발전은 상당히 저해될 것이 분명해졌다. 캠프 미드에서 패튼은 자기보다 후배이며, 1915년 웨스트포인트를 졸업한 또 다른 전차 주창자 드와이트 데이비드 아이젠하워 소령을 만났다. (그에 대한 놀라움에는) 아이젠하워는 전쟁 중에 주 방위군의 훈련 임무를 맡아 해외에서 복무하지 않았음에도 불구하고 패튼은 그가 훌륭하고 열정적인 장교이며 자신과 비슷한 생각을 가졌음을 알아보았고, 두 사람은 따뜻한 우정을 쌓았다. 국방법이 규정한 예산 절감 조치가 시행되기

---

[*] Patton, "The Obligation of Being an Officer," quoted in Blumenson, *Patton*, 122.

몇 달 전, 두 사람은 전차의 유망한 미래에 대해 열띤 토론을 벌였다. 그러나 예산이 대폭 삭감되자 아이크와 패튼 둘 다 극도로 재정이 부족한 전차군단을 떠났고, 이것은 미 육군 경력의 막다른 골목처럼 보였다.

1920년 9월 30일 패튼은 공식적으로 제304전차여단의 지휘권을 내놓고, 10월 3일 버지니아 포트 마이어의 제3기병대 제3기병대대 지휘관이 되어 기병대로 복귀했다. 전쟁터만큼은 아니지만, 이곳은 전쟁 사이 직업 군인으로서 시간을 보낼 수 있는 가장 좋은 곳 중 하나였다. 패튼과 베아트리체는 1913년 포트 마이어를 떠나 캔자스 포트 라일리로 가면서 멀어졌던 워싱턴 상류 사회의 삶에 다시 복귀했다.

1923년 패튼은 포트 라일리 기병학교에서 야전 장교 코스에 다녔다. 베아트리체와 딸들은 매사추세츠에 있는 그녀의 부모님 집에서 함께 지냈다. 그리고 1923년 크리스마스이브에 그녀는 아들을 낳았는데 조지 스미스 패튼 4세George Smith Patton IV 라고 이름을 지었다. 패튼은 1924년 포트 레븐워스Fort Leavenworth에 있는 지휘 및 총참모대학Command and General Staff College에서 전문교육을 계속 받았고, 상위 4분의 1의 성적으로 졸업했다. 그 결과 보스턴에 있는 총참모부에 임시 보직되어, 그곳에서 베아트리체와 아이들과 함께 지낼 수 있게 되었다. 더 중요한 것은 그 임무는 곧 가장 유망한 고급장교가 될 장교들에게 주어지는 핵심 보직이라는 점이었다. 1925년 3월 패튼은 호놀룰루 스코필드 배럭스Schofield Barracks에 있는 육군 하와이 사단의 G-1(인사장교) 및 G-2(정보장교)로 재배치되었다. 아들 조지를 출산하고 아직 회복 중이던 베아트리체는 아이들과 함께 매사추세츠에 남았다. 열대 낙원에 배치된 것은 분명 아주 근사한 일이었고, 패튼은 실제로 그렇게 만들었다. 그곳은 일 년 내내 말을 타고 폴로를 할 수 있는 기후였고, 이는 패튼의 격렬한 운동과 호전적인 스포츠에 대한 욕구를 충족시켰을 뿐 아니라 이 섬의 돈 많은 미국 귀족과 만날 수 있었다. 패튼에게 군 지휘관은 장교이자 신사였고, 그것은 사회에서 가장 높고 배타적인 계층에게 환영받는 사람을 의미했다.

이 기간 패튼은 아이젠하워와 활발하게 편지를 주고받았는데, 아이크가 지휘 및 총참모대학에 등록하자 그에게 아낌없이 "레븐워스 노트" 전부를 보내주었다. 두 사람은 전투와 지휘, 그리고 패튼이 가장 좋아하는 주제인 용기의 본질에 대해 편지를 주고받았다. 패튼은 용기는 리더십의 산물이며, 단순한 군인을 영웅으로 변모시키는 것이 지휘관의 임무라고 썼다. 군인들은 스스로를 영웅으로 만들지 못한다. 아이젠하워가 이 이론에 대하여 어떻게 생각하든 간에 그는 패튼의 노트로 열심히 공부했고, 반에서 1등으로 졸업했다. 패튼은 아이크를 축하했으나, 재빨리 친구의 성공이 자신의 노트 덕이라고 했다.

1925년 말이 되자 베아트리체와 아이들은 하와이로 다시 와서 패튼과 함께했고, 다음 해 그의 하와이 참모부 근무 이력에 G-3 책임이 추가되었다. 계획 및 훈련 책임자인 G-3는 패튼이 진심으로 기뻐한 유일한 참모 직책이었으며, 그 직책을 통해 그는 교리·전략·전술에 대해 들을 수 있었다. 그러나 이 기지에서 이제 41세가 된 패튼은 웨스트포인트의 이등상병처럼 행동했다. 그는 어떤 실수나 의심스러운 판단에 대해 부하 장교와 동료 장교들을 갈구는 "아주 엿 같은 군인"이 되고 말았다. 몇 달 만에 그는 G-3에서 해임되었다. 이런 좌천에 더해 1927년 6월 파파가 폐결핵과 간경변의 복합 질병으로 사망하였다. 패튼은 아버지의 죽음을 알리는 전보에 "완전히 망했다"고 말했고, 베아트리체에게도 "말도 안 되는 슬

품"이라고 표현했다.[*] 이듬해 어머니 루스 윌슨이 사망했을 때는 큰 영향을 받지 않은 것 같다. 그러나 그는 나중에 어머니와 파파 모두 아들이 진정한 군인임을 증명하는 것을 보기 위해 살지는 않았을 것이라며 후회하였다.

패튼의 지휘관들은 그를 G-3에서 해임시켰음에도 불구하고 패튼에 대해 "전쟁에서는 매우 유용하다. … 평화 시에는 방해요소이지만 뛰어난 장교"라고 평가하였다.[**] 패튼은 이를 극찬으로 받아들였지만 정확히 그런 의도는 아니었다. 어쨌든 그것은 지극히 통찰력 있는 평가였다.

G-3에서 해임된 직후인 5월, 패튼은 워싱턴 D.C.에 있는 기병국에 보직되었다. 아직까지는 또 다른 참모직일 뿐이었지만, 이는 전쟁과 전쟁 사이 미 기병대에 엄청난 논쟁에서 앞장설 수 있게 했다. 기계화는 어디까지 진행되어야 하는가? 말과 기계 사이의 전쟁에서 어느 쪽이 승리해야 하는가? 말을 사랑하고 기병대의 전통을 존중하는 패튼에게 이는 힘든 문제였다. 그의 가슴은 말과 그 말을 타고 전투에 임하는 사람들과 함께 있었지만, 그의 머리는 점점 기계들과 함께하고 있었다.

게다가 그는 보병의 기갑 독점이 궁극적으로 기병대를 시대에 뒤떨어지게 압박할 것이라고 믿었다. 1930년대 초 패튼은 동료 기병들을 설득하여 새로운 기계에 마음을 열게 만들었다. 그는 오직 기병만이 기계화된 말을 이용하는 것처럼 거친 지형을 이동하기 위해 경전차를 활용해야 한다고 말했다. 그는 전차가 기병에 받아들여질 것이고, 만약 기병이 신무

---

[*] Carlo D'Este, *Patton: A Genius for War* (New York: HarperCollins, 1995), 339.

[**] Blumenson, *Patton*, 128.

기를 통제하지 못한다면 기병은 영원히 뒤로 밀려날 것이라고 주장했다. 그러나 그가 동료들을 설득하기 시작하자마자, 대공황의 고통을 겪고 있는 의회는 돈줄을 더 단단히 죄었다. 기병·보병·포병의 병력을 통합하여 전차, 장갑차, 그리고 다른 차량을 운용하는 "기계화부대"라는 짧은 시험은 시작한 지 몇 달 만에 끝이 났다. 더글러스 맥아더 육군참모총장은 자신이 가진 적은 예산으로 할 수 있는 것을 계산하면서, 가능한 병과 3개에서 기계화 실험을 계속하라고 명령했다. 이것은 보병이 소수의 전차를 계속 운영하고, 기병은 소수의 장갑정찰차량을 동일하게 운용한다는 의미였다. 그러나 장비가 너무 부족한 탓에 의미 있는 부대 기동은 할 수가 없었다.

패튼은 1931년 여름 기병국을 떠난 뒤 매사추세츠 사우스 해밀턴에 있는 입스위치Ipswich강 강둑에 구입한 베타트리체의 저택인 그린 메도우 Green Meadows에서 아내와 아이들과 함께 휴가를 보냈다. 그리고 9월 워싱턴에 본부가 있는 육군전쟁대학에 입학했다. 군 내 최고 고등교육기관인 이곳은 가장 뛰어난 장교들만이 입학할 수 있었다. 패튼은 1932년 6월 이 대학에서 "우등 졸업생"이 되었다. 그의 학문적 특성과 책에 대한 끊임없는 열정은 어른 패튼이 자신의 난독증을 받아들이려고 애썼지만 완전히 벗어나지는 못했다. 군 생활 내내 패튼은 자연스럽게 말하기나 연설문을 외우는 것을 연습했다. 대중 앞에서 장황하게 큰 소리로 연설하는 것은 당황스럽게도 여전히 많은 실수를 가져왔다.

7월에 패튼은 포트 마이어의 제3기병대 참모장으로 임명되었다. 새로운 직책에서 3주 동안 그는 경력을 망치고 위협할 수 있는 몇 가지 추악한 에피소드 중 첫 번째 사건에 휘말렸다. 제1차 세계대전 미군 참전용사들은 법에 의해 이른바 보너스라고 불린 현금을 1945년에 받을 수 있었다. 문제는 1932년 대공황으로 많은 참전용사가 실직했다는 것이었다. 보너스 즉시 지급을 의회에 요구하기 위하여 일반인 참전용사들의 운동이 시작되었고, 5월에는 1만 5,000에서 2만 명의 "보너스 행진자Bonus Marchers"들이 입법자들을 망신 주어 보너스를 지급하게 하려는 시위를 벌이기 위해 워싱턴으로 왔다. 패튼의 영웅적인 병사 조 안젤로가 포함된 "보너스 아미" 구성원들은 워싱턴 바로 외곽인 메릴랜드 애너코스티어 플랫츠Anacostia Flats에 진을 쳤다. 6월 15일 하원이 보너스 법안을 통과시켰지만, 상원에서는 투표를 통해 부결시켰다. 그 무렵 애너코스티어 플랫츠 캠프는 의사당 돔 아래 천막과 상자, 판잣집으로 된 지저분한 "후버빌Hooverville"(대공황 시기 비슷한 판자촌에 붙인 별명)이 몰래 넓게 늘어선 곳이 되었다.

상원이 보너스 법안을 부결시킨 7월 28일, 시내에서 폭동이 일어났다. 허버트 후버Herbert Hoover 대통령은 더글라스 맥아더에게 펜실베이니아 애비뉴와 도심에서 행진하는 사람을 치우고, 애너코스티어 캠프로는 건너가지 말라고 명령했다. 맥아더는 제3기병대에 도시로 진입하여 제16보병 연대를 기다리라고 명령했다. 참모장으로서 패튼은 폭동을 이끌 사람으로 예상하지 않았지만, 작전 조건은 너무 큰 유혹이었다.

그는 병사 217명과 장교 14명의 선두에 섰다. 연대가 백악관 뒤에서 대기하는 동안 패튼은 상황을 확인하기 위해 펜실베이니아 애비뉴를 따라 혼자 말을 타고 나갔다. 그는 거리에 줄을 서 있는 수천 명의 보너스 행진자들의 환호를 받았다. 그들은 제1차 세계대전 때와 1930년대 신문에까지 사진이 난 그를 알아보았다. 어떤 사람들은 야유하고 비웃었다.

그들이 조지 S. 패튼임을 알아보았든 아니든 고위 장교의 제복은 한눈에 알아보았다.

오후 4시경 제3기병대와 제16보병연대가 대형을 이루었고, 기병이 보병을 이끌고 펜실베이니아 애비뉴로 내려갔다. 이것은 좋은 광경이 아니었다. 헬멧을 쓰고 카빈총으로 무장하고 사브르를 찬 미합중국 육군의 기병부대는 세계에서 가장 오래된 민주주의 수도의 주요 거리에서 같은 군대의 전직 군인들을 상대로 작전을 벌이고 있었다. 군중의 동요에 대응하여 패튼과 부하들은 자신들의 참모장인 패튼이 디자인한 바로 그 검으로 소란스러운 보너스 행진자들을 위협하고 길을 열었다. 움직이지 않으려는 사람들은 검의 납작한 부분으로 엉덩이를 맞았다. 패튼도 직접 몇 차례 타격을 가했다. 거리는 순식간에 정리되었다.

임무를 완수한 맥아더는 직접 패튼에게 애너코스티어강을 건너 플랫츠를 정리하라고 명령했다. 대통령의 직접적인 지시를 어긴 것이지만, 맥아더는 행진자 중 "볼셰비키Bolshevik" 당원들이 전면적인 반란을 일으킬 것을 우려하여 최고 통치자의 명령을 받아들이지 않았다. 이에 따라 패튼과 제3기병대는 플랫츠의 후버빌을 정리했다. 이 과정에서 일부 천막과 상자들이 불에 탔다. 화재 원인은 끝까지 결론이 나지 않았지만, 보너스 행진자들은 그것이 군대의 고의적인 공격의 일부라고 믿었다.

보너스 행진자들에 대한 정부의 추악한 대응은 이미 문제가 된 허버트 후버의 대통령직에 오랫동안 오점을 남겼다. 맥아더는 자신의 견해에서 시와 정부를 보호하기 위한 일이었다고 주장하면서 완전한 사과를 하지 않았다. 패튼은 확신할 수 없었다. 전장에서 자신이 이끌었을지도 모르는 사람들과 자신의 목숨을 구한 조 안젤로를 포함하여 전직 군인들을 상대로 행군한다는 생각은 "매우 불쾌했다"라고 말했다.[*] 그럼에도 불구하고 패튼은 맥아더와 함께 폭동이 임박했다고 믿었고, 이후 그들은 시민의 생명과 재산을 구했다며 자신의 행동을 옹호했다. 하지만 대중적으로는 많은 미국인에게 오랫동안 자신의 국가를 위해 복무했으나 지금은 배고픈 실업자로 가족을 부양할 수 없게 된 비무장한 남자들을 향해 사브르를 휘두르며 한껏 멋을 부린 미합중국 군대의 장교로 기억되었다.

보너스 행진 사건을 제외하면 대공황은 패튼 가족에게 거의 영향을 주지 않았다. 정말로 포트 마이어에서 근무하는 3년 동안 패튼은 지방 대지주의 삶을 즐겼다. 부상이나 죽음을 무릅쓰는 무모한 자유분방함이 있는 폴로를 하고, 말을 타고 사냥을 즐겼다. 1934년 3월 1일 정규군 중령으로 진급한 패튼은 1935년 봄 또다시 하와이 사단 G-2로 옮겼다. 위험한 모험에 대한 열망으로 그는 열심히 그리고 무모하게 자신의 새로운 요트를 타고 로스앤젤레스에서 하와이 기지까지 항해했다. 선장이자 항해사 역할을 하면서 아마추어 승무원들을 지휘하였고, 승객 베아트리체와 함께 패튼은 5월 7일 출발하여 6월 8일 호놀룰루에 도착했다. (아이들은 나중에 일반 여객선으로 도착했다.)

항해는 아주 재밌었다. 하지만 새 기지에 도착하자 그 재미도 금방 사라졌다. 패튼은 정보참모인 G-2 직책은 별로 신경 쓰지 않았다. 이번에는 50세가 다 되어가도록 새로운 전쟁이 보이지 않는 상황이었기에 열대 낙원조차 그의 기분을 좋게 만들지 못했다. 그는 과음하기 시작했다. 베

---

[*] Patton, "Federal Troops in Domestic Disturbances," unpublished paper (ca. 1932) quoted in Martin Blumenson, ed., *The Patton Papers 1885-1940*, reprint ed. (Bridgewater, N.J.:Replica Books, 1999), 898.

아트리체에 대한 그의 열정은 갑자기, 그리고 아주 차갑게 식어버렸다. 현지에서 여자들과 노닥거리기 좋아하는 남자로 이름을 날렸다. 아내에게 그런 관계들은 대부분 비밀이었고, 만약 그녀가 그 문제를 언급하면 화를 내고 심지어 욕설까지 했다. 사실 조카딸 진 고든Jean Gordon과의 관계를 제외하면 다른 일은 그에게 거의 의미가 없었다. 아름다운 검은 머리칼을 가진 진은 베아트리체 이복 언니의 딸로 패튼의 딸인 루스 엘렌과는 친한 친구였다. 패튼과 사랑에 빠졌을 당시 그녀의 나이는 21세였다. 이 기간 패튼의 정기 임무 중 하나는 군마를 구입하는 것이었다. 그는 이 임무를 즐겼고, 종종 가족들을 데리고 출장을 떠났다. 그는 베아트리체, 루스 엘렌, 진 고든과 함께 하와이의 빅아일랜드로 가서 50만 에이커의 파커 목장을 운영하는 알프레드 카터Alfred Carter에게서 말을 살 계획이었다. 하지만 베아트리체는 여행을 떠나기 전 병이 났고, 루스 엘렌은 어머니를 돌보기 위해 집에 남기로 했다. 패튼은 진과 단둘이 여행을 떠났고, 정열적인 관계로 발전되었다고 한다. 루스 엘렌과 진과 패튼을 모두 아는 몇몇 사람들은 어떠한 로맨스도 부인했다. 그들이 말하길, 진은 패튼을 삼촌으로 사랑했고, 그는 그녀를 조카딸 또는 딸로서 사랑했다고 말했다. 그러나 훗날 패튼은 그 사건을 자랑했고, 베아트리체도 두 사람이 친밀한 관계라고 분명하게 믿었다.

암울한 것은 패튼 집안의 삶이 더 추하게 변했고, 적어도 한 번은 패튼이 집 밖에서 추하게 굴었다는 사실이다. 1935년 8월 아일랜드 폴로 챔피언십에서 패튼은 자신이 주장인 육군 팀과 경기를 하던 현지 제조업계의 거물이자 오하후 팀의 주장인 월터 딜링엄Walter Dillingham에게 폭발했다. 딜링엄은 패튼과 충돌했고, 패튼은 그를 "늙은 후레자식"이라고 욕했다. 그리고 계속해서 "내가 너를 완전히 뭉개버리겠어"라고 말했다. 이것은 자신을 장교이자 신사라고 생각하는 패튼에게 어울리지 않는 행동이었다. 1회가 끝나자마자 지휘관인 휴 드럼Hugh Drum은 패튼을 주장에서 해임하고 더는 뛰지 못하게 했다. 딜링엄과 마우이 팀의 캡틴이 드럼에게 얘기하여 겨우 복귀하였다. 그들은 "조지"가 경기장으로 돌아오지 않으면 경기를 하지 않겠다고 말했다. *

1937년 6월 12일 패튼과 베아트리체, 그리고 아들 조지는 호놀룰루에서 요트로 항해하여 7월 12일 로스앤젤레스에 도착했다. 그들은 그 요트를 팔고, 긴 휴가를 위해 매사추세츠 집으로 갔다. 이 기간에 패튼은 베아트리체와 함께 말을 타고 나갔다가 그녀의 말이 그의 다리를 걷어차 두 곳이나 골절되었다. 이 부상으로 패튼은 6개월이나 누워 있었고, 그동안 혈전 질환인 정맥염을 앓아 거의 죽을 뻔했다. 눈앞의 위기에서 벗어난 뒤에도 현역 복귀 가능성에 대한 심각한 의문이 제기되었다. 따라서 육군 군의관들은 1938년 캔자스 포트 라일리 기병학교의 학과에 배치하여 당분간 제한된 행정업무만을 맡기기로 결정했다. 그 조치는 패튼의 신체적인 건강뿐 아니라 정신적인 건강을 위하여 강장제처럼 매우 필요하고도 유익한 조치가 되었다.

---

*   The incident is narrated in Blumenson, Patton, 136.

Chapter 6

부단히 활동하는 멘토

Restless Mentor

편한 임무를 맡은 6개월 동안 다리는 완전히 회복되었고, 패튼은 7월 24일 정규군 육군 대령으로 진급하여 포트 클라크Fort Clark에 있는 제5기병대 지휘관이 되었다. 중년의 기병에게 이는 일종의 제2의 젊음이거나, 적어도 1916~1917년 토벌 원정 당시 시에라 블랑카 전초기지에서 즐겼던 야생, 서부로의 귀환쯤은 되었다. 패튼은 말을 타고 거칠게 다루는 것을 즐길 수 있었을 뿐 아니라 워싱턴 사회의 엘리트와 비슷한 포트 클라크 주위 시골의 부유한 텍사스 목장주들과 금세 관계를 맺었다. 전쟁이 없는 상황이지만 그는 더할 나위 없이 행복했다.

패튼은 군대에서 가장 유능하고 "파란만장한" 장교 중 한 명일 뿐 아니라 베아트리체와 결혼한 덕분에 가장 부유한 장교라는 유명세도 얻었다. 그리고 그런 악명으로 대가를 치를 뻔했다. 다가오는 전쟁에서 바탄Bataan 반도의 불운한 지휘관으로 암울한 타이틀을 얻게 될 조나단 웨인

라이트Jonathan Wainwright 대령이 포트 마이어의 지휘관으로 재직하면서 파산했다. 대부분의 장교는 아주 근사한 보직으로 여겼지만, 육군의 명소에 취임한 고위 지휘관들에게 사람들은 과도하게 사교적 요구를 하였고, 그들의 주머니에서 끊임없이 향응비가 조달될 것이라고 기대하였다. 결국 웨인라이트의 주머니가 비었고, 그는 전출을 요청했다. 육군은 패튼의 재력을 알고 그에게 눈을 돌렸다.

12월 존 허John Herr 소장은 패튼의 집으로 전화를 걸어 포트 마이어로 재배치되었다고 말했다. 패튼은 포트 마이어에서 근무하면서 즐거운 시간을 보냈지만 포트 클라크 같은 곳이 진짜 군대라고 생각했다. 존 허 장군에게는 "옛써(Yes, Sir.)"라고 대답할 수밖에 없었지만, 베아트리체에게는 분노에 차 실망감을 토로했다. "당신과 당신 돈이 내 경력을 망쳤어." 그가 그녀를 향해 쏘아붙였다. 두 사람은 동쪽으로 전출 갈 준비를 하면서 불평을 했다. *

포트 라일리와 포트 클라크의 차이는 원만하지 못했던 패튼 부부에게 좋은 자극제가 되었다. 하지만 포트 마이어로의 재배치는 불만이 되살아나게 했을 뿐 아니라 부부 사이를 더욱 악화시켰다. 패튼은 기분은 어두워졌지만 워싱턴 D.C.에 인접해 있던 기지는 그의 경력을 "망치지" 않았다. 패튼은 1939년 봄 육군의 최고 지휘관인 육군참모총장 대행이 된 조지 C. 마셜의 영향권 안에 들어갈 기회를 얻었다. 패튼과 마셜은 둘 다 포트 마이어에 배치되었다. 마셜의 기지 내 관사를 수리하고 재도색하고 있을 때, 패튼은 그를 초대하여 작업하는 동안 자신의 집을 함께 쓰게 해주

---

* Martin Blumenson, *Patton: The Man Behind the Legend, 1885-1945* (New York: Quill/William Morrow, 1985), 140.

었다. 마셜은 받아들였다. 하지만 마셜이 패튼을 준장으로 진급시킨 이유는 그의 환대 때문이 아니라 군대 리더로서 패튼의 자격이 확실하기 때문이었다. 그러나 능력과 실제 진급은 또 달랐다. 기병연대 지휘가 대령의 임무였다. 그 일이 자기의 일이면 아무리 능력이 있다고 해도 패튼은 대령으로 끝났을 것이다. 그리고 평화가 계속되었다면 연대 지휘가 그의 마지막 임무가 되었을 것이다. 하지만 1939년 9월 1일 두 가지 중대한 사건이 일어났다. 조지 C. 마셜은 공식적으로 육군참모총장으로 임명되었다. 그리고 독일 국경 무전송신소를 폴란드군이 공격했다고 거짓으로 꾸미며 아돌프 히틀러Adolf Hitler의 군대가 폴란드를 침공하였고, 새로운 세계대전이 시작되었다.

패튼은 정확히 피 냄새를 맡았다. 또한 그는 독일의 전격전이 폴란드를 통과하는 광경에서 확실하고도 암울한 위협을 느꼈다. 그는 전차 선구자로서 매우 빠르고 기동성이 뛰어나며 끊임없이 공격적인 전쟁을 주장했는데, 독일군 기갑은 폴란드 침공에서 적의 최전방 방어선을 뚫고 들어가 후방에 대혼란을 일으켜 보병들의 압도적인 총공격을 확장시켰다. 그러나 포트 마이어 권력의 중심에 있었지만 존재감을 느끼지 못하고 있던 패튼은 자신이 중요하고 사회적인 역할에서 소외되었다고 걱정했다. 마셜 휘하의 군대는 전쟁을 준비했음에도 불구하고 패튼은 계속 참모총장의 비위를 맞추었다. 참모총장의 대장 진급 소식이 전해지자 패튼은 뉴욕 보석상에서 은색 별 4개를 2세트 사서 마셜에게 배달했다. 그런 아침에 휘둘릴 사람이 절대 아니었지만, 그렇더라도 마셜은 패튼에게 감사의 답을 해주었다. "나는 육군에 대한 감사와 명예를 가지고 이 별을 달 것이다."[*]

사실 패튼은 이런 식으로 참모총장을 설득할 필요는 없었다. 마셜은 제1차 세계대전이 끝날 무렵 패튼을 주목했고, 만약 또 다른 전쟁이 발발한다면 기갑사단이나 군단의 지휘관으로 패튼을 생각하고 있었다. 마셜은 자기 스타일대로 패튼에게는 그런 얘기를 하지 않았다.

1940년 봄, 패튼은 루이지애나에서 실시된 제3군 연습에서 평가관으로 근무했다. 그는 직접 눈으로 보면서 이미 알고 있는 사실을 확인할 수 있었다. 기병대는 기계화부대에 대항할 기회조차 얻지 못한다. 패튼은 루이지애나 알렉산드리아 소재 고등학교 지하에서 기갑부대장이자 기갑전의 최고 권위자인 아드나 R. 채피 주니어를 포함한 여러 장교를 비밀리에 만났다. 이른바 지하의 공모자들이라 불리는 이들은 모두 기갑 옹호자들로, 전통에 얽매인 보병 및 기병 지휘관의 엿듣기와 눈초리에서 벗어나 조용하고 외딴곳을 찾아 육군이 독립적이고 자율적인 기갑부대를 창설해야 한다는 자신들의 권고를 공식화하였다. 마셜 장군은 그 권고안을 받았고, 누구와도 상의하지 않고 이를 승인했다. 그는 제7기계화여단 지휘관이자 육군 최선임 기갑장교인 채피를 임명하여 새로운 "기갑부대"를 지휘하게 하였다. 채피는 제1기갑사단과 제2기갑사단을 창설했을 뿐 아니라 미국 기갑, 보병, 포병의 합동 운용이라는 통합된 무기교리에 더하여 미 육군 기갑교리의 기초를 마련하였다고 인정받고 있다. 그 공적은 충분히 인정받을 만하지만, 그 지하 모임의 기록이 남아 있지 않기 때문에 패튼이 그 고등학교 지하실에서 채피의 생각에 기여했다고만 짐작

---

[*] George C. Marshall, letter to Patton, September 23, 1939, in Martin Bluemenson, ed., *The Patton Paper 1885-1940*, reprint ed. (Bridgewater, N.J.: Replica Books, 1999), 994.

할 뿐이다. 채피가 패튼을 높이 평가했다는 것은 논란의 여지가 없다. 그는 기갑사단 중 한 곳에서 여단을 지휘했으면 싶은 장교 명단의 맨 앞에 패튼을 적었다. 이에 따라 1940년 7월 26일 패튼은 조지아 포트 베닝^{Fort} Benning에 있는 제2기갑사단에 보고하고, 사단 예하 제2기갑여단을 지휘하게 되었다.

그는 늘 그랬듯이 새 사령부의 장교와 부하들을 신속히 자신이 원하는 군대 이미지에 맞게 개조할 필요가 있다고 생각하였다. 따라서 훈련, 규율, 그리고 자긍심 주입 프로그램을 통해 모두를 패튼 스타일의 군인으로 만들기 시작했다. 그러고 나서는 그들을 전차 승무원으로 만드는 작업을 진행했다. 10월 2일 패튼은 마침내 첫 번째 별을 달았고, 여단을 지휘하는 준장이 되었다. 이어 바로 다음 달에 제2기갑사단 사단장 대리로 임명되었고, 1941년 4월 4일 소장으로 진급한 바로 며칠 후 정식 사단장이 되었다.

패튼은 시범 사단을 구성하면서 자신의 관습적이고 전형적인 특징을 절제하여 많은 인정을 받았다. 채피는 병이 심해져 제1기갑군단장에서 물러났고, 1941년 여름 암으로 사망했다. 이로써 패튼이 곧바로 스포트라이트를 받았고, 자신이 받는 관심을 낭비하지 않았다. 상급자와 부하들의 조심스러운 시선 속에서 패튼은 무한한 대시와 끝없는 에너지를 가진 지휘관으로서 용감함과 화려함을 보여주었다. 또한 그는 두 가지 매우 긴급한 군사 문제, 즉 기갑부대를 어떻게 가능한 한 가장 빠른 속도와 기동성을 갖춘 부대로 만들 것인가 하는 문제와, 국가의 평화기에 물들어 있던 민간인을 어떻게 현대적인 기갑전이 가능한 군인으로 바꿀 수 있는가 하는 문제를 다루었다.

첫 번째 문제는 주로 조직의 문제였는데, 패튼은 그것을 간소화하여 기갑사단의 발전에 기여했다. 처음 예상대로 기갑사단은 비대했고 통제가 어려웠다. 패튼은 (제2차 세계대전 시 마지막 화신이 되는) 즉각적인 필요에 따라 독자적 또는 긴밀한 협동으로 운용될 수 있도록 3개의 전투 사령부로 구성하여 매우 유연한 부대로 변화시키기 시작했다. 두 번째 문제는 더욱 신비로운 해결책으로 처리되었는데, 이것으로 패튼의 전설화가 확고해졌고, 그가 제2차 세계대전에서 가장 매력적인 인물 중 하나가 되는 기초가 되었다.

조지 S. 패튼 주니어는 미군 역사상 가장 위대한 트레이너 중 한 명이었다. 패튼이 병사들에게 가르친 것을 표면적으로만 보면 규율, 군대예절, 외적 자세, 체력 단련, 끊임없는 훈련 등을 강조한 것으로 한정된다. 확실히 이 모든 요소는 패튼에게 중요했고, 그의 훈련 방식에서도 중요한 위치를 차지했지만, 패튼 훈련공식의 기폭제는 그의 물리적 참가였다. 그는 군사적 낭만주의와 사실주의의 혼합하고 진정한 비전을 가진 효과적인 리더십을 자신의 명령에 적용하였다. 부분적으로는 다채로운 강의를 통해 전달했지만, 대부분은 모든 장교와 병사들의 행동과 수행을 지속해서 모델링하며 전달했다. 그의 무한한 에너지도 그중 일부였지만, 결코 전적으로 쇼맨십은 아니었다. 지휘관의 의무는 어느 곳에서나 있는 것이라고 그는 믿었다. 제1차 세계대전 당시 프랑스 전장에서 그는 전진하는 전차들 사이를 걸었고, 지금은 훈련하고 있는 자신의 부대 사이를 돌아다녔다. 그는 그들을 무자비하게 교정했지만, 또한 실용적이고 유용하게 만들었으며, 그리고 누군가가 개선된 모습을 보이거나 우수하게 성취했을 때는 즉시 관대하고 공식적인 칭찬을 했다. 그는 사단 전차들 사이를 돌아다니면서 자신을 눈에 띄게 하였는데, 특히 적색, 백색, 청색에 더하여 육군의 전통적인 기동성을 상징하는 기병의 황색 굵은 줄무늬를 특별히 포탑에 도색하였다. 그가 사용한 지프는 앞뒤에 적색과 백색의 별 2개의 깃발을 달았을 뿐 아니라, 실제로 그가 나타나기 전 자신의 접근을 알려주는 피어싱 사이렌과 클락슨 경적을 장착했다.

패튼보다 더 심하게 개인적인 악의 화신(예컨대 충동, 무모한 개인적 행동, 무가치한 감정, 그리고 노골적인 우울함의 복합)에 사로잡힌 현대 미군 지휘관은 없을 것이다. 그러나 패튼은 자신이 지휘하는 장교와 병사들 앞에서 절대로 자신에 대한 최고의 자신감과 서로에 대한 자긍심 이외에는 어떤 것도 표현하지 않았다. 패튼은 수많은 의심에 사로잡혀 자신의 부하들이 자기를 의심하도록 내버려 두지 않았다. 그의 메시지는 우리가 반드시 성공해야 하는 것은 아니지만, 항상 성공할 수도 있다는 것이었다. 자신의 운명에 대한 의식으로 가득 차 있는 패튼은 비록 불완전하더라도 다른 모든 사람에게 비슷한 감정을 가지게 하려고 노력했다. 그리고 전투에 대해 말할 때는 본능적으로 피와 인내에 대해서 말했다. 하지만 또한 피와 인내는 지성에 의해 숙달되어야 하고, 그들이 지금 소유한 거대한 신형 무기인 전차를 위해 복무해야 한다고 강조했다.

패튼은 부대 내에서 전차의 장점을 극찬하면서, 또한 더불어 그 무기를 대중과 언론, 정치인들에게까지 지치지 않고 홍보했다. 이미 쇼맨십 예술의 대가였던 패튼은 1940년 12월 육군 훈련의 하나로 조지아 콜럼버스에서 플로리다 파나마 시티Panama City까지 약 1,000여 대의 전차와 하프트럭, 그리고 다른 차량을 대규모로 기동시킨 뒤 복귀하는 장면을 연출하여 공적 무대의 달인과 어울린다는 것을 보여주었다. 패튼은 이 400마일의 왕복 기동을 기갑사단이 실시한 가장 긴 기동이라고 홍보하였다. 또한 전격전의 효과를 완성하기 위하여 대형 항공기가 상공을 비행하게 구성하였다. 이 연습에 앞서 패튼은 관중을 확보를 위해 경로 전체를 따라 홍보 캠페인을 벌였다. 목표는 그의 부대가 유명하다고 생각하도록 사기를 진작시키고, 동시에 미국 국민에게 전차의 놀라운 위력을 보여주어 깊은 인상을 심는 것이었다. 패튼은 기갑장비에 대한 대중들의 믿음을 얻음으로써 국민이 기갑장비를 구입하게 만들고, 계속 부상하고 있는 군 무기에 대하여 더 강력하고 지속적인 지지를 보내게 될 것이라고 생각했다.

콜럼버스-파나마 시티 기동은 많은 관심을 이끌어냈다. 또한 패튼은 신문에 "나 스스로 하지 않는 것이라면 부대원들에게 … 그 어떤 명령도 하지 않는"* 대담한 지휘관으로서 자신을 홍보할 기회를 얻었다. 그 군사력 과시는 아주 잘 진행되어, 다음 해 1월 패튼은 사단 전체 1,300대 차량을 모두 참가시킨 퍼레이드를 실시하였고, 우렁찬 행진곡에 맞추어 콜럼버스 거리를 위풍당당하게 지나갔는데, 그 행진곡은 다름 아닌 아마추어 음악가 베아트리체 패튼이 작곡한 것이었다.

고된 훈련과 홍보는 상급 지휘부의 인정을 받는 성과를 거두었다. 심지어 보수적인 장교들조차 기갑의 시대가 올지도 모른다는 사실을 인정해야만 했다. 콜럼버스-파나마 시티 왕복은 패튼이 정확히 원했던 웅장한 광경이었지만, 현실적으로 심각한 문제도 드러났다. 평화로운 시기에 전쟁을 목표로 두고 만들어진 것의 한계는 무엇이었을까? 비교적 빠르게 움직이는 호송 차량은 공습에 매우 취약했다. 더구나 1,000여 대의 전차

---

* Blumenson, *Patton*, 151.

와 여러 차량을 미국 남부의 공공 고속도로에서 졸릴 정도로 천천히 운전하는 것은 전쟁 중 해외에서 사격을 받으면서 기갑사단이 기동하는 것과는 매우 달랐다. 패튼은 거대한 기계화부대의 움직임을 시각화하고, 그의 전차가 적 항공기의 목표물이 되는 것을 막을 방법을 찾아야 했다. 어떻게 하면 큰 그림을 그릴 수 있을까? 어떻게 하면 적 조종사의 입장에서 볼 수 있을까? 패튼은 경비행기를 구입하여 비행교습을 받았고, 55세에 조종사 면허를 취득했다. 그는 훈련 중 전차 위를 계속 비행하면서 교통의 흐름을 관리하고 공중 공격으로부터 차량을 보호할 수 있는 더 나은 방법을 모색했다. 학습을 통해 얻은 모든 교훈은 실제 실험에서 검증되었다. 비행 관측의 부산물은 전투에서 조명이나 "연락" 역할을 맡던 비행기가 기갑과 포병의 눈이 될 수 있다는 통찰이었다. 관측자나 지휘관 누구라도 공중에서 전투 상황을 살피고, 양방향 음성 무전기를 사용하여 실시간으로 복잡한 전차 기동을 지휘할 수 있었다. 패튼의 이처럼 빠른 실험 덕분에 경비행기 정찰 임무는 제2차 세계대전에서 중요하게 받아들여지게 되었다.

물론 기갑사단에 대한 패튼의 선구적인 생각들이 모두 받아들여진 것은 아니다. 전차 승무원들이 최첨단 전쟁기술의 실행자였기에 패튼은 실용적이고 눈에 띄는 현대적인 외형을 갖춘 엘리트의 지위를 보여주기 위해서 유니폼을 입히고 싶었다. 오른쪽 어깨에서 가슴 가운데까지 대각선으로 짧은 튜닉tunic을 단다는 것이 특징이었다는데, 그 위에는 황동이나 흰 금속 단추가 촘촘하게 붙은 녹색 개버딘gabardine 유니폼을 디자인했다. 또 바지는 두껍게 패딩 처리를 했는데 여러 종류의 주머니를 많이 달았다. 앙상블의 마무리는 금색 풋볼 헬멧이었다. 여러 면에서 유니폼은 아주 실용적이었다. 짙은 녹색 재질은 기름 얼룩을 숨겼고, 패딩과 풋볼 헬 멧은 전차가 거칠게 질주할 때 전차 주위의 금속으로부터 승무원을 보호 했으며, 결속되지 않은 물체가 쉽게 날아다니며 흉기가 될 수 있는 환경 에서 다중 포켓은 필수적이었다. 그러나 전체적으로 그 모습은 우스꽝스 러웠고, 호송과 행진 행렬 그리고 조지 S. 패튼의 리더십을 열광적으로 보 도하던 신문들은 이제 그 유니폼을 "그린 호넷Green Hornet"이라며 놀렸다. 말할 필요도 없이 패튼이 디자인한 유니폼은 육군에서 거부되었다.

1941년 봄 미국은 여전히 공식적으로 중립을 지켰고, 대부분의 미국 인은 전쟁에 참전하지 않기를 열망했다. 그럼에도 불구하고 루스벨트 Roosevelt 대통령은 윈스턴 처칠Winston Churchill 의 영국과 완전한 동맹을 향해 꾸준히 가까이 다가갔다. 서반구 영국 기지에 50대의 구식 구축함들을 인도하고, 미국의 산업기반을 "민주주의의 무기고"로 쓰겠다고 약속하였 다. 그리고 1941년 3월 대통령이 무기대여법Lend-Lease Act에 서명했다. 이는 미국의 이익에 중요하다고 생각되는 국가에 무기와 물자를 공급할 수 있 는 권한이었다. 게다가 1940년 9월부터 평시 병력을 모집하는 중이었고, 전쟁 사이 축소된 군대는 진주만Pearl Harbor 공습 전날까지 이미 약 150만 명으로 급속하게 불어나 있었다. 이런 분위기 속에서 군의 전투훈련을 담 당한 레슬리 J.맥네어Lesley J. McNair는 지금까지 가장 크고 현실적인 세 번의 대규모 기동훈련 워게임 시리즈를 발표했다.

패튼은 워게임을 다음과 같은 세 가지 목표를 달성할 특별한 기회로 보았다. (1)자신의 부하들을 완벽히 훈련하기 위해 (2)기갑전술과 교리를 만들고 테스트하고 수정하고 연마하기 위해(결국 기계화전은 새로운 종류의 전쟁이었다.) (3)간단히 승리하기 위해.

패튼에게 워게임은 실제 전투에 버금가는 경쟁의 장이었는데, 그는 전사로서의 개인적 기량을 보여줄 수 있었고, 약간은 부차적으로 현대전의 무기로 기계화된 장갑의 효과를 보여줄 수 있었다. 그는 흥분되었지만, 또한 두려웠다. 실패 때문이 아니라(실패는 그의 운명이 아니라는 것을 그는 알고 있었다), 다시 한번 참가자가 아닌 평가관으로 선택된 것이 두려웠다.

기동훈련에 앞서 패튼은 두려움을 제치고 부하들을 준비시켰다. 그는 세 가지를 강조했다. 첫째는 모든 시선이 전차에 향한다는 것이었다. 육군 안에는 새로운 기계화군대가 실패하길 갈망하는 구식 장교들이 있었다. 대규모 기동훈련은 성공하든 실패하든 전차의 가치를 증명할 수 있는 한 번뿐인 기회였다. 둘째로 패튼은 공격적인 기동성이라는 주제에 대해 강조했다. 사단 전체는 "앞으로 가고자 하는 필사적인 투지"로 계속 기동하고, 항상 공격하나 절대로 공격을 멈추지 않으며, 늘 약점을 공략하여 구식 전투력을 혁파해야 했다. 전차는 정지하지 않았다. 한가지 목표가 달성되었을 때 패튼은 "'내가 충분히 해냈다'라고 말하지 말고, 계속 적을 향해 악마성을 키우기 위해 무엇을 할 수 있는지 보라"고 질책했다. 그가 기동훈련에 대비하여 강조한 세 번째 요점은 엘리트 정체성의 창조였다. 패튼의 지휘 아래 제2기갑사단은 "바퀴 달린 지옥Hell on Wheels"이라고 불렸고, 전쟁터의 재앙인 "공세 기병blitz trooper"의 역할과 정체성을 자랑스럽게 받아들였다. 패튼에게 부대의 정체성을 자랑스럽게 만드는 것은 전차 자체만큼이나 없어서는 안 될 요소였다.*

1941년 6월 테네시Tennessee에서 대규모 기동훈련이 실시되었고, 패튼

---

* Blumenson, *Patton*, 156.

은 제2기갑사단장이 되자 크게 안도했다. 초기에는 사단 병력 1만 2,000명을 배치하는 데 조금 어설퍼 보였지만, 일단 본격적으로 작전이 진행되자 패튼은 완전한 달인이 되어 가차 없는 속도와 효율성으로 자신의 부대를 몰아 이틀로 계획된 훈련을 불과 9시간 만에 끝냈다. 그는 그 성과로 얻은 전문성과 대중의 찬사를 잠시나마 즐겼으며, 전투에서 영예로운 승리에 대한 갈망을 비밀로 하지 않았다. 화려한 겉모습은 단지 훌륭한 지휘관이 되기 위한 단순한 일부라고 여겼다. 패튼은 평범한 보병 군복을 입어 야전에서 눈에 띄지 않으려고 애쓰는 장교들에게 영국 왕립 해군 제독으로 리본과 메달, 삼각모 등을 착용한 채 HMS 빅토리아^{HMS Victory}호 갑판을 성큼성큼 걸어 다닌 넬슨 경^{Lord Nelson}을 예로 들었다. 영광과 성과로 패튼은 인정을 받았으나 절대 허세가 아니었다. 그는 진정한 영광을 함께 할 수 있는 포상으로 여겼고, 자신의 명령을 따른 부하들의 공로를 인정하는 데 항상 관대했다. 그가 인용하던 격언 중 가장 자주 반복했던 것으로 "병사가 곧 군대다"[*]라는 말이 있었다. 군대에 중요한 것은 계획도, 장비도, 지휘하는 장군도 아니었다. 개인적인 영예도 물론 중요하지만, 그 이상의 것에 비례하는 것이야말로 엄밀히 더 중요한 것이었다.

패튼에게 리더십은 결코 단순히 계획을 세우고 명령을 내리는 것이 아니었다. 그것은 자신을 상징하는 것으로 일종의 토템 또는 부적으로 바꾸는 것이었고, 실제로 그 부대원들에게 개별적인 정체성을 부여하고 어우러지도록 만드는 것이었다. 제2기갑사단의 부대원들은 바퀴 달린 지옥이라는 별명을 얻었지만, 그들은 대부분 자신을 "패튼의 부하^{Patton's men}"라

---

* George S. Patton Jr. *War as I Knew It*, reprint ed. (Boston: Houghton Mif-flin, 1995), 335.

고 불렀다.

테네시 기동훈련이 끝나자마자 패튼은 1941년 9월 루이지애나와 텍사스의 광활한 지역을 가로질러 펼쳐질 훨씬 더 큰 워게임을 계획하기 시작했다. 이것은 미합중국 육군 역사상 가장 크고 야심 찬 기동훈련이었다. 병력 40여만 명이 레드 군과 블루 군으로 나뉘어 "전쟁"을 벌였다. 기동훈련 1단계에서 패튼은 벤자민 리어^{Benjamin Lear} 중장의 레드 군 소속이었고 패배하였다. 2단계에서 그가 속한 제2기갑사단은 뛰어난 월터 크루거^{Walter Krueger} 중장(참모장은 패튼의 오랜 친구인 드와이트 D. 아이젠하워였다)이 지휘하는 블루 군에 배속되었다. 패튼은 레드 군의 측면에 과감한 공격을 가하였고, 후방에서 (레드 군이 방어하고 있던) 슈리브포트^{Shreveport}를 공격할 수 있도록 적 주위를 400마일이나 우회 질주하는 장관을 연출하였다. 그 기동은 대담했고, 기계화군대의 기동성을 충분히 활용하는 것이었다. 공격의 대담함에 더하여 패튼은 공격 지점에 도착하기 위하여 모든 부대가 대기하던 관습을 깼다. 결정적인 목표를 기습하기로 판단한 그는 자신이 가지고 있는 전차의 기동성을 최대한 활용하여 공격했다. 이것이 패튼의 트레이드마크였다. 시간의 구속이 따르는 전쟁에서 필요한 것은 완벽함이 아니라 기회였다. 패튼은 "최선은 선함의 적"이라고 자주 말했다. 항상 완벽한 순간을 기다리다가 찰나의 기회를 잃어버리는 것보다, 당장 강하게 좋은 계획을 실행하는 것이 더 낫다고 보았다.

패튼은 승리했을 뿐 아니라 전차로 달성할 수 있는 그런 종류의 승리를 거두었다. 주변에서 축하를 많이 해주었지만 패배한 부대의 장교들은 반칙이라고 항의했다. 마지막 질주에서 패튼은 지정된 기동지역 외곽으로 제2기갑사단을 이끌었고, 연료가 부족해지자 현지 주유소에서 돈을 지불하고 기름이 떨어진 차량에 연료를 보급했다. 소문에 의하면 그 현금은 패튼의 돈이었는데, 그도 소문을 절대 부인하지 않았다. 패튼은 규정을 어겼다고 항의하는 사람들과 논쟁을 벌이지도 않았다. 다만 승리만이 궁극적으로 전쟁의 유일한 규칙이라고 응답했을 뿐이다. 마셜 장군과 나머지 상급 지휘부도 이에 동의했다. 루이지애나 대규모 기동훈련은 패튼을 미 기갑부대의 스타로 만들었다.

이 기동훈련에 바로 이어서 10월과 11월 캐롤라이나스Carolinas에서도 대규모 기동훈련이 실시되었고, 패튼과 부하들은 훌륭하게 작전을 수행했을 뿐 아니라 상대편 사령관 휴 드럼까지 사로잡았다. 드럼은 하와이 근무 동안 패튼의 지휘관이었고, 1935년 비신사적인 행동에 분개하여 패튼을 인터아일랜드 폴로 챔피언십에서 거의 쫓아낼 뻔한 사람이었다. 누구보다도 대규모 기동훈련의 정점에서 패튼의 활약을 직접 목격한 조지 마셜 참모총장은 어느 때보다 깊은 인상을 받았다.

패튼은 세 차례 워게임의 결과로, 미국이 전쟁에 돌입한다면 자신이 중요한 지휘를 맡을 수 있는 가장 유리한 위치에 있음을 알게 되었다. 그는 제1차 세계대전의 경우와 마찬가지로 자신이 가장 먼저 해외로 나갈 것이라고 생각했다. 1941년 12월 7일 진주만 공격은 그에게 희망을 주었고, 1942년 1월 15일 마셜이 패튼을 제1기갑 군단장으로 추천하자 완벽한 정당성이 생겼다. 이제 그는 진군 명령을 기다렸다.

오래 기다릴 필요도 없었다. 2월이 되자 패튼은 사막훈련센터를 창설하기 위하여 지휘관으로 임명되었다. 마셜과 다른 육군 기획자들은 첫 전투가 북아프리카 사막에 있는 빛나는 에르빈 롬멜Erwin Rommel 원수 휘하의 무시무시한 독일군 아프리카 군단Afrika Korps과 벌어질 것을 알고 있었다. 그들은 또한 인디언과 판초 비야에 대한 경찰 행동을 제외하고는 미합중국 육군이 전차는커녕 그런 환경에서 싸운 적이 없다는 것도 알고 있었다. 패튼은 사막훈련 구역을 위해 넓은 장소를 찾아야 했고, 훈련이 함께 이루어질 수 있는 시설들을 만들어야 했고, 그런 뒤 미국의 제1세대 사막 전사들을 훈련시켜야 했다. 시급하고 중요한 임무였지만, 전투를 갈망했던 패튼은 그 일에 실망했다. 그러나 명령은 명령이었다. 패튼은 3월에 북아프리카의 상황을 가정할 수 있는 무인의 넓은 사막 지역을 찾기 위해 캘리포니아, 네바다, 애리조나에 파이퍼 컵Piper Cub 항공기를 날렸다. 결국 로스앤젤레스에서 동쪽으로 약 200마일 떨어진 캘리포니아 인디오 마을 인근에서 1만 6,200제곱마일의 황폐한 곳을 찾아냈다. 공중에서 그 장소를 살펴본 뒤 패튼과 소규모 일행은 말을 타고 그곳을 직접 둘러보았다. 공식적으로 미 육군사막훈련센터(현재는 국립훈련센터National Training Center라 불림)라고 불리는 이 시설은 "작은 리비아Little Libya"라고도 불렸다. 모래, 선인장, 바위, 방울뱀이 있는 이 사막의 여름 한낮 온도는 화씨 130도(섭씨 54.5도)에 이르고, 겨울밤에는 거의 영하로 떨어지는 곳이었다.

그곳은 힘든 곳이지만, 바로 패튼이 원하던 곳이었다. 현실적인 기동훈련과 실사격 연습을 할 수 있는 공간이 있었고, 가혹한 조건은 병력과 기계들을 테스트할 수 있었다. 지휘관을 포함하여 모든 이들이 막사가 아닌 텐트에서 거주했다. 전기도 없고, 수돗물도 없고, 뜨거운 물도 없고, 열기도 없었다. 매일 10분 안에 1마일을 달리는 체력 단련이 있었다. 2시간 안에 8마일을 행군해야 했다. 패튼은 현실적이기를 원했기 때문에 가능한 한 힘들게 만들었다. 그것만이 그들을 효과적인 사막 군인으로 만들고 생명을 구하게 할 것이었다.

패튼은 4월 10일 공식적으로 인디오에 도착했다. 일주일 만에 훈련이 시작되었다. 아무리 그가 해외에서 싸우길 갈망했더라도, 패튼은 마음과 정신, 그리고 지성을 당면해 있는 업무에 쏟아부었다. 언제나 그렇듯 그는 현장에서 지휘했다. 부하들이 왕좌King's Throne라고 부르는 언덕 꼭대기에 관측소가 있었지만 오래 머무르는 경우는 거의 없었고, 대신 지프, 전차, 하프 트럭, 그리고 경비행기를 타고 부대와 전차 사이를 돌아다니는 것을 선호했다. 패튼은 자신의 임무를 두 가지로 보았다. 그는 부하들을 훈련시키고 단련시켜야 했다. 4월에 시작하여 보직이 끝나는 1942년 7월까지 약 6만 명이 인디오를 거쳐 갔다. 또한 사막전 전차교리도 만들어내야 했다. 전차 대형으로 광범위한 테스트를 했고, 야전에서 사격으로 손상되거나 파괴된 전차를 복구하기 위해 특별히 제작된 신형 차량인 구난 전차를 개발했다. 또한 경비행기를 단순히 정찰에만 활용하지 않고, 지휘관이 음성 무전으로 실시간 이동 명령을 내릴 수 있는 지휘 플랫폼으로 혁신했다. 무엇보다도 그는 모든 것을 토론에 쏟아부었다. 한 번 명령을 내리면 패튼은 완벽한 규율을 따르는 복종을 기대했다. 그러나 명령의 순간까지 각각의 주요 사안에 대해 모든 측면을 듣고 싶어 했다. 사막훈련센터는 패튼이 듣고, 주장하고, 질문하는 활발한 논의와 토론의 중심지가 되었다. 토론을 통해 패튼은 가장 가능성 있는 아이디어는 무엇이든 추리고, 그것을 더 많은 논평을 위해 상급 지휘부에 보내 회람해달라고 요청하였다.

인디오에서 헌신적으로 일했지만, 패튼은 두 명의 지휘관인 레슬리 맥네어와 제이콥 데버스에게 전투를 하고 싶다는 것을 계속 상기시켰다. 마셜처럼 이들도 제1차 세계대전 때부터 패튼이 전투에 매우 유능하다는 것을 알고 있었지만, 동시에 패튼이 훌륭한 트레이너이자 동기부여자일 뿐 아니라 육군에서 가장 중요한 기갑전의 주창자로서 야전보다는 기갑부대와 교리를 만드는 데 훨씬 더 유용하다고 확신했다. 패튼이 마침내 전투 임무를 받기 위해 워싱턴으로 소환된 것은 1942년 7월이었다. 사막 훈련센터를 떠나던 그달 30일, 그는 학습한 교훈을 요약해서 기록했다. 오늘날 "학습한 교훈"의 요약은 군대에서 표준 절차이며 풍부하게 존재한다. 패튼은 사막에서 싸울 임무를 맡게 될 사람들이 그것을 유용하게 여길 것이라고 믿으면서 자신의 계획을 요약해서 작성했다. 거기에 그는 다음과 같이 썼다.

> 대형과 물자보다는 훈련 숙달과 적절한 목표물을 향해 적합한 무기로 빠르고 정확하게 사격하는 능력, 그리고 적을 죽이고 파괴할 목적으로 적과 가까워지고자 하는 저항할 수 없는 욕망이 더 중요하다.

이어서 양방향 무전기로 공중에서 지휘하기를 권하면서 간결하고 함축적으로 마무리했다. "전장에서 승리라는 멋진 쇼를 전차에 앉아서 보는 것은 어리석은 일이다."[*]

패튼은 너무나 급히 떠났기 때문에 부하들을 모아서 정식적으로 작별인사를 할 시간이 없었다. 그는 인디오에 있는 후임 센터장 앨번 길렘Alvan

---

[*] Patton, "Notes on Tactics and Techniques of Desert Warfare (Provisional)," July 30, 1942, in Martin Blumenson, ed., *The Patton Papers 1940-1945*, reprint ed. (New York: Da Capo, 1996), 74.

Gillem 소장에게 편지를 썼고, 동봉한 메시지를 부대원들에게 읽어달라고 부탁했다. 그가 쓴 글은 최고의 패튼이 되었다.

> 제군들에게
>
> 어쩔 수 없는 상황으로 여러분들을 너무나 급하게 떠나는 바람에 여러분들에게 직접 말할 수 없었다. 늦었지만 내가 여러분의 위대한 행동 하나하나를 지휘할 수 있는 영광을 누린 것에 대해 진심으로 감사하는 마음을 전하려 하지만, 이것만으로는 감사함을 다 표현하기에는 부족할 것이다.
>
> 여러분과 노고를 함께 나누었기에 나는 우리가 부딪혔던 크나 큰 난관을 알고 있으며, 또한 여러분이 얼마나 훌륭하고 자기희생적으로 여러분의 의무를 다하고 있는지도 알고 있다.
>
> 감사하고 여러분의 축복을 빈다. 여러분 같은 사람을 지휘한 것은 나에게 크나큰 영광이었다.[*]

그는 이제 워싱턴에서 횃불이라는 작전 코드가 붙은 서부기동군Western Task Force을 지휘하게 될 것이라고 들었다. 이들의 임무는 북아프리카 침공이었다.

---

[*] Patton, farewell address to troops, Desert Training Center, in Blumenson, ed., *The Patton Papers 1940-1945*, 73.

❶ 1897년, 캘리포니아 산마리아에서 친구 핸콕 배닝과 함께 있는 어린 조지 패튼(왼쪽)(버지니아군사학교 기록관 제공)

❷ 1903∼1904년 웨스트포인트 입학 전, 버지니아군사학교 생도 시절의 패튼(버지니아군사학교 기록관 제공)

❸ 1910년 조지 S. 패튼과 베아트리체 에이어의 결혼 사진(버지니아군사학교 기록관 제공)

❶ 제1차 세계대전이 진행 중이던 1918년 여름 프랑스에서 르노 경전차 앞에 서 있는 패튼 중령(켄터키 포트 녹스 소재 패튼 기병 및 기갑 박물관 제공)

❷ 1930년대 버지니아 미들버그에서 헨리 E. 미첼 장군과 함께 있는 패튼(버지니아군사학교 기록관 제공)

❸ 1943년 1월 17일, 북아프리카 카사블랑카에서 프랭클린 D. 루스벨트 대통령과 함께 있는 패튼(켄터키 포트 녹스 소재 패튼 기병 및 기갑 박물관 제공)

❹ 1943년 7월 23일, 팔레르모 점령 계획을 토의하는 패튼(켄터키 포트 녹스 소재 패튼 기병 및 기갑 박물관 제공)

❶ 1943년 8월, 시칠리아를 점령한 패튼(버지니아군사학교 기록관 제공)

❷ 1944년 4월 1일, 제3군 사령관 패튼이 북아일랜드 아마에서 제2기갑사단을 사열하는 모습(켄터키 포트 녹스 소재 패튼 기병 및 기갑 박물관 제공)

❸ 1944년 8월 26일, 패튼의 코브라 작전 확대 간 제5사단의 휴 J. 개피 장군 및 M.C. 헬퍼스 대령(서 있는)과 함께 토의 중인 패튼(버지니아군사학교 기록관 제공)

❹ 1944년 9월 30일, 프랑스 에땅을 방문한 드와이트 아이젠하워와 함께 사령부 건물 외부에 서 있는 패튼과 참모 및 장교들(켄터키 포트 녹스 소재 패튼 기병 및 기갑 박물관 제공)

❶ 프랑스 샤토됭 해방에서 용맹함을 보여준 어니스트 A. 일병에게 은성훈장을 수여하고 있는 패튼(1944년 11월 13일 촬영. 켄터키 포트 녹스 소재 패튼 기병 및 기갑 박물관 제공)

❷ 아이젠하워 장군(오른쪽)과 패튼(아이젠하워 뒤), 오마 N. 브래들리(아이젠하워 오른쪽)가 독일군이 독일 메르케르에 있는 공업용 소금광산에 숨겨둔 미술품을 검사하고 있다.(1945년 4월 12일 촬영된 사진. 미 국가기록관 기록물관리소 제공)

❸ 1945년 디데이 직전 촬영한 사진으로 최고급 장군들이 앉아 있다. 왼쪽 아래부터 (윌리엄 후드) 심슨, 패튼, (칼 A. Tooey 스파츠), 아이크 자신, 브래들리, (커트니 H.) 호지스, (레너드 T) 게로우. 서 있는 이는 (랄프) 스티얼리, (호이트) 반덴버그, (월터 베델) 스미스, (오토 P.) 웨이랜드, 그리고 (리차드 E.) 뉴전트이다.(미 국가기록관 기록물 관리소 제공)

❹ 1945년 5월, 미합중국 패튼 장군(켄터키 포트 녹스 소재 패튼 기병 및 기갑 박물관 제공)

Chapter 7

아프리카 패배를
아프리카 승리로

From African Defeat to African Victory

패튼은 7월 30일 워싱턴에 도착하자마자 바로 북아프리카 침공이 제안된 햇불 작전Operation Torch에 대해 브리핑을 받았다. 그는 소수의 참모장교들을 모아 컨스티튜션 애비뉴Constitution Avenue에 있는 물류국 빌딩Munitions Building의 사무실에 자리를 잡았고, 그곳에서 며칠 동안 지도, 예비계획, 기후 및 지형, 기타 상황 보고서를 열심히 살펴보았다. 그 뒤 8월 5일 드와이트 D. 아이젠하워가 있는 런던 사령부로 날아갔다. 마셜 장군은 패튼도 포함된 366명의 고급 장교들 가운데 유럽 전역 작전European Theater of Operations 지휘관과 햇불 작전 연합군사령관을 아이젠하워에게 맡겼다.

아이크는 당시 상황에서 그가 바라던 전투에 대한 자신감과 에너지, 열정이 가득한 패튼을 보고 감격했다. 그는 모로코Morocco의 대서양 연안과 알제리Algeria의 지중해 연안에 걸쳐 펼쳐질 매우 복잡한 수륙양용 작전의 수많은 세부사항에 파묻혀만 있었지, 횃불 작전에 대한 믿음은 부족했다. 일본이 진주만 기습을 하자 미국은 제2차 세계대전에 참전했다.

미국인들은 무엇보다도 그 "기습공격"에 대한 복수를 원했지만, 루스벨트 대통령과 고위 군사 기획자들은 첫 번째 과제로 유럽에서 히틀러와 무솔리니Mussolini를 상대해야 한다는 윈스턴 처칠의 의견에 동의했다. 그러나 이 일을 어떻게 처리해야 할지는 군 지휘관들과 정치 지도자들의 의견이 달랐다. 제복을 입은 대부분의 동료와 마찬가지로 마셜 장군과 아이젠하워는 영국해협을 건너 프랑스를 침공하기 위해 영국에 있는 미군과 영국군을 급속히 증강하기를 원했다.

대륙에서의 조급한 작전으로 됭케르크Dunkirk와 디에프Dieppe에서 참패하고 겨우 회복한 처칠 수상은 연합군이 해협을 건너 침공할 준비가 되어 있지 않았으며, 실행 가능한 유일한 대안은 이른바 "침공 가능 지구soft underbelly"라고 부르는 곳을 통해 유럽으로 침공을 시작하는 것이라고 주장했다. 그는 북아프리카에서 독일군과 이탈리아군을 패배시킨 다음에 시칠리아Sicily와 이탈리아 본토 및 지중해 유럽의 다른 지역에 상륙하려는 생각이었다. 처칠은 이 전략이 동부전선에서 독일군을 철수시키고 스탈린의 붉은 군대에 작으나마 일시적인 안도를 줄 것이라고 주장했다. 그 사이 나중에 있을 해협 횡단 침공 준비를 계속할 수 있었다.

마셜과 아이젠하워 모두 이런 간접 접근방식이 귀중한 시간과 자원을 희생시킬 뿐이라며 반대했다. 그러나 루스벨트 대통령은 해협 횡단 침공을 강력하게 추진하기 위해서는 시간이 걸릴 것이라고 믿었고, 가능한 한 빨리 미군을 전투에 참전시키고 싶어 했다. 훌륭한 군인인 마셜과 아이젠하워는 명령에 따랐고, 횃불 작전을 준비했다.

패튼은 아이젠하워와 밤새 대화를 나눈 뒤 자신의 일기에 우리는 "둘 다 작전이 나쁘고 대부분 정치적이라고 느꼈다. 하지만 우리는 그 작전을 실행하라는 명령을 받았고, 그 작전 시도의 결과 성공하거나 죽을 작정이다"라고 썼다. 한편, 횃불 작전에 대해 아이젠하워는 거의 성공이 불가능하다고 믿었던 반면, 패튼은 자신의 개인적 운명 감각에서 생겨난 운명론으로 이를 극복했다. 최악의 경우 횃불 작전은 "성공 불가능한 쇼가 되겠지만… 약간의 운이 따른다면 큰 가치를 얻을 수도 있고… 그리고 그것은 쉬운 일이 될 수도 있다."[*]

사실 패튼이 그 계획에 대해 불쾌감을 느꼈는지는 확실치 않다. 그는 모든 면에서 공격적이었지만 단순한 정면 공격을 선호하지는 않았다. 이런 단순한 정면 공격을 냉전시대 공군 전투기 조종사이자 군사 이론가인 독불장군 존 보이드John Boyd가 육군의 관습적인 "hi-diddle-diddle-right-up-the-middle" 사고방식이라고 조롱한 일은 유명하다. 대신에 패튼은 자주 "적의 코를 잡고… 엉덩이를 걷어차라"고 말하곤 했다.

일부 병력을 적의 측면으로 이동시키는 동안 나머지 병력으로 화력을 통해 정면의 적을 사로잡으라는 패튼의 이야기는 전략적 철학보다 전술적 조언으로 생각되지만, 아이젠하워와 마셜이 보지 못한 횃불 작전의 가치를 패튼은 보았던 것 같다. 처칠이 제안한 것처럼 대 전략적 의미에서는 약점으로의 접근이 적의 코를 잡을 수 있고, 그 결과 훗날 영국해협을 가로질러 서쪽으로부터 공격할 때 성공의 가능성을 좀 더 높여줄 수도

---

[*] Patton, diary, August 9, 1945, in Martin Blumenson, ed., *The Patton Papers 1940-1945*, reprint ed. (New York: Da Capo, 1996), 82.

있었다.[*]

어쨌든 패튼은 영국해협을 가로지르지 못하고 북아프리카에 있었지만 어떤 전투라도 하게 되어 행복했다.

그럼에도 불구하고 패튼의 초기 행복은 그 계획 때문이 아니라 작전을 수행하며 책임지려는 성격 때문에 빠르게 사라졌다. 그는 아이젠하워가 패튼보다 8년이나 경험이 적은 마크 클라크Mark Clark 소장을 작전부사령관으로 선택한 것에 실망하고 시기했다. 패튼은 클라크가 자기 방식대로 하고 "너무 거슬릴까 봐" 우려했다. 또한 아이젠하워를 의심하기 시작했다. "아이크는 내가 생각한 것처럼 정신적으로 단호하지 않다. 그는 주변에 잘 흔들리고, 현실주의자가 아니다." 게다가 그는 미군 장교들이 영국군 장교들에게 과도하게 존중을 표현하는 것을 보고 심란했다. 8월 11일 일기에 "여기 있는 대부분의 미군 장교들은 친영pro-British이다. 심지어 아이크까지도……. 나는 아니다. 다시 한번 얘기하지만 나는 친영이 아니다"라고 기록했다.[**]

그러나 패튼은 일기장 밖에서는 불평하지 않았고, 아이젠하워나 클라크와 함께 협력하며 열심히 작전을 계획했다. 그들이 더 깊이 들어갈수록 프로젝트는 더 의심스러워 보였다. 아이젠하워와 클라크 둘 다 성공 확률이 너무 높게 계산되었다고 우려했다. 그리고 패튼은 실제 확률이 "52대 48"이라고 계산하면서 이 문제를 수치화하기까지 했다. 하지만 다

---

[*]   Robert Coram, Boyd: The Fighter Pilot Who Changed the Art of War (Boston: Little, Brown, 2002), 424; George S. Patton Jr., War as I Knew It, reprint ed. (Boston: Houghton Mifflin, 1995), 348.

[**] Patton, diary, August 11, 1942, and other comments, in Blumenson, ed., The Patton Papers 1940-1945, 82-83.

른 사람들과는 달리 패튼은 작전이 진행되길 바랐다. "내가 느끼기에는" 그가 일기에 썼다. "우리는 싸워야 한다. … 나는 모든 팀이 세상에 하나 밖에 없는 진정한 도박꾼이라 느낀다." 언제나 패튼의 최고 규범은 행동 이었다. 그것이 불완전한 것일지라도 말이다. "우리는 지금 무언가를 해 야 한다."*

런던에서 3주간의 회의하며 계획 수립을 마친 뒤 패튼은 워싱턴으로 돌아왔다. 그곳에서 해군과 함께 상륙에 대한 세부사항을 논의하였다. 해 군장교들의 비관론은 패튼을 매우 짜증 나게 만들었고, 그는 종종 좌절감 에 빠졌다. 그럼에도 불구하고 9월 24일까지 패튼은 계획의 일부를 완성 했고, 일기에 "매우 평온하고 만족스럽다"고 털어놓았다. 비록 그 작전이 "아주 필사적인 모험"이 될 수 있지만 "나는 우리가 이길 것 같다"라고도 썼다.**

횃불 작전은 주요 상륙지 3곳을 공략하는 것이었다. 영국에서 출항하 는 동부 및 중부 기동군은 각각 알제리와 오랑Oran에 상륙하며, 패튼이 지 휘하는 서부 기동군은 미국에서 출발하여 카사블랑카Casablanca 인근에 상 륙하기로 했다. 패튼은 서부 기동군을 3개 기동단으로 세분화했다. 믿음 직한 친구인 루시안 트루스콧은 메디아Mehdia 근처에 상륙하여 포르리오 테Port Lyautey를 점령하도록 했다. 조나단 W. 앤더슨Jonathan W. Anderson과 어 니스트 N. 하몬Ernest N. Harmon이 지휘하는 다른 2개 기동단은 페달라Fédala와 사피Safi에 상륙한 뒤, 그들이 확보해야 할 카사블랑카로 집결하게 했다.

---

* Patton, letter to Beatrice, August 11, 1942, in Blumenson, ed., *The Patton Papers 1940-1945*, 83.

** Patton, diary, September 24, 1942, in Blumenson, ed., *The Patton Papers 1940-1945*, 86.

10월 20일에 패튼은 일련의 감상적인 작별 편지를 썼고, 침공이 시작된 뒤에 발송하도록 지시했다. 그는 어린 시절 그의 간호사이자 현재 여동생 니타와 같이 사는 메리 스컬리Mary Scally에게 편지를 썼다. "니타가 이 편지를 준다면 전 이미 죽었을 겁니다. 만약 그렇다면 좋은 아일랜드인이라고 기억해주세요." 포트 셰리단에서 첫 번째 중대장의 미망인인 프랜시스 C. 마셜Francis C. Marshall 부인에게 보낸 편지에는 자신의 신념을 표현했다. "제가 어떤 성공을 거두었든지, 그건 장군과 사모님께 큰 영향을 받은 덕택입니다." 퍼싱의 제1차 세계대전 때의 참모였던 앙드레 W. 브루스터André W. Brewster에게는 "제2차 세계대전을 시작하기 전 저는 제1차 세계대전에서 저에게 많은 것을 해준 분께 작별 인사를 고합니다"라고 썼다. 처남 프레드릭 에이어에게는 감사와 존경을 표했다. 그는 자신의 임무를 "세계 역사상 어떤 힘에 의해 수행된 필사적인 모험"이라고 설명했고, 베아트리체에게 보낼 편지를 동봉하면서 그녀에게는 "내가 확실히 죽었다는 소식이 들리면" 전해달라고 했다. 그는 그녀에게 "모든 것이 매우 우울하게 들리지만, 그렇게 나쁘지만은 않소. 나는 평생 필사적인 전투에서 많은 사람을 이끌고 싶었고, 나는 이제 그렇게 하게 되었소"라고 적었다.[*]

10월 24일 오전 8시 10분, 패튼은 선박 100척에 병력 2만 4,000명을 태우고 버지니아 노픽에서 출항했다. 그는 운동과 일기 쓰기, 그리고 코란을 읽으면서 기나긴 항해의 시간을 보냈고, 코란에서 "좋음"과 "흥미로움"을 발견했다. 이슬람 세계에서 하는 전투를 대비하는 가장 빠른 방법

---

[*] Patton, letters to Mrs. Francis C. Marshall, André W. Brewster, James G. Harbord, and Frederick Ayer, quoted in Blumenson, ed., *The Patton Papers 1940-1945*, 91-92.

은 바로 그 영혼의 무언가를 발견하는 것이었다. 또한 패튼은 "모든 병력에 전쟁에 관한 간단한 지시를 내리는 데" 시간을 보냈다. "압박 전략을 사용하라. 즉, 작전의 과정과 방향을 여러분 마음속에 정하고, 그것을 고수하라. 하지만 전술적으로는 밀어붙이지 마라. 약점을 공격하라. 그들의 코를 잡고 엉덩이를 걷어차라."[*]

상륙하기 전까지 북아프리카 해안의 날씨는 아주 나빴지만, 11월 8일 아침 기적적으로 맑아졌다. 패튼은 이것을 천우신조의 징조로 받아들였고, 이 전투와 싸워서 자신의 운명을 완수할 수 있게 허락되었다는 징표로 받아들였다. 상륙작전은 비시 프랑스Vichy Frence 군대의 저항을 받았지만 재빨리 교두보가 확보되었다. 알제리는 첫날 미군에 함락되었고, 그곳의 전투는 끝났다. 대부분이 영국군인 새로운 연합군 부대는 알제리의 제1제파를 후속하여 비제르테Bizerte와 튀니지Tunisia로 진격했다. 지브롤터 락Gibraltar rock 안의 자기 본부에 있던 아이젠하워는 마크 클라크를 파견하여 비시 제독 장 다를랑Jean Darlan과 폭넓게 북아프리카 휴전 협상을 벌였다. 그 사이 오랑에서의 전투는 치열했고, 이틀 동안 계속되었다. 모로코에 있는 패튼의 구역에서는 프랑스군의 강력한 저항에도 불구하고 상륙작전이 활발하게 진행되었다. 어니스트 하몬의 기동단은 마라케시Marrakech에서 수비대를 꼼짝하지 못하게 했고, 그 사이 트로스콧의 기동단은 중요한 포르리오테 비행장을 점령했다. 주요 상륙은 페달라에서 실시되었고, 오전 8시 앤더슨의 연합군에 함락되었다. 그때 패튼은 오거스타Augusta에서 하선하기로 되어 있었다. 개인 장비가 이미 상륙주정에 실

---

[*] Patton, *War as I Knew It*, 7-8.

려 있는 상황에서 이제 막 거기 탑승하려던 패튼은 잠시 멈춰 서더니, 당번병 조지 믹스 George Meeks 병장에게 자신의 트레이드마크인 상아 손잡이가 달린 리볼버를 챙겨오라고 지시했다. 믹스는 그렇게 했고, 패튼이 손잡이 끈을 묶는 순간 프랑스 순양함 7척이 상륙주정에 포격을 가했다. 오거스타도 대응 포격을 하였다. 거대한 순양함의 후방 포탑에서 발사된 포격으로 상륙주정은 산산조각이 났다. 패튼은 자신이 가장 좋아하는 리볼버를 챙기고 끈을 묶기 위해 잠시 멈춘 덕분에 목숨을 구했다.

패튼은 천우신조의 멋진 행운을 가졌다고 믿는 자신에게 그런 징후가 나타나 매우 만족스러웠지만, 정오가 지나서야 배를 떠날 수 있다는 사실에 실망했다. 1시 30분경이 되어서야 해변에 도착하였고, 병사들이 참호를 파는 광경에 매우 언짢아졌다. 패튼은 항상 참호를 파는 것은 무덤을 파는 것이라고 말했다. 목적은 참호를 파는 것이 아니라 진격하는 것이었다. 그는 바로 욕설과 발길질, 그리고 격려를 통해 자신의 부대에 동기를 부여하였다. 그들은 참호를 파는 것을 즉각 중지하고, 교두보를 확보하고 내륙으로 진격하는 임무를 시작했다.

전투부대는 활약하고 있었지만, 물자와 장비 하역은 부진했다. 다음 날 아침 일찍 패튼은 다시 개인적인 임무를 처리했고, 병참 문제는 사라졌다. 이 문제를 해결하기 위해 패튼은 오거스타로 돌아와 휴이트 Hewitt 제독에게 수송선을 해안 가까이 접근시키도록 설득하였고, 하역 및 병력 증원이 좀 더 빨리 처리되었다. 패튼은 입대한 보병에게 명령하거나 고급 제독을 회유할 때 개인적인 대면 설득의 힘을 믿었다.

그는 오거스타에서 전투 현장으로 돌아왔고, 자신의 참모를 보내 페달라에 사령부를 설치하였다. 그러고는 전투부대와 함께 카사블랑카로 진격하였다. 미군이 접근하자, 그 도시의 프랑스군은 패튼의 생일인 11월 11일에 항복하였다. 그는 페달라 미라마 호텔Hotel Miramar에 설치한 사령부에서 프랑스군 장교들을 만났고, 부사령관인 제프리 키예스Geoffrey Keyes에게 의장대와 함께 대표단을 맞으라고 명령했다. 프랑스 군인들은 예식에 따라 호텔 흡연실로 안내되었고, 그곳에서 패튼은 프랑스군의 용맹으로 프랑스군 장교들을 칭찬했다. 그는 군인들 사이에서 자존심과 명예의 중요성을 잘 이해하고 있었고, 또한 비시 프랑스가 추축국에 헌신적으로 충성을 다하지 않는다는 것도 알고 있었다. 그가 지금 상대하고 있는 적군 장교들은 잠재적인 연합군이었다.

하지만 그의 임무는 의식 이상이었다. 그는 워싱턴에서 준비되고 승인된 두 가지 버전의 휴전협정안을 가지고 있었다. 하나는 프랑스군의 형식적인 저항을 가정하고 관대한 형식적 조건을 제시하는 것이었다. 다른 하나는 치열하고 완강한 저항을 가정하고 모든 프랑스군의 해산과 무장 해제를 요구하는 것이었다. 해변에서 실제 일어난 일은 형식적인 저항과 완강한 저항의 중간쯤이었다.

게다가 오귀스트 노게스Auguste Noguès 장군은 프랑스군을 해산하게 되면 아랍인, 유대인, 베르베르인 사이에 폭력적인 불안, 어쩌면 시민반란 사태까지 가져올 것이라고 말했다. 패튼은 공식적인 지시를 넘어서는 권한이 필요했고 공식 휴전협정을 미루었다. 대신 프랑스군이 추축군과의 싸움에서 미군을 방해하지 않겠다고 맹세했으며 전쟁포로를 즉시 교환했다. 프랑스군은 무력을 유지하되 당분간은 막사에 머물러 있는 상태로 아이젠하워 장군의 마지막 승인을 기다린다는 내용의 신사협정을 제안했다.

이 합의로 패튼은 참석한 모든 사람에게 샴페인을 권하며 "형제끼리의 살육을 멈춰서 기쁘다"면서 "프랑스와 미국의 오래된 우정의 재개를 위한" 건배를 제안했다.[*]

패튼의 모로코 침공은 승리였고, 그를 국민적 영웅의 위치로 올렸다. 그러나 육군에서 바로 중장으로 진급하는 보상을 받은 것은 마크 클라크였다. 패튼은 대담하고 잘생기고 상당히 젊은 그 남자를 매우 시기했다. 그는 클라크에게 "당신의 진급을 진심으로 축하하며, 또한 작전과 관련하여 당신이 해온 훌륭한 일에 대해…"라고 축하 메시지를 보내면서 자신의 쓰라린 마음을 억눌렀다.[**]

비참함을 더한 것은 모로코 점령 후 패튼이 계속 그곳에서 제외되어 있다는 사실이었다. 당시 튀니지에서 진행되던 전투에 참여하기를 갈망했지만, 대신 카사블랑카를 주요 미군 군사기지로 전환하는 업무를 감독했고, 도착하는 부대들을 강화 및 훈련시키면서, 술탄sultan, 프랑스 장군 노게스, 프랑스 제독 다를랑에 의해 임시로 운영되던 정부의 군사행정관으로 근무하는 일에 매달렸다. 그는 프랑스군 장교들이 프랑스군 부대를 감독하며 도로와 다리를 지키고 대공 시설을 관리하며, 일반적으로 스페인령 모로코의 침략을 막는 역할을 한다고 신뢰했다. 모로코의 안정은 미군이 추축국과 싸우는 데 모든 관심을 자유롭게 쏟을 수 있다는 것을 의미했다.

11월 30일 알제리로 날아가라는 클라크의 전화 요청을 받자, 패튼은

[*] Martin Blumenson, *Patton: The Man Behind the Legend, 1885-1945* (New York: Quill/William Morrow, 1985), 172.

[**] Blumenson, *Patton*, 174.

희망을 품었다. 하지만 아이젠하워와 클라크가 저녁 식사를 한 뒤, 지브롤터를 거쳐 워싱턴으로부터 아이크의 전화가 왔다. 아이젠하워는 전화를 끊고 클라크를 돌아다보았다. "음. 웨인, 자네가 제5군을 맡게 되었네." 패튼은 12월 2일 베아트리체에게 편지를 썼다. "때로는 깨끗한 죽음이, 가장 쉬운 해결책이라고 생각되오."[*]

　　패튼은 조바심이 났고, 분해서 부글부글 끓었다. 그는 일기에 "클라크는 병력이나 전쟁에 대해 아는 것이 없는 부티나는 소년"이라고 썼고, 제1차 세계대전에서 항상 미국의 이익을 최우선으로 삼았던 퍼싱 장군과 대조적으로 아이젠하워는 항상 영국에게 굴복했기 때문에 더는 진정한 "명령"이 아니라고 불평했다. 1943년 1월 프랭클린 루스벨트, 처칠, 그리고 각각의 군사 고문들 사이에 열린 카사블랑카 회의에서 패튼이 주관자가 되자 아이젠하워와 퍼싱의 비교는 더욱 심해졌다. 패튼의 분위기는 어두웠지만, 그는 우아하고 재밌으며 인상적이고 효율적인 주관자였고, 아주 날카로운 그의 부대는 모든 사람에게 큰 인상을 주었다. 하지만 패튼은 칭찬을 받을 때마다 똑같은 반응을 보였다. 차라리 싸우는 게 낫겠다고. 그 뒤 그는 카사블랑카 회의에서 다음 공격은 튀니지에서 미 제2군을 영국군의 지휘 아래에 두고 영국이 통제하기로 결정되었다는 소식을 들었다. "J. J. 퍼싱을 생각나게 하는" 그는 혐오스럽게 썼다. "우리는 우리의 타고난 권리를 팔아버렸다."[**]

　　카사블랑카 회의의 한 결과가 패튼을 흥분시켰다. 처칠과 루스벨트는

---

[*]　Patton, diary, November 30, 1942, and letter to Beatrice, December 2, 1942, in Blumenson, ed., *The Patton Papers 1940-1945*, 130-131.

[**]　Blumenson, *Patton*, 176 and 180.

튀니지 정복 후 시칠리아를 침공하기로 확실히 동의했다. 이는 북아프리카 이후 해협 횡단 침공으로 바로 전환하기를 바랐던 마셜과 아이젠하워에게는 타격이었지만, 패튼은 흥분했다. 이 침공은 패튼을 틀림없이 전투에 다시 참여시킬 수 있을 뿐 아니라 그의 역사적 감각의 관심을 끌었다. 북아프리카에서 시칠리아 정복으로 뛰어드는 것은 고대 세계의 위대한 장군인 한니발Hannibal 스키피오 아프리카누스Scipio Africanus, 그리고 벨리사리우스Belisarius의 발자취를 따르는 것이었다. 물론 당분간은 FDR과 처칠, 패튼의 뇌리까지 스치고 지나간 것은 물론 튀니지를 먼저 정복해야 한다는 사실이었다. 이 과정에서 미 육군은 매우 힘겹고 쓰라린 교훈은 얻게 된다.

비시 프랑스를 상대로 승리를 거두는 것과 독일군 에르빈 롬멜 원수를 상대로 승리하는 것은 다른 일이었다. 1943년 2월 14일 올랜도 워드Orlando Ward가 지휘하는 미 제1기갑사단은 자유 프랑스Free French군과 함께 서부 도살레Western Dorsale에서 50마일 떨어진 튀니지-알제리 국경 근처 산악지대에서 크게 패하고 후퇴했다. 패튼처럼 가차 없는 공격을 신봉한 롬멜은 연합군을 튀니지에서 완전히 몰아낼 기회로 보고, 스비바Sbiba와 카세린 패스에서 다음 공격을 진행했다. 이는 우리에게 카세린 패스 전투라고 알려져 있다. 롬멜은 거의 돌파할 뻔했지만, 만성적인 병참 문제에 시달리고 있었고, 거친 지형에서 적절하게 기동을 할 수가 없었다. 결국 연합군의 병력 증강에 위협을 받아 2월 22일 공격을 중단하고 마레스 선Mareth Line으로 알려진 어마어마한 보루로 철수할 수밖에 없었다.

그러나 롬멜은 연합군에 많은 피해를 입히는 데는 성공했다. 미 제2군단을 지휘하는 로이드 프레덴달Lloyd Fredendall은 비참하게 패하였고, 병력

3,000명 이상이 전사하거나 부상당했으며, 포로로 3,700명이 잡혔다. 전차 200대를 포함한 장비 손실도 컸다. 모든 것이 나빴지만 훨씬 더 나쁜 것은 미군의 사기에 미친 영향이다. 독일군과의 첫 전투에서 미 육군은 단순히 패배한 것이 아니라 굴욕을 당했다. 미국 국내 전선에는 공포의 전율이 쏟아졌다. 영국에게는 경각심과 혐오감이 고조되었다. 영국 병사들과 장교들은 모두 미 연합군을 "우리 이탈리아인"이라고 교활하게 부르기 시작했다. 이 말은 독일군이 서투른 군 복무로 악명 높은 무솔리니 군대를 부르는 말이었다.

전투에서 제외된 패튼은 카사블랑카에 주저앉아 있었다. 그의 군대인 미 육군의 자존심에 대한 그런 타격은 그에게도 고통이었다. 큰딸 비아Bea의 남편인 사위 존 워터스John Waters가 포로로 잡혔다는 말에 고통은 더해졌다. 패튼은 방치되어 쓸모없어졌다고 느꼈다.

그러던 3월 4일, 아이젠하워로부터 추가적인 야전 임무를 위해 다음 날 떠나라는 전화를 받았다. 그는 알제리로 날아갔고, 아이크가 비행장에서 기다리고 있었다. 아이크는 프레덴달을 대신하여 패튼에게 제2군단의 임시 지휘권을 주었다. 그의 임무는 아이젠하워가 3월 6일의 공식 문서에 기록한 것처럼 패배한 군단을 승리한 군대로 바꾸거나 "당신의 지휘하에 있는 모든 미군 부대를 재건"하는 효과를 내는 것이었다. 아이젠하워는 문서에서 패튼에게 "어려운 일을 맡겼고, 그가 할 수 있고 그의 성공이 광범위한 영향을 미치리라는 것을 알고 있다"고 분명히 밝혔다. 그는 또한 패튼에게 "개인적인 무모함에 대해" 상기시켰다. "당신의 개인적 용기는 내게 증명할 필요가 없소. 그리고 당신이 부상당하지 않는 군단장이길 바라오."[*]

영국군 장군 해롤드 알렉산더 경Sir Harold Alexander이 패튼에게 제2군단의 역할을 브리핑했다. 그는 제2군단의 역할이 버나드 로 몽고메리 장군의 영국군을 지원하는 것이라고 말했다. 패튼은 지원 역할을 좋아하지 않았다. 그리고 직접 자신이 억제되고 있을 뿐 아니라, 카세린 패스 실패 이후 미군이 스스로 만회할 수 있는 충분한 작전 범위가 허용되지 않는 것에 괴로워했다. 그러나 패튼은 자신의 입술을 깨물고, 알렉산더가 지휘한다는 것을 받아들였다.

패튼은 3월 6일 공식적으로 프렌덴달을 대신하였다. 그리고 자신에게 남겨진 허술하고 사기가 떨어진 군인답지 않은 병력에 대해 심사숙고했다. 병사가 곧 군대이다. 계획, 장비, 지휘관, 모든 것이 필요하지만, 강인하고 훈련된 병사가 없으면 군대가 있을 수 없고 군대가 없으면 승리가 있을 수 없다. 그에게 주어진 명령은 10일 안에 제2군단을 작전에 투입하라는 것이었다. 크게 패배한 무리를, 이기고자 결심한 군대 전사로 완벽하게 바꿀 수 있는 시간은 일주일이 채 안 되었다.

이때 그가 한 일은 미 육군의 전설이 되었다. 평소처럼 그는 모터사이클의 에스코트와 함께 사이렌이 장착된 정찰 차량을 타고 이곳저곳을 달렸다. 그는 제2군단 병력과 장교에게 군인다운 모습과 행동을 요구했다. 그는 모든 군인에게 넥타이와 각반, 그리고 헬멧을 완벽하게 갖추고 다름질한 깨끗한 군복을 입으라고 명령했다. 그는 아무리 일상적이라고 해도

---

[*] Eisenhower, Secret Memorandum to Patton, in Alfred D, Chandler, Jr., ed., *The Paper of Dwight David Eisenhower: The War Years* (Baltimore: Johns Hopkins University Press, 1970, Ⅱ:1010-11.

모든 활동에 철저한 시간계획과 요구사항을 따르게 했다. 그는 경례를 포함한 모든 군대예절을 엄격하게 준수하라고 강조했다. (육군에서는 누구나 칼 같은 경계를 보고 "패튼 부하"임을 즉시 알아볼 수 있었다고 한다.) 그는 자신의 부대에 있는 모든 무기를 세밀하게 점검하도록 했다. 그는 경미한 위반일지라도 벌금을 엄격하게 부과하게 했다. 부하들은 투덜거렸지만 곧 자신을 군인, 즉 패튼의 부하로 보기 시작했다. 그는 세부적인 부대 규율을 확인하면서도 사적인 대화를 나누었고, 치열하고 공격적인 행동을 하라고 촉구했다. 그는 그들이 조국을 위해 죽기를 바라지 않는다며 조국을 위해 죽이길 원한다고 말했다.

그는 제2군단에 최고를 요구했지만, 동시에 미 육군에서 가장 좋은 장비를 갖추고 가장 잘 먹이기 위해 온갖 노력을 다했다. 그는 부하들에게 높은 수준을 요구했지만, 동시에 끊임없이 그들이 가치가 있고 성공할 것이며 이길 것이라고 장담했다. 많은 사람이 그를 싫어했지만 아무도 그를 무시하지 않았고, 심지어 불평하는 사람들까지도 모두 그가 하는 말에 흥분했다.

그사이 오랜 동지인 오마 브래들리를 상대해야 했다. 아이크는 패튼에게 완전한 신뢰를 표시했지만 브래들리를 자신의 개인적인 "대리자"로 삼아 패튼에게 보냈다. 패튼은 이 의미를 스파이라고 받아들였지만, 아이젠하워의 승인을 얻어 브래들리를 부사령관으로 임명했다. 일단 제2군단의 변혁이 완료되자 패튼은 계속해서 허스키 작전Operation Husky이라 불리는 시칠리아 침공을 계획하게 되었고, 브래들리가 군단 지휘를 맡게 되었다.

패튼은 3월 12일 중장으로 진급했다. 3월 17일 테리 앨런Terry Allen이 지휘하는 제2군단 예하 사단은 알렉산더가 설정한 첫 번째 목표인 가프사 Gafsa 마을을 점령한 다음, 두 번째 목표인 가베스Gabès를 향해 진격했다. 모든 면에서 멋진 승리를 거두는 엘 게타 전투Battle of El Guettar의 과정이었다. 여기서 앨런의 사단은 독일군과 이탈리아군 기갑부대의 진격을 한 번도 아닌 두 번이나 막아내었다. 사기가 꺾인 카세린 패스의 혼돈과는 대조적으로 미군은 용감하고 효율적으로 전투를 했고, 추축군 전차 30대를 파괴하고 전장에서 몰아냈다. 승리가 널리 알려졌고, 국내 전선에서 카세린의 치욕을 사라지게 했다.

알렉산더가 정한 세 번째 목표인 막나시 패스Maknassy Pass에서 진행된 올랜도 워드의 작전이었는데 그다지 인상적이지 못했다. 진흙탕에 빠진 워드는 어찌할 바를 몰랐다. 지휘관이 진흙이나 다른 자연환경에 의해 패배하게 해서는 안 된다고 믿었던 패튼은 결국 워드를 교체했다.

제1차 세계대전 당시 프랑스에서 그가 지휘한 것과 달리, 패튼은 전쟁터 모든 곳에 있을 수 없었다. 엘 게타와 막나시 패스는 너무 멀리 떨어져 있었고, 비록 그가 자주 전선을 확인했지만 패튼은 자신의 사령부와 넓게 퍼진 사단 사이에서 많은 시간을 소비해야 했다. 이것은 또 다른 좌절이었다.

마침내 몽고메리가 독일군 전차를 마레스 선 밖으로 몰아내자, 알렉산더는 패튼에게 견고한 막나시 패스를 벗어나 마레스에서 퇴각하는 독일군을 재차 공격하기 위해 가베스로 향하는 도로를 따라 공격하라고 명령했다. 패튼은 거들먹거리는 듯한 어조의 알렉산더의 명령에 분개했다. 이 명령은 너무나도 상세해서 패튼의 재량을 남겨두지 않았다. 미군은 엘 게타에서 스스로를 증명하지 않았던가? 그런데도 패튼은 임무를 받았고,

또 한 번 빛나는 승리를 함께 거두기를 바랐다. 사실 C. C. 벤슨^{C. C. Benson}의 공격은 별 진전이 없었다. 이것을 패튼은 부분적으로 알렉산더의 영국군 공군장교가 직접 지휘하고 있던 연합군 공군이 긴밀한 공중 지원을 하지 못해서라고 생각했다. 4월 1일 집안 친구의 아들이며 패튼이 아주 좋아한 젊은이였던 패튼의 부관 딕 젠슨 Dick Jenson 대위가 사령부에 대한 공습으로 전사하자, 패튼은 "전체적인 공중 엄호의 부족은… 독일 공군이 마음대로 작전을 할 수 있게 해주고 있다"고 불평했다. 아서 커닝험 Arthur Coningham 공군 소장은 지상에서의 실패를 변명하기 위해 공군을 이용하고 있는 것이라며 화를 내고 모욕적이라고 반응했다. 패튼은 이 비방에 대해 공개적인 사과를 요구했다. 연합군의 추악한 균열을 막기 위해 공군장성 셋이 패튼의 사령부에 파견되었고, 그에게 공중 지원이 곧 있을 것이라고 확인시켜주었다. 그들이 이야기를 나눌 때 사령부는 다시 공습을 받았고, 천장 일부가 패튼과 공군장교들 주위로 무너졌다. 다행히 아무도 다치지 않고 빠져나왔지만, 패튼은 자신의 사례를 좀 더 설득력 있게 만들어줄 만한 말을 얻게 되었다.

"도대체 어떻게 저렇게 될 수가 있습니까?" 누군가가 물었다.

"내가 알면 저주를 퍼부을 겁니다." 패튼이 대답했다. "하지만 저 비행기를 조종한 개자식을 찾을 수만 있다면 그 자식에게 훈장을 보낼 겁니다."*

이 일로 인해 커닝험은 자신의 발언을 취소하고, 문제를 끝내는 전보를 보내기로 합의했다. 패튼은 다시 가베스 평원의 전투로 돌아갔다. 벤

---

* The incident is narrated in Blumenson, *Patton*, 185.

슨이 여전히 그곳에서 전진하지 못하고 있었기 때문에 패튼은 그의 사령부로 찾아갔다. 그는 벤슨에게 전투를 하든지 아니면 바다에 빠질 때까지 부대를 움직이게 하라고 말했다. 그런 뒤 둘은 선봉에 있는 부대로 차를 몰고 갔다. 지뢰밭 가장자리에 멈춰 있는 전차들을 발견한 패튼은 지프와 정찰차를 앞질러 나아가, 벤슨의 전차들을 안전하게 통과시켰다. 이것은 극단적인 리더십의 사례였고, 아이젠하워가 패튼에게 하지 말라고 경고한 일종의 무모한 용기를 정확하게 보여준 것이었다. 어쨌든 그 행동은 위험을 무릅쓸 만한 가치가 없었다. 벤슨의 전차들이 다시 굴러갈 무렵은 대부분의 추축군 부대들이 이미 이동한 뒤였고, 어떠한 교전도 회피하고 있었다.

비록 가베스에서의 작전에 실망했지만, 패튼은 엘 게타에서의 승리가 제2군단의 재건에 대한 충분한 증거라고 느꼈다. 알렉산더는 튀니지에서 최종 작전을 시도하려고 했다. 패튼은 알렉산더가 제2군단을 포함시킬 의도가 없다는 것을 알게 되었고, 알렉산더는 물론 아이젠하워에게도 항의했다. 그는 그 부대가 자존심과 명예를 회복했다며, 튀니지 전역의 정점에 맞는 역할을 제2군단에 주어야 한다고 주장했다. 패튼은 미 육군이 최종 작전에서 실제적인 대표가 될 것이라는 약속을 받아내고서야 브래들리에게 군단의 지휘권을 맡기고 카사블랑카에 있는 사령부로 돌아갔다.

허스키 작전을 다시 계획하면서 그는 마셜의 축하 전화를 받았다. "자네는 훌륭하게 임무를 해냈고, 우리의 신뢰가 옳음을 보여주었네." 그리고 아이젠하워로부터는 "나는 자네가 우리 모두에게 가져다준 뛰어난 리더십의 본보기에 나의 진심 어린 축하를 직접 보낸다네"라는 칭찬을 들었다. 항상 다른 사람의 인정과 칭찬을 갈망했던 패튼은 일기장에, 이제 그가 이 필요를 넘어섰음을 암시하는 글을 썼다. "경험을 쌓으면서 나는 오히려 다른 사람들보다 나를 생각하지 않는다. 소위 위대한 사람이라고 불리는 사람들도 놀라울 정도로 약하고 소심하다. 그들은 너무나 예의 바르다. 전쟁은 매우 단순하고 직접적이고, 그리고 무자비하다. 전쟁에는 단순하고 직접적이고 무자비한 사람이 필요하다." 그리고 패튼은 방금 쓴 그 글을 보며 다시 글을 남겼다. "때로는 위와 같은 글을 쓴 것에 대해 나 자신을 비웃어야 할지도 모르겠다." 그는 분명 종이에서 펜을 떼었다가 다시 덧붙여 썼다. "하지만 나는 그렇게 생각하지 않는다."*

---

* Eisenhower, letter, April 14, 1943, in Blumenson, ed., *The Patton Papers 1940-1945*, 220; Marshall quoted in Blumenson, Patton, 189; Patton, diary, April 15, 1943, in Blumenson, ed., *The Patton Papers 1940-1945*, 221.

Chapter 8

시칠리아 정복

Conqueror of Sicily

실제 작전지역과는 멀리 떨어진 워싱턴과 런던에서 작성된 시칠리아 침공 계획 허스키 작전은 너무나도 간단했다. 몽고메리가 지휘하는 영국 제8군(동부 기동군)이 시칠리아 동쪽 해안에 있는 카타니아Catania 인근에 상륙하고, 패튼이 지휘하는 제1기갑군단(서부 기동군)이 북쪽 해안인 팔레르모 인근에 상륙하기로 했다. 두 기동군이 이 주요 항구 도시들을 확보하면, 동부 및 북부 해안도로를 따라 기동하여 섬 북동쪽 끝에 있는 메시나에서 연결될 수 있고, 추가 부대들도 질서정연하게 증강시킬 수 있었다. 이렇게 되면 시칠리아섬을 정복할 수 있을 뿐 아니라 연합군은 이탈리아 본토를 침공할 수 있는 이상적인 위치에 있게 되는 것이다.

이 간략하지만 폭넓고 날카로운 타격 계획은 패튼에게 큰 흥미를 불러일으켰다. 하지만 몽고메리는 매우 다르게 보았다. 그는 허스키 작전이 공격군을 분열시켜 시칠리아 해안선 약 600마일에 걸쳐 퍼지게 만들고

"작은 부대penny-packet"로 쪼개지는 터무니없는 공격이 될 거라고 생각했으며, 튀지니 공격 초기의 운명처럼 될 것이라고 우려했다. 그 당시 클라우드 오킨렉Sir Claude Auchinleck 장군도 이와 비슷한 단편적인 방법으로 지휘를 했다. 몽고메리는 이 계획을 "개밥"이라고 선언했고, 그의 비판은 3개월 동안 영국인들 사이에서, 그리고 영국과 미국 사이에서 극심한 논쟁을 불러일으켰다. 다른 사람들이 자신을 전략가가 아닌 전사, 야전지휘관, 그리고 전술가로 여기고 있음을 확실히 알고 있던 패튼은 1943년 4월 29일 열린 3시간 동안의 실망스러운 회의에 참석도 하지 않았다. 패튼은 울화통이 치밀어 올랐고, 베아트리체에게 "교착상태에 빠졌소. 하나같이 엿 같은 회의였소. 위원회의 전쟁!"이라고 썼다.[*]

그러나 사흘 뒤 갑자기 모든 것이 해결되었다.

5월 2일 몽고메리는 알제리에 있는 연합군 본부로 들어가, 아이젠하워의 참모장인 월터 베델 스미스Walter Bedell Smith(일반적으로 Beetle 또는 Beadle이라고 부르는)를 찾았고, 월터가 화장실에 있다는 말을 들었다. 몽고메리는 화장실로 들어가 베델 스미스를 세면대 거울이 있는 구석으로 몰았다. 그는 거울에 입김을 불었고, 손가락으로 역삼각형의 시칠리아 윤곽을 그렸다. 그 후 자신이 이끄는 제8군이 메시나 양옆인 시칠리아 북동쪽 모퉁이 두 곳에 상륙하고, 그동안 패튼이 이끄는 제1기갑군단(상륙 후에는 미 육군 제7군으로 재명칭됨)은 오로지 제8군의 공격을 지원하기 위해 동쪽 해안을 따라 젤라Gela, 스코글리티Scoglitti, 리카타Licata 세 곳에 상륙하는 계획을 설명했다.

---

[*] Patton, letter to Beatrice, April 29, 1943, in Martin Blumenson, ed., *The Patton Papers 1940-1945*, reprint ed. (New York: Da Capo, 1996), 237.

알제리의 남자 화장실에서 몽고메리는 3개월 동안 회의실에서 실패했던 토론, 즉 시칠리아 침공에 대한 수용 가능한 계획을 세우는 데 성공했다. 패튼은 몽고메리의 그늘에 있어야 하는 것이 매우 싫었다. 그리고 일기장에 "미국이 속았다"라고 쓰고, 스스로에게는 "내가 해야 할 일은 나의 자의식을 유지하는 것이다. 나는 다른 사람보다 더 뛰어난 능력을 갖췄고 이는, 더 나은 단어가 없기에, 내 운명에 대한 믿음, 즉 흔들리지 않는 믿음에 기초한 영혼의 위대함에서 비롯된다"라고 상기시켰다. 패튼에게 있어서 그 운명은 "연합국이 아닌, 미국이 정복자로서 반드시 승리해야 한다"를 의미했다. 그는 아이젠하워에게 그랬던 것처럼 참모들에게까지 보기 드문 혐오감을 표현하면서 몽고메리가 허스키 작전을 좌지우지하는 것은 "여러분의 총사령관이 미군이기를 포기하고 연합군이 되었다는 뜻"이라고 불평하였다.[*]

패튼은 자기 휘하 모든 계급의 야전지휘관들에는 불만도 의심도 나타내지 않았다. 대신 6월 5일, 패튼에 관해 가장 잘 기억하고 있는 '전쟁-전투 원칙'과 관련한 명령서를 발표했다.

> 여기에는 단 하나의 규율, 즉 완벽한 규율이 있다…
> 규율은 전투의 흥분이나 죽음의 공포보다 더 강하게 몸에 배어
> 있어야 한다.
> 실수를 바로잡지 못하거나 우수함을 칭찬하지 않는 장교들은 평
> 시에는 가치가 없고 전시에는 위험한 부적응자이다.

---

[*] Patton, diary, May 3, 1943, quoted in Carlo D'Este, *Patton: A Genius for War* (New York: HarperCollins, 1995), 292-95.

장교는 반드시 모범적인 행동과 목소리로 자신을 내세워야 한다.

변하지 않는 전술적 원칙은 오직 하나뿐이다. 그것은 "최소한의 시간 안에 적에게 최대한의 부상, 죽음, 그리고 파괴를 줄 수 있는 수단을 사용하라"이다.

결코 〔적의〕 강함을 공격하지 마라. 〔오히려 적의 약점을 공격하라.〕

사상자는 적의 효과적인 사격에 노출되는 시간에 따라 바로 달라진다. 공격 속도는 노출시간을 단축시킨다.

만약 여러분이 적을 볼 수 없다면… 적이 있을 가능성이 가장 큰 곳에 사격하라.

전투에서 적을 겁먹게 해야 승리할 수 있다. 죽음과 부상으로 적에게 공포를 줄 수 있다. 죽음과 부상은 사격에 의해 생긴다. 후방에서 하는 사격은 전선에서 하는 사격보다 더 치명적이고 세 배나 더 효과적이다.

총검으로 죽는 군인은 거의 없다. 하지만 많은 군인이 총검에 겁을 먹는다. 총검을 장착하면 우리 부하들은 전쟁을 끝낼 수 있다.

오직 전쟁을 끝내겠다는 각오만이 적을 단호히 패배시킬 수 있다. 행동하는 지금의 좋은 해결책이 10분 뒤의 완벽한 해결책보다 낫다.

의심스러우면, 공격하라!*

패튼은 초기 상륙작전에서 자신이 지휘하게 될 병사 9만 명과 함께 알

---

* Patton, letter of instruction to subordinate officer, June 5, 1943, in Blumenson, ed., *The Patton Papers 1940-1945*, 262-63.

제리에서 배를 타고 오면서 메시지를 발표했다. "우리가 추축군에게 새롭고 거대한 공격을 할 수 있게… 선발된 것은 정말로 영광이다. … 우리는 상륙할 때 독일군과 이탈리아군을 만나게 될 것이다. 그들을 공격하고 파괴하는 것은 우리의 명예이자 특권이다." 그는 부하들에게 "계속 가격하라"고 요구하면서 "상륙작전에서는 우회가 불가능하다. 항복하는 것은 어리석을 뿐 아니라 비열한 짓이다. … 어떤 사람도 자신이 패배했다고 생각하기 전까지는 패배하지 않는다. … 미 기갑의 영광과, 우리 조국의 명예와, 전 세계의 미래가 여러분 개개인의 손에 달려 있다. 여러분은 이런 위대한 신뢰를 받을 자격이 있음을 명심해라"라고 강력하게 말했다.[*] 물론 패튼의 이 메시지에는 "속았다"라고 느낀 어떠한 기미도 없었다. 먼저 그 말은 병사들에게 전장으로 나가라는 장군의 말이라기보다는 다른 한편으로 생각해볼 수 있었다. 패튼은 몽고메리의 공격을 어떻게 지원할지 이미 생각하고 있었고, 몽고메리보다 나은 전쟁을 치르는 것에 그치지 않고 전체 쇼를 훔칠 생각까지도 하고 있었다.

◇◇◇◇◇◇◇◇◇◇◇

상륙은 1943년 7월 10일 새벽에 실시되었다. 몽고메리는 초기 저항에 거의 부딪히지 않고 신속하게 시라쿠사Syracuse를 확보하였다. 그 뒤 해안에서 12마일 떨어진 아우구스타Augusta 외곽에서 교착되었다. 패튼 부대의 상륙은 거센 바람과 높은 파도의 방해를 받았다. 하지만 해군 포격은

---

[*] Patton, message to men while at sea, July 1943, in Blumenson, ed., *The Patton Papers 1940-1945*, 274-75.

적 해안 포대를 향해 훌륭하게 실시되었고, 최초로 미 지상군과 해군 포의 통합 사격으로 젤라에서 독일군과 이탈리아군의 저항을 물리칠 수 있었다. 그 저항은 다음 날 패튼과 부하들이 해안으로 상륙할 때 다시 격렬하게 재개되었다. 갓 다림질한 군복을 차려입고, 넥타이를 매고 광택 나는 승마 부츠를 신은 패튼은 오전 9시 30분 대략 30야드 앞에서 포탄이 떨어지고 있는데도 밀려오는 파도를 헤치며 걸었다. 그리고 계속해서 곧장 젤라로 가서 자신이 매우 칭찬하는 전투 장교이며 아주 유명한 레인저스Rangers의 지휘관인 윌리엄 다비William Darby 중령을 만났다. 패튼이 젤라에 들어가는 순간, 독일군과 이탈리아군이 공격을 시작했다. 패튼은 자신이 최전선에 있다는 것에 흥분했고, 그런 상황에서 늘 그랬듯이 부대 사이를 성큼성큼 걸어 다니며 기꺼이 자신을 표적으로 만들고, 또한 용기를 북돋고 개인적인 지시를 내리며 부하들에게 "빌어먹을 개자식들을 모두 죽여버려!"라고 열심히 떠들었다. 그리고 심지어 박격포(조준)에 손을 빌려주기까지 하였다.[*]

적을 격퇴한 것에 만족한 뒤 패튼은 해안도로를 따라 가장 빛나는 부하 중 한 명인 테리 드 라 메사 알렌Terry de la Mesa Allen이 지휘하는 곳으로 내려갔다. 다음 날 그는 알렌과 예하 지휘관인 테오도어 루스벨트 주니어Theodore Roosevelt Jr., 그리고 휴 J. 개피Hugh J. Gaffey가 함께 공격하도록 한 뒤, 다시 젤라로 차를 몰았고, 해안가에 있는 병력을 고무시키기 위해 의도적으로 자신의 몸을 공중 폭격과 지상 사격에 노출시켰다. 그날 "나는 봉급받

---

[*] Martin Blumenson, *Patton: The Man Behind the Legend, 1885-1945* (New York: Quill/William Morrow, 1985), 198.

을 만한 일을 했다"고 일기장에 썼다.[*]

북아프리카에서 패튼은 영국군이 습관적으로 미군의 전투능력을 과소평가했을 뿐 아니라 특히 그의 지휘 아래 엄청난 속도로 기동하는 것 역시 과소평가했음을 알게 되었다. 그는 시칠리아 작전에서 이런 오해를 자신의 강점으로 이용하기로 결심했다. 몽고메리는 몰랐지만, 패튼은 해안에서부터 질주하여 몽고메리보다 먼저 메시나를 점령하기로 마음먹었다.

얼마 지나 몽고메리는 마침내 아우구스타를 확보하고 메시아로 가는 길을 따라 카타니아로 진격하기 시작했다. 그러나 매우 강한 저항에 부딪히면서 전투 계획상 자신에게 할당된 해안도로뿐 아니라 패튼의 부대에 할당된 내륙도로에도 자신의 병력을 배치하기로 결정했다. 내륙도로가 갑자기(그리고 그가 보기에는 불공평하게) 무단 전용되자 패튼은 메시나를 향한 자신의 이동을 진행할 수 없게 되었고, 다시 한번 몽고메리의 측면과 후방을 방호하는 지점으로 밀려나게 되었다. 교전 규칙을 어겼다고 몽고메리에게 분노하는 대신 패튼은 스스로 규칙을 바꾸어 메시나에서 멀리 떨어진 섬 북서쪽 해안에 위치한 팔레르모로 향하기로 결정하였다. 당시에는 이 목표를 실행해야 할 긴급한 전략적 이유가 없었다. 하지만 패튼은 시칠리아의 수도를 점령하는 것은 본인은 말할 것도 없고 미 육군의 영광일 뿐 아니라 헤드라인까지 장식하게 될 것이라는 걸 알고 있었다. 하지만 팔레르모 확보를 승인받지 못할 것을 당연히 걱정했고, 따라서 패튼은 알렉산더에게 좀 더 타당한 목표인 남중부 해안의 포르토 엠

---

[*] Patton, diary, July 10, 1943, in Blumenson, ed., *The Patton Papers 1940-1945*, 280.

피도클레Porto Empidocle와 아그리젠토Agrigento를 확보할 수 있게 승인해달라고 요청했다. 알렉산더는 마지못해 동의했다. 그 뒤 패튼은 아주 신뢰하는 루시안 트루스콧에게 아그리젠토를 확보할 임무를 부여하고, 제2군단장 오마 브래들리에게는 몽고메리에게 내륙도로를 양보한 뒤 북쪽으로 공격하라고 지시했다. 그동안 알렉산더 장군은 노골적으로 패튼의 제7군에 몽고메리의 후방을 방호하는 것 외에는 그 어떤 것도 하지 말라는 명령을 내렸다. 패튼은 7월 17일 북아프리카로 돌아와 알렉산더에게 이 굴욕적인 공식 명령에 대해 직접 항의했다. 몽고메리가 이제 당혹스럽게도 내륙과 해안도로에 쳐박혀 있게 되자, 패튼은 알렉산더에게 팔레르모를 확보하려는 자신의 계획을 대담하게 말할 수 있게 되었다. 연합군의 용맹에 의문을 제기하자 알렉산더는 당황하였지만, 급히 동의하였다.

패튼은 시간을 낭비하지 않았다. 시칠리아로 돌아오면서 그는 신속하게 임시 군단을 편성하여 자신의 부사령관인 제프리 키이스Geoffrey Keyes 소장에게 지휘권을 맡겼고, 그에게 팔레르모를 확보하기 위해 전력을 다하라고 명령했다. 불과 72시간 만에 키이스의 임시 군단은 100마운틴 마일mountainous miles을 뒤덮었고, 대부분 보병이었다. 트루스콧은 제3사단(키이스에게 배정된 군단의 주요 부분을 구성)을 엄격하게 훈련시켜 육군 규정에서 정한 3마일 대신 시속 5마일로 진군했다. 이 유명한 "트루스콧의 빠른 걸음Truscott trot"으로 7월 21일 팔레르모에 도착했고, 도시는 순식간에 함락되었다. 패튼은 23일 팔레르모를 둘러본 뒤 다음 날 아그리젠토로 돌아왔다. 그곳에서 언론에 미군이 시칠리아의 심장을 점령한 영광스러운 전역에서 어떻게 이탈리아군 6,000명을 사상시키고, 포로 4만 4,000명을 잡았는지를 중대한 뉴스로 확실히 전하게 했다. 그를 비난하는 일부 사람들의 주장과는 달리 패튼은 정복 과정에서 개인적인 공을 일부러 피했다. 이것은 키이스 장군의 작품이라고 기자들에게 용의주도하게 말했다. 실제로 팔레르모를 확보하기 전날 밤 키이스는 패튼에게 도시에 제일 먼저 진입하라고 권했다. "자네가 하게." 패튼이 대답했다. "자네가 들어가면 나는 뒤따라 들어가겠네."[*] 패튼이 자신의 영예만을 갈망하는 것은 결코 아니었다. 패튼은 자신의 지휘권과 궁극적으로는 미합중국 육군 전체의 영예를 갈망했다.

그 승리는 논란이 없던 것은 아니었는데, 그중 두 가지는 끊임없이 계속되는 패튼의 신화에 기여했다. 우선 알렉산더 장군은 팔레르모 공격을 허가한 것에 대해 분명 후회했고, 7월 19일 임무 브리핑을 대폭 축소하라는 명령을 내렸다. 알려진 전설에 따르면 패튼은 이 명령을 무시하며, 전송 과정에서 왜곡된 것을 불평했다고 한다. 사실 그 명령을 가로챈 사람은 참모장 호바트 "햅" 게이Hobart "Hap" Gay였는데, 자신의 상사(패튼이 원한다는 것을 알고 있었기 때문에)에게 전달하지 않고 일부를 책상 서류 사이에 섞이게 하였고, 전송이 엉망진창이어서 한참이 지나서야 명령을 발견했다며 둘러댔다. 물론 그것이 재전송되었을 때는 팔레르모가 이미 함락되어 있었다.[**]

두 번째 사건은 7월 22일에 일어났다. 리카타 근처 패튼의 기갑 종대 중 하나가 일방통행 다리에서 병목현상으로 멈춰 섰다. 패튼은 그답게 직접 상황을 점검하였고, 시칠리아 농부의 수레를 끄는 노새 한 쌍이 움직

---

[*] Patton Quoted in Harry Semmes, *Portrait of Patton* (New York: Paperback Library, 1970), 160-61.

[**] Gay's deception is documented in D'Este, *Patton*, 519.

이지 않고 있어서 전차와 다른 차량이 공중 폭격을 포함한 적의 사격에 노출되어 있다는 것을 알게 되었다. 농부와 다른 사람들이 동물을 달래고 어르는 동안, 패튼은 리볼버를 꺼내 노새의 머리에 한 방씩 쏘았고, 여전히 수레를 단 노새를 다리에서 밀어내어 버렸다. 농부가 항의하였지만, 패튼은 지팡이를 부러뜨리고서야 논쟁을 끝냈다고 아내에게 보낸 편지에서 인정했다. 패튼은 "인권이… 승리보다 중요하다"라는 것을 반대했다(베아트리체에게 설명했다.).[*]

일단 팔레르모가 확보되자, 패튼은 메시나를 향한 경주를 재개하는 데 온 신경을 기울였다. 그는 7월 25일 알렉산더와 몽고메리를 만나 병력 배치 문제를 해결했다. 몽고메리는 카타니아 평야와 에트나산Mount Etna 주위 서쪽 길에도 위치하고 있었다. 따라서 패튼은 북쪽 해안도로와 나란히 있는 내륙도로를 모두 이용하여 메시나를 향해 밀고 나갈 수 있도록 허가를 받았다. 그는 독일군과 이탈리아군에 더하여 버나드 몽고메리와 제8군까지 패배시킬 의도가 있음을 숨기지 않았다. 패튼은 7월 28일 미 제45사단장 트로이 미들턴Troy Middleton에게 다음과 같이 썼다. "이것은 미군의 위신이 걸린 경주이다. 우리는 영국군보다 먼저 메시나를 확보해야 한다. 우리 경주의 성공을 위해 최선의 노력을 다하시오."[**]

하지만 독일군과 이탈리아군이 완강히 방어하는 험준한 산에서 경주는 없었다. 수적으로 열세이고 보급과 병력 증원이 차단된 방어군은 시칠리아가 함락될 것을 알고 있었는데도 가능한 한 섬을 정복하는 과정에

---

[*] Patton, letter to Beatrice, March 1944, in Blumenson, ed., *The Patton Papers 1940-1945*, 296.
[**] Patton, letter to Troy Middleton, July 28, 1943, in Blumenson, ed., *The Patton Papers 1940-1945*, 306.

서 연합군에 최대한 많은 희생을 치르게 할 작정이었고, 추축군을 본토로 철수시킬 충분한 시간을 확보하기 위하여 노력했다. 패튼은 경주에서 이기는 데만 몰두하고 적을 파괴하는 목표를 소홀히 했다. 패튼은 추축군의 철수를 막기 위해, 뒷짐 지고 있던 해군으로부터 사용하지 않고 있던 많은 상륙주정을 얻어내어 시칠리아 북쪽 해안에서 끝장낼 방법을 찾았다. 그러나 추축군의 반격으로부터 살아남기에는 너무나 적은 병력인 겨우 1,500명을 수송할 수 있는 보트를 얻어낼 수 있다는 것에 실망했다. 패튼의 전투 본능은 돌격하라고 자신에게 재촉했지만, 아무 이유 없이 대대를 희생시키고 싶지는 않았다. 그는 마침내 8월 8일 도박을 결심하고, 작전에 착수할 때까지 스스로 곰곰이 생각하였다. 마침내 부하들이 북쪽 해안의 산토 스테파노Santo Stefano 에 상륙했지만, 이미 그때는 적이 사라지고 없었다.

그러나 상륙은 패튼에게 아이디어를 주었다. 8월 10일 그는 메시나 점령 속도를 높이기 위하여 또 다른 병력을 상륙시키기로 결심했다. 루시안 트루스콧과 오마 브래들리는 모두 반대했다. 그들은 수륙양용작전이 불필요하다며, 좀 더 보수적이고 안전한 지상 공격만으로도 조만간 메시나를 확보할 수 있다고 조언했다. "경주"를 위해 부하들을 위험에 빠뜨리겠다는 생각은 그들의 마음을 끌지 못했다. 패튼은 그들의 의견에 귀를 기울이면서도 상륙은 해야 한다고 주장했다. 트루스콧은 냉담하게 말했다. "좋습니다. 명령하면 하겠습니다." 패튼이 대답했다. "나는 할 것이다."

트루스콧이 꺼린다는 것을 걱정한 패튼은 트루스콧의 지휘소로 찾아갔다. 거기서 그는 "왔다 갔다 하며 지도를 들고 허무하게 보고 있는 트루스콧을 보았다. 나는 '트루스콧 장군, 만약 자네가 이 작전을 수행하지 못하겠다고 하면, 나는 자네를 해임할 것이고, 수행할 수 있는 다른 사람을 지휘관으로 앉힐 것이오'라고 말했다." 트루스콧이 대답했다. "장군님. 당신이 원할 때 나를 자르는 것은 당신의 권한입니다."

나는 말했다. "나는 그렇게 하고 싶지 않네. 나는 수훈메달 수여자와 육군 소장 진급 대상자로 자네를 추천했지만, 실제로는 자네의 능력으로 두 가지 명예를 얻은 것이네. 자네는 경기를 연기하는 것이 가능하다고 믿기에는 운동선수로서 나이가 너무 많아."

그가 말했다. "내가 운동선수를 하기에 나이가 들었다는 것을 당신이 안다면, 가끔은 연기해도 된다는 것도 알 것입니다."

내가 말했다. "이번은 그렇지 않아. 배들이 이미 출발했다네."

그러자 트루스콧은 자신이 꺼리는 이유를 설명했다. "그렇게 되면 부대가 분열됩니다. 좁은 도로의 병목현상으로 보병에 화력을 지원하는 것도 제대로 되지 않고 있습니다. 그리고 보병들이 상륙을 지원하기에는 서쪽으로 너무 멀리 떨어져 있습니다." 그는 까다로운 지형에 어쩔 수 없이 단편적으로 상륙하는 동안 각개격파당할 것을 두려워했다. 패튼은 프레드릭 대왕의 말을 인용하며 이런 우려를 일축했다. "대담하게, 더욱 대담하게, 늘 대담하게" 그는 계속했다. "나는 자네가 이길 것을 알고 있네. 그리고 병목현상이 있다면 자네는 이곳이 아니라 그곳에 있어야 하네."

대담함, 항상 대담함. 이것은 고전적인 패튼이었다. 그러나 패튼은 늘 단순한 말을 넘어섰고, 그리고 사실 그는 트루스콧에 대한 절대적인 믿음을 극적으로 보여주었다. "나는 그에게 완전한 자신감이 있다고 말했고,

그걸 보여주기 위해 집으로 가서 자겠다고 말했다." 그것으로 패튼은 떠났다.

"혼자 돌아오는 길에 조금 걱정했지만 내 말이 맞았다는 느낌이 든다. 나는 그란트와 넬슨을 생각했고 마음이 놓였다. 그것이 역사적 참뜻이야." 그는 (8월 11일 일기에 쓴 것처럼) "자신감이 떨어진 트루스콧을 보게 될까 봐 오늘 전선에 가지 않았다. 그리고 그들에게서 최대한을 얻어내기 위해서는 장군들의 자존심을 지켜줄 필요가 있다"라며 자신의 신뢰 표현 방식을 따랐다.[*]

트루스콧의 부하들은 많은 사상자가 났지만, 추축군 부대를 밀어내는 데 성공하였다. 패튼이 더 많은 상륙정을 얻어낼 수 있었다면 상당한 수의 적군을 차단하고 포로로 잡고 사살할 수 있었을 것이다. 하지만 비록 완벽하지 않더라도 가진 것으로 공격하는 게 더 낫다는 자신의 원칙에 따라 행동하면서 힘든 상륙전을 성공으로 이끌었다. 또한 나중에 하기보다 빨리 공격한다는 또 다른 원칙에 따라 행동함으로써 적에게 더 많은 사상자를 냈다. 트루스콧의 손실도 상당했던 것이 사실이지만, 지금 이곳에서 적을 파괴하는 것이 나중에 더 큰 손실을 피할 수 있는 길이라고 패튼은 생각했다. 그는 8월 11일 베아트리체에게 보낸 편지에 "내게는 펜싱에서도 그랬던 것처럼 전쟁에 대한 육감이 있소. 나는 기회를 잡고 싶소"라고 말했다.[**]

다시 트루스콧과 브래들리의 반대를 물리치고 패튼은 8월 16일 세 번

---

[*] Patton, diary, August 10 and 11, 1943, in Blumenson, ed., *The Patton Papers 1940-1945*, 319-20.

[**] Patton, diary August 11, 1943, in Blumenson, ed., *The Patton Papers 1940-1945*, 320.

째 상륙을 명령했다. 하지만 상륙이 시작되었을 때 트루스콧의 제3사단이 이미 메시나 안으로 진군하고 있었기 때문에 명령은 불필요하게 되었다. 도시는 오후 10시에 함락되었다. 독일군 4만 명과 이탈리아군 7만 명이, 차량 1만 대와 전차 47대와 함께 본토로 철수하였다. 패튼은 적군의 상당 부분이 온전하게 살아남았다는 사실에 연연하지 않았다. 대신 8월 17일 오전 10시, 시내가 내려다보이는 높은 능선까지 말을 타고 달려가 자신이 정복한 곳을 살펴보았다. 전쟁특파원들과 사진작가들을 모아놓고도 "도대체 왜들 서 있는 거야?"라며 시내를 돌아다녔고, 심지어는 현재 본토에 주둔하고 있는 추축군 부대의 포격이 있을 때도 그렇게 했다. 영국군 부대는 17일 새벽 미군이 도착한 지 몇 시간 후에 도시에 진입했다. 패튼이 찾아오자, 한 영국군 장교가 다가와 경례를 하고 손을 내밀었다. 두 사람이 악수할 때 그 영국군 장교는 "정말 좋은 경주였습니다. 축하합니다"라고 말했다.[*]

군사사적으로 볼 때, 연합군이 시칠리아를 침공한 것은 단지 부분적인 성공일 뿐이었다. 1940년 프랑스에 대한 독일군의 전격전에서 영국군과 프랑스군의 됭케르크를 통해 영국해협을 건너 탈출할 수 있게 되면서 궁극적인 패배를 안겨주기에 부족했던 것처럼, 추축군 수천 명이 시칠리아에서 철수하는 것을 연합군이 막지 못했기 때문에 이 전역의 승리 규모와 의미는 줄어들었다. 그러나 이 실패와는 상관없이 패튼은 사촌 아르빈 H. 브라운[Arvin H. Brown]에게 자신의 시칠리아 "전역…은 전쟁 수행방법에 대한 거의 완벽한 예로 역사에 남을… 것이다"라고 썼다. 또한 병사들을

---

[*] British officer quoted in Blumenson, ed., *The Patton Papers 1940-1945*, 323.

칭찬하고 그들의 승리의 규모를 정의하는 데 주저하지 않았다. 1943년 8월 22일에 내려진 일반 명령 18호 "제7군 장병들에게"에서 패튼은 다음과 같이 썼다. "바다에서 태어나, 피로 세례를 받고, 승리의 왕관을 썼다. 38일 동안 끊임없는 전투와 끊임없는 노력의 과정에서, 여러분은 전쟁의 역사에 영광스러운 한 장을 추가하였다." 패튼은 도망친 추축군을 곱씹는 대신에 제7군의 성과를 정확하게 집계했다. "여러분은 적군 11만 3,350명을 사살하거나 사로잡았다. 또한 적 전차 265대, 차량 2,324대, 그리고 대형포 1,162문을 파괴했다. … 그러나 여러분의 승리는 그 물리적인 숫자를 넘어 그 이상의 중요한 의미를 지니고 있다. 여러분은 적의 명성을 무너뜨렸다."[*]

패튼은 영원한 승리의 문장으로 일반 명령을 마쳤다. "여러분의 명성은 절대 사라지지 않을 것이다." 당시 약 20만 명에 달하는 군대에서 연설한 그는 시칠리아의 정복자라는 의미가 무엇보다 자신에게 적용되었다고 생각했을 것이다. 하지만 곧 알게 되는 것은 그가 아직 자기 자신의 고도로 흥분된 감정의 충동을 극복하지 못했다는 것이다.[**]

---

[*] Patton, comment to Arvin H. Brown (Patton's cousin), and Patton, Seventh Army General Orders 18, August 22, 1943, in Blumenson, ed., *The Patton Papers 1940-1945*, 328-334.

[**] Patton, Seventh Army General Orders 18, August 22, 1943, in Blumenson. ed., *The Patton Papers 1940-1945*, 334.

Chapter 9

전 세계를 경악시킨
패튼의 폭력

The Slap Heard'Round the World

팔레르모를 점령한 패튼은 시칠리아 전투의 흐름을 바꾸었다. 섬에서 추축군을 상대로 승전했다는 의미가 아니라, 미합중국 육군이 대영제국 육군에 더는 종속되어 있다고 보이지 않게 만들었다. 패튼은 팔레르모 및 메시나를, 더 힘들 것으로 생각되는 유럽 본토에서의 전투를 위해 미 육군을 충분하고도 강하게 단련시켜준 대장간으로 여겼다.

시칠리아 전역이 끝날 무렵 프랭클린 루스벨트는 직접 자신의 "고마움과 열정적인 찬양"을 보냈고, 알렉산더 장군은 "최근 메시나 점령에서 당신의 대단한 무기 솜씨뿐 아니라 시칠리아 작전에서 보여준 속도와 기술에 대해 진정한 존경"을 보냈다. 심지어 항상 칭찬에 인색한 마셜 장군도 패튼에게 보낸 편지에 "위대한 리더십을 발휘했고, 자네의 군단장과 사단장과 부대원들은 미국인들에게 육군에 대한 자긍심과 미래에 대한 확신을 갖게 했다"라고 썼다. 패튼은 마셜 장군이 팔레르모와 메시나의 중요성을 이해한 사람이라고 믿었다. 그러나 그 무엇보다도 패튼은 몽고메리의 메시지를 가장 좋아했을 것이다. "제8군은 당신이 메시나를 점령하여 시칠리아 전역을 끝낸 방식에 대해 당신과 당신의 훌륭한 군대에 열렬한 축하를 보냅니다."[*]

하지만 (반대라는 그의 주장에도 불구하고) 여전히 참전 승인을 갈망하고 있는 패튼은 늘 자신의 월계관에 누워 있는 것에 대해 항상 매우 불편하게 여겼다. 제7군이 다음에 어떤 임무를 맡게 될지 알 수 없는 상황이었고, 확실한 답도 들을 수 없었다. 알렉산더가 그에게 말한 것은 제7군은 휴식을 하면서 시칠리아와 유사한 지형에서 펼쳐질 작전에 대비해 훈련을 시작한다는 것뿐이었다. 이것은 이탈리아 본토 전역에 패튼이 배정된 것을 암시했지만 아이젠하워는 자신에게 제7군은 이탈리아에서 아무런 역할도 하지 않을 것이라고 말했다. 그렇다면 해협을 횡단하는 침공군의 일부로 구성된다는 뜻인가? 아이젠하워는 아무 말이 없었다. 그 후 몇 주가 지난 뒤 패튼은 충격을 받았다. 필수 수비대만을 남기고 제7군의 병력과 장비를 모두 마크 클라크의 제5군에 보내라는 지시를 받았기 때문이다.

메시나 이후 아이크는 패튼에게 전쟁의 조용한 변두리가 되어버린 시칠리아에 오래 머물지 않을 것이라고 직접 장담했었다. 하지만 만약 그것이 사실이라면, 왜 그의 군은 그의 아래에서 해체되고 있는 것인가?

운명에 대한 감각에 이끌려 불안한 마음으로, 상급자들이 자신의 운명을 실현하지 못하게 하려는 뜻일까 봐 노심초사하면서 패튼은 행정업무

---

[*] Roosevelt, Alexander, Marshall, and Montgomery quoted in Martin Blumenson, ed., *The Patton Papers 1940-1945*, reprint ed. (New York: Da Capo, 1996), 326-27.

를 보았고, 다른 어떤 지휘관보다 자주 부상자를 위문하며 시간을 보냈다. 의도적으로 계획된 곳에 출현하는 패튼은 가능한 한 사령부에 있는 시간을 적게 하고 항상 최전선에 나타났다.

그는 직접 전투를 보고 싶었지만, 그보다 전투에서 싸운 사람이 자신을 보기를 더 원했다. 야전후송병원 방문은 이러한 철학을 가시화한 쇼의 일부였다. 그는 자신의 존재가 사기를 향상시킨다고 믿었다. 그는 8월 2일 일기에 "모든 환자와 부상자를 점검했다"고 썼다. "공습으로 다친 병사들에게 약 40개의 퍼플 하트 훈장을 주었다. 한 남자는 산소 마스크를 쓰고 있어서 나는 무릎을 꿇고 퍼플 하트를 핀으로 꽂아주었는데, 말을 하지는 못하지만 알아듣는 것 같았다."

8월 10일 다른 후송병원에서는 "다리뼈가 으스러진 한 젊은이가 '패튼 장군이십니까? 저는 장군님에 관한 모든 것을 읽었습니다'라고 말했다. 모두 나를 보고 기뻐하는 것 같았다." 그러나 그 방문은 자신의 지휘권을 유지하기 위해 고군분투했던 패튼에게 감정적으로 큰 타격을 주었다. "한 남자는 머리 위가 날아가 버렸다." 패튼은 8월 6일 일기에 썼다. "그리고 모두 그가 죽기만을 기다리고 있었다. 그는 엉망진창 끔찍한 피투성이였고, 보기에도 상태가 좋지 않았다. 나는 사람들을 전투에 내보내는 것에 대해 개인적인 감정이 생길 수도 있었다. 그것은 장군에게는 치명적이다."[*]

패튼이 절대 인정할 수 없었던 것은 그런 "개인적인 감정"이 생긴 지 오래되었다는 것이었다. 그는 8월 3일 아이젠하워 장군이, 7월 11일 젤라

---

[*] Patton, diary, August 2, 1943, August 10, 1943, and August 6, 1943, in Blumenson, ed., *The Patton Papers 1940-1945*, 322, 318 and 315.

에서의 "특별한 영웅주의"에 대해 명예 수훈십자장을 수여한다는 사실을 알게 되었다. 기뻐해야 할 소식이었지만 패튼은 베아트리체에게 보낸 편지에서 "나는 받을 자격이 없다고 생각했지만, 그렇게 말하지는 않았소"라고 썼다.* 그날 늦게 제3군단을 방문하러 가는 길에 패튼은 니코시아 인근 제15후송병원에 들렀다. 아픈 사람들과 부상자 중 (제1사단) 제26연대 L중대 소속의 찰스 H. 컬Charles H. Kuhl 이병과 마주쳤다. 컬은 부상자는 아닌 것 같았다.

선임 군의관인 페린 H. 롱Perrin H. Long 중령의 보고서에는 "제15후송병원 제93병동텐트 입원 환자"에게 무슨 일이 일어났는지 다음과 같이 밝히고 있다.

> [패튼]이 Pvt로 왔다. 컬과 그에게 무슨 일이냐고 물었다. 병사가 대답했다. "저는 더는 전투를 못 견딜 것 같습니다." 장군이 벌컥 화를 내면서 병사에게 온갖 욕을 하고 겁쟁이라고 말하더니, 장갑으로 얼굴을 때리고는 결국 병사의 목덜미를 잡고 텐트 밖으로 끌어냈다.

위생병들이 컬을 일으켜 병동텐트로 급히 데려갔다. 컬은 병동에서 체온이 39도까지 올라갔고, 하루에 대변을 10~12번 보는 만성 설사 증세가 있었다. 다음 날에도 열이 계속 올라 혈액 검사를 받은 결과 말라리아 양성 판정을 받았다. 물론 패튼은 컬이 아프다는 사실을 모르고 있었다. 그

---

* Patton, letter to Beatrice, August 18, 1943, in Blumenson, ed., *The Patton Papers 1940-1945*, 325.

날 밤 그는 일기에 "내가 이 군대에서 유일한 최악의 겁쟁이"를 만났다고 썼다. 그는 "부대에서 그런 놈들을 다루어야 하고, 그들이 의무를 회피하면 비겁함에 대해 재판을 받고 총살해야 한다"라고 지적했다.[*]

8월 3일의 "따귀 사건"을 목격한 사람들은 넥타이를 매고 반짝이는 헬멧을 쓰고 부츠를 신은 장군이 병사를 때리는 광경에 소름이 끼쳤다. 어찌 됐든 잔혹 행위였고, 규정상 군법회의감인 범죄였다. 그러나 그것 또한 패튼의 내적 투쟁의 한 면을 암시하고 있는데, 패튼은 자신이 영웅주의를 위해 꾸며져야 한다는 것을 알게 된 바로 그 날 폭발했다. 제15후송병원에서 누워 있고 뼈가 으스러진 그 병사들이 진정한 영웅이었다. 그리고 패튼이 죽어가는 사람에게 훈장을 달아주고 있을 때 그들은 상처로 고통을 받고 있었다.

컬 이병은 그뿐 아니라 패튼에게도 잘못된 시간과 장소에 있었다. 개인적인 영광을 추구하기 위해 젊은이들을 희생시키고 갈기갈기 찢고 있다는 많은 사람의 이야기로 인해 죄책감을 느끼던 패튼에게 컬은 자신의 실제 모습이 드러난 것처럼 보였을지도 모른다. 실탄사격 때 과녁 앞 사격장 참호 위로 머리를 들었던 생도 시절 때부터 토벌 원정대, 제1차 세계대전과 수많은 폴로 경기, 또한 지금의 제2차 세계대전에 이르기까지 패튼은 자신이 겁쟁이가 아니라는 것을 증명하기 위하여 강박적으로 노력이라도 하듯 죽음을 거듭 거역해왔다. 그런데 마치 숨어 있다 나온 것처럼 찰스 H. 컬이 나타나 패튼에게 겁쟁이의 화신을 보여주었고, 그가

---

[*] Lt. Col. Perrin H. Long, Medical Corps, Letter to The Surgeon, NATOUSA, August 16, 1943, in Blumenson, ed., *The Patton Papers 1940-1945*, 330-31; Patton, diary, August 3, 1943, quoted in Carlo D'Este, *Patton: A Genius for War* (New York: HarperCollins, 1995), 533.

두려워하는 겁쟁이 괴물이 살아서 자기 안에 도사리고 있는 듯했다. 뜻밖의 사건을 당한 지 얼마 후, 상당한 이해를 한 컬은 기자들에게 "그 일이 일어났을 때, [패튼 장군은] 아주 많이 지쳐 있었고⋯ 나는 장군이 전투 피로를 약간 겪고 있다고 생각합니다"라고 말했다.*

물론 패튼은 자신이 전투 피로를 겪고 있다고 생각하지 않았고, 심지어는 전투 피로는 진짜라고 믿지도 않았다. 또한 자기 분석의 대상도 아니었다. 그 대신 컬과 대면한 지 이틀 뒤, 모든 제7군 지휘관들에게 "전투 피로"를 즉각적이고 단호하게 금지하는 지시를 내렸다.

> 극소수의 군인들이 긴장해서 전투를 할 수 없다는 핑계로 병원에 가는 것을 최근에 알게 되었다. 그런 자들은 겁쟁이들이며 군을 불신하는 자들로, 전투의 위험을 견디고 있는 전우들을 무자비하게 떠나면서 전우들에게 치욕을 주며, 병원을 탈출의 수단으로 사용한다. 지휘관들은 그런 경우 병원에 보내는 것이 아니라 부대 내에서 처리하는 조처를 취하라. 싸울 용기가 없는 자들은 적 앞에서의 비겁함을 근거로 군법회의에서 재판을 받게 될 것이다.**

놀랍게도 지시 하달 이후에는 8월 3일 사건에 관해서 거의 다뤄지지 않았다. 그 뒤인 8월 10일 패튼은 다시 제93후송병원을 순시하였다. 그곳

---

*   Charles H. Kuhl quoted in Blumenson, ed., *The Patton Papers 1940-1945*, 336-37.
**   Patton, memorandum, August 5, 1943, quoted in D'Este, *Patton*, 533.

에서 제2군단 제17야전포병 C포대 소속의 폴 G. 베넷^{Paul G. Bennett}과 우연히 마주쳤다.

롱 중령의 공식 보고서에 따르면 베넷은 이미 4년간 군 복무를 했으며, 3월부터 제2군단에서 복무 중이었다.

〔그는〕 8월 6일 전우가 상처를 입기 전까지 어떤 어려움도 겪지 않았다. 하지만 그는 그날 밤 잠을 잘 수 없었고, 불안했다. 그에게 떨어지는 포탄이 그를 괴롭혔다. 다음 날 그는 전우를 걱정했고 더욱 긴장했다. 그는 포대 위생병에 의해 후방부대로 보내졌고, 군의관은 잠을 잘 수 있는 약을 주었지만, 여전히 긴장하고 불안해했다. 그 젊은이는 자신의 부대를 떠나고 싶지 않아 후송만은 하지 말아 달라고 간청했지만, 다음 날 군의관은 후송시키라고 지시했다.

정말로 그는 열이 나면서 아팠고, 탈수 증세가 있었으며 피로했고, 혼란스러워했고 무기력했다. 그런 상태로는 그의 항의에도 불구하고 다시 전선으로 복귀할 수 없었다.

이 사실을 전혀 모르는 패튼은 컬과 마찬가지로 부상이 없는 베넷을 바라보았다. 그는 무슨 문제가 있느냐고 물었다. 롱은 그 대화에 관해 설명했다.

"신경과민입니다."〔라고 얘기한 베넷이〕 흐느끼기 시작했다. 그러자 장군은 "뭐라고 하는 거야?"라며 소리쳤다. 베넷이 대답했다.

"신경과민입니다. 더는 포격을 견딜 수가 없습니다." 그는 여전히 흐느끼고 있었다. 그러자 장군이 소리쳤다. "신경과민이라고? 젠장. 넌 그저 빌어먹을 겁쟁이야. 이 겁쟁이 자식아." 그러고는 베넷의 뺨을 때리고 말했다. "젠장 울지 말라고. 총에 맞은 용감한 군인들이 너 같은 겁쟁이가 여기서 우는 것을 보게 할 수는 없어." 그는 베넷을 다시 쳤으며 헬멧의 내피가 벗겨져 옆 텐트로 들어갔다. 그는 군의관을 돌아보며 소리쳤다. "이 겁쟁이 자식을 봐주지 마. 이 자식은 아무 문제도 없어. 난 싸울 배짱도 없는 이 개자식들 때문에 병원이 어수선해지게 두지는 않을 거야." 그러고는 온몸을 떨면서 간신히 정신을 차리고 앉아 있는 베넷을 내려다보며, "전선으로 돌아가면 총에 맞아 죽을지도 모르지만, 너는 싸우게 될 거야. 만약 네가 그렇게 하지 않으면 나는 너를 벽에 세워놓고 총살형 집행대에서 너를 사살하게 할 거야." 그는 자신의 권총을 잡으며 "내가 직접 쏴야겠다. 빌어먹을 울보 겁쟁이." 텐트를 나서면서도 장군은 여전히 군의관에게 "저 빌어먹을 겁쟁이 자식을 전선으로 돌려보내"라고 소리치고 있었다.*

다시 한번 폭발을 목격한 사람들은 이해하기 어려운 그의 잔인성을 보았다. 그러나 실제로 일어난 일은 원초적 감정으로 일어난 연속된 사건이었다. 패튼은 병동 텐트를 다시 순시하는데, 베넷에 대해 계속 이야기를 할 때면 눈물을 흘리기 직전이었다. "어쩔 도리가 없어. 하지만 겁쟁이

---

* Lt. Col. Perrin H. Long, Medical Corps, letter to The Surgeon, NATOUSA, August 16, 1943, in Blumenson, ed., The Patton Papers, 1940-1945, 331-32.

자식이 아기가 되었다고 생각되면 피가 끓어올라"라고 말하는 것을 롱은 들었다. 패튼은 분명히 비겁함을 전염병이라고 보았다. (분명히 그는 누구 못지않게 약했다.) 패튼은 병원장 도널드 E. 커리어Donald E. Currier 대령에게 "나는 우리 병원에 그런 겁쟁이 개자식들을 두지 않을 거야"라고 말했다. "어쨌든 언젠가는 저놈들을 쏴야 할지도 몰라. 아니면 우리는 멍청이 무리를 키우는 게 되는 거야."*

첫 번째 사건이 있은 지 불과 며칠 뒤에 두 번째 사건이 발생했고, 이를 본 군의관은 보고 계통을 통해 당시 제2군단장인 오마 브래들리에게 보고서를 보냈다. 패튼에 대한 의심 없는 충성심과 전쟁에서 차지하는 그의 중요성 때문에 브래들리는 보고서를 자신의 금고에 넣고 잠그는 이외에는 아무것도 하지 않았다.

하지만 군의관은 또 아이젠하워에게 직접 보고서를 보냈고, 아이젠하워는 8월 16일 보고서를 받았다. 바로 다음 날 아이크는 패튼이 "매우 끔찍한 편지"라고 표현한 문서를 보냈는데, 그 편지는 인정사정이 없었다. "만약 그 혐의들이 매우 확실한 진실이라면… 나는 당신의 훌륭한 판단력과 당신의 자기 규율에 대해 진지하게 의문을 제기하며, 또한 장차 당신의 활용에 대해서는 내 마음에 심각한 의문을 제기해야 합니다." 그러나 아이젠하워는 이 사건이 연합군 사령부 기록에 분명히 남지는 않도록 애를 썼다. 그는 패튼을 공식적으로 기소하고 싶지 않았고,《새터데이 이브닝 포스트Saturday Evening Post》특파원 데마레 베스Demaree Bess와 다른 기자들이 이 사건에 대해 들었지만, 이 이야기를 묻어달라는 아이젠하워의 요

---

* Patton's remarks after the incident are quoted in D'Este, *Patton*, 534.

구에 응했다. 아이크는 미국의 전쟁 노력에서 패튼을 잃을 여유가 없다고 설명했다.[*]

일부의 설명과는 달리 아이젠하워는 패튼에게 폭발 행동에 대해 사과하라고 지시하지 않았다. 패튼 자신은 비록 주로 자신의 지휘관들을 달래기 위해서였지만 어떤 사죄의 표시가 필요하다고 결심했다. 그는 8월 20일 일기에 "나는 그를 기쁘게 하려고 진심으로 살피고 있는 시점에서 이런 일로 그를 화나게 한 것이 싫다"고 썼다. 패튼은 병원의 의사와 간호사들에게 먼저 사과를 한 다음, 컬과 베넷에게 직접 사과했고, (패튼은 그들과의 악수를 고집했다.) 9월 USO(미군 위문협회United Service Organizations) 쇼를 위해 모인 부대원들에게 사과했다. 그때마다 그는 자신의 방법이 분명 잘못된 것이었지만 자신의 동기는 절대 나쁘지 않았다고 주장하면서 방어적이기는 해도 진심으로 말했다. 의사와 간호사들에게 그는 제1차 세계대전의 전투에서 용기를 잃고 그 후 자살한 친구에 관한 이야기까지 말했다. 패튼은 누군가가 그의 감정에 제때 충격을 주었다면 목숨을 구할 수 있었을지도 모른다고 말했다.

컬과 베넷에 관해서 패튼은 "남자와 군인으로서의 의무"를 그들이 다시 빨리 이해하도록 노력하고 있다고 설명했다. 9월 대규모 병력 집회에서 연설할 때 패튼은 우스갯소리를 했다. 무대에 오르면서 "난 여기에 서게 될 줄 알았다. 그리고 여러분들은 그 개자식이 어떻게 생겨 먹었는지, 그리고 내가 여러분이 생각하는 만큼 얼마나 큰 개자식인지 보도

---

[*] Patton, diary, August 20, 1943, and Eisenhower, letter to Patton, August 17, 1943, in Blumenson, ed., *The Patton Papers 1940-1945*, 332 and 329.

록 하라."[*]

부대원들은 즐겼다. 하지만 패튼은 여전히 난처했다.

그가 아닌 클라크가 이탈리아 본토에서 제5군을 이끌고 있었다. 그가 아닌 브래들리가 아이젠하워에게 선택되어 해협 횡단 침공을 위한 부대를 조직하고 있었다. 패튼은 시칠리아에 남아 제7군의 해체를 감독하고 있었다. 이제 그가 가진 지휘권이란 사령부와 대공포뿐이었고, 20만 명의 병력은 이제 5,000명에 불과했다. 패튼에 관한 이야기로 가득 차 있던 신문들은 이제 그를 거의 언급하지 않았다. 오직 독일군 사령부에서만 패튼이라는 이름이 끊임없이 떠돌았다. 그는 무엇을 하고 있을까? 다음에는 어떤 부대와 작전을 지휘하게 될까? 그의 공격은 언제일까? 그는 독일 장군들이 진심으로 두려워했던 몇 안 되는 연합군 장교 중 한 명이었는데, 그 이유는 독일군 장군들이 그가 야전에서 완벽한 기량을 가졌을 뿐 아니라 그가 전사라는 것을 분명히 보았기 때문이었다.

아이젠하워는 독일군 사이에서의 패튼의 명성을 잘 활용했다. 그는 독일군이 그 모든 소식을 듣게 될 것을 알고, 패튼을 알제리, 튀니지, 코르시카, 카이로, 예루살렘, 몰타 등 연합군의 작전이 있을 만한 그럴싸한 곳으로 출장을 보내 세간의 이목을 끌게 했다. 연합군은 패튼을 적의 추측을 막기 위한 미끼로 사용하여 독일군 전선을 얇게 펼쳐지게 하고, 노력과 장비를 소모시키려고 했다. 미끼로 활용되는 것은 완전히 굴욕적이었지만 유용한 역할이긴 했다.

----

[*] Patton, diary, August 20, in Blumenson, ed., *The Patton Papers 1940-1945*, 332; Patton's comment on his motive and Patton's remarks to assembled troops quoted in Martin Blumenson, *Patton: The Man Behind the Legend, 1885-1945* (New York: Quill/William Morrow, 1985), 231.

몇 주가 지나고 몇 달이 지났다. 1943년 11월 말 갑자기 워싱턴에서 일요일 저녁 라디오 방송 도중 인기 칼럼니스트 드류 피어슨Drew Pearson이 패튼의 따귀 사건을 대중에게 공개했다. 그해 초까지 패튼은 미디어의 영웅이었다. 그러다가 헤드라인에서 사라졌었는데, 이 방송으로 연합군이 대항하고 있던 바로 그런 폭군 같은 가장 사악한 악당이자 끔찍하게 부하를 괴롭히는 모습의 악마로 패튼이 돌아온 것이다. 패튼에게 더욱 나쁜 점은 공식적인 문책을 하지 않은 아이젠하워를 방송에서 강하게 비난했다는 것이다. 대중의 정서에 민감한 상원의원과 하원의원들은 패튼의 해임을 외쳤고, 일부는 거침없이 그를 아돌프 히틀러에 비유했다. 스팀슨 육군성 장관은 아이젠하워에게 종합보고서를 요청했다. 아이젠하워보다 그릇이 작은 사람은 패튼에게 등을 돌리고 장군의 머리에 대한 대중과 정치적 요구에 굴복함으로써 안도감을 찾고 싶었을지도 모른다.

하지만 아이젠하워는 자신의 기록을 바탕으로 패튼을 옹호했고, 직접 비공식적인 문책을 한 것은 기술, 용기, 효율성이 적에게 효과적일 뿐 아니라 지휘를 받는 병사들의 생명을 구하는 능력이 탁월한 지휘관이었기 때문이라고 설명했다. 11월 내내, 그리고 12월까지 대중 및 정치적 소란이 계속되다가 가라앉기 시작했다. 대통령과 육군성 장관의 사무실에 편지가 계속 쌓였지만, 그들의 행로는 12월 중순 바뀌었다. 그들은 패튼에 대한 지지와 그의 폭발에 대한 용서를 점점 더 강하게 표명했다. 심지어 어떤 이들은 진급시켜야 한다는 주장까지 했다. 분명 심사숙고할 시간이 주어지자 대부분의 미국 대중들은 무엇보다도 한 가지, 즉 전쟁에서 승리하기를 바란다는 것을 깨달았고, 패튼은 많은 결점이 있음에도 승리를 가져올 수 있는 지휘관이었다.

따귀 사건 이후 아이크는 패튼의 편을 들었지만, 마셜 장군이 패튼의 해임을 요구했다면 논쟁은 하지 않았을 것이라고 패튼에게 명백하게 얘기했다. 패튼은 노르망디 "디데이" 침공작전인 오버로드 작전Operation Overlord의 미군 사령관에서 제외된 이유를 따귀 사건 때문이라고 믿었다.

하지만 그 사건들이 대중에게 알려지기 몇 달 전에 이미 결정은 내려져 있었고, 그 사건들은 분명 아이젠하워의 마음속에서 패튼이 아닌 브래들리가 작전에 더 나은 선택이라는 것을 재확인한 것뿐이었다. 아이젠하워는 패튼이 공격 측면에서는 뛰어난 능력이 있는 훌륭한 전투 지휘관이라고 판단했다. 그러나 그를 빠르고 공격적으로 만든 바로 그 자질들은 또한 어떤 불안정성과 변동성을 가져올 위험이 있고, 아이크는 그것이 간신히 통제되고 있다고 생각했다. 오버로드 작전의 계획부터 상륙, 초기 전개에 이르기까지의 전반적인 업무는 평범하며 단조롭기까지 한 오마 브래들리에게 맡기는 것이 더 안전한 선택이었다. 그러나 아이젠하워는 일단 상륙이 완료되고 해변 교두보가 확보되면, 즉 재앙의 가능성이 확실히 줄어들면, 교두보에서 빠져나와 적의 심장부로 진격하는 군대를 이끌 수 있는 최적의 사람은 패튼이라고 판단했다. 그에 대한 골칫거리가 무엇이든 간에 패튼은 결국 성공할 수밖에 없는 자산인 끊임없는 추진력으로 침공을 이끌 수 있을 것이었다.

따라서 패튼이 병사 두 명의 따귀를 때려 오버로드 작전의 지휘관 직책을 잃었다는 것은 신화가 되었다. 사실 아이젠하워는 따귀 사건이 아니어도 그 일에 그를 선택하지는 않았을 것이다. 그러나 시칠리아 작전 이후 적군이 가장 강한 미군 장군으로 여기는 패튼은 메시나 점령 후 11개월 동안 전투현장에 나타나지 않았다. 패튼의 상관들은 계속되는 전역에서 빠진 그를 어떻게 해야 할지 확신하지 못했지만, 그 따귀 사건들로 인해 전쟁에서 중요 기간에 그의 공백기는 늘어나게 되었다. 패튼은 마치 육체적 상처를 입은 것처럼 무력하게, 아주 현실적인 의미에서 전쟁의 희생자가 되었다. 그를 신속하고 대담하게 전투에 몰아넣은 감정적 요인들의 대가였고, 동시에 자신이 끊임없이 만들어낸 강렬한 전쟁 스트레스에 취약해진 대가였다. 패튼에게 주어진 희생은 11개월 동안의 열외였다. 연합군의 희생은 그저 추측만 할 수 있다.

Chapter 10

영국에서

제7군은 1943년 8월 17일 메시나를 점령했다. 패튼이 당시 꼼꼼히 기록한 자료들로 보면, 조지 S. 패튼 주니어는 시칠리아의 정복자이자 미군 최고의 장군으로 널리 여겨졌다. 장기적으로 더 중요한 것은 그가 효과적이며 승리하는 군대를 만들었다는 것인데, 이는 미군의 능력과 용맹을 보여주는 훌륭한 예가 되었다. 따라서 그가 제7군 대부분을 마크 클라크에게 넘겨주고, 자신은 전쟁 중 모호한 구석에서 수비대 장교로 남겨지면서 완전히 지휘권을 박탈당할 수도 있다는 너무나 현실적인 예상에 직면했을 때 어떤 기분이 들었을지는 상상하기조차 어렵다.

작게나마 긴장감이 완화된 것은 1944년 1월이다. 1월 22일에 패튼은 시칠리아에서 런던으로 가라는 명령을 받았고, 26일에는 새로운 부대인 제3군을 지휘하게 되었다고 듣게 된다. 이제 유일한 문제는 그가 이 부대를 어떻게 배치하느냐는 것이었다. 전쟁에서 가장 크고, 가장 위대하고,

가장 결정적인 작전인 히틀러의 요새를 침공하는 작전은 패튼 없이 아이젠하워와 브래들리, 그리고 다른 이들에 의해 기획되고 있었다. 패튼은 마침내 시칠리아를 떠나게 되어 감사했지만, 전 세계에 전쟁이 소용돌이치는 가운데 런던에서 다섯 시간 떨어진 체셔Cheshire의 조용하고 작은 마을 너츠포드Knutsford에 있는 새로운 사령부에서 얼마나 머물러야 하는지 알고 싶어 안달이 났다.

패튼은 전투 중인 군대를 지휘할 수 있는 즉각적인 임무를 간절히 원했지만, 처음부터 군대를 만드는 것에도 장점이 있었다. 사실 아내에게도 썼듯이 패튼은 북아프리카에서 제2군단과 함께 했던 것처럼 단순히 부대를 "재활"하는 것이 아니라, "하나님을 모방하고 새로운 세계를 창조하는 이런 일"은 시작부터 세 번째 이미지를 만들 기회였다. 그는 즉시 지중해 전역에서 미군 최고 사령관을 맡고 있던 제이콥 L. 데버스에게 주요 참모장교들을 제7군에서 제3군으로 전출시켜 보내달라고 요청했다. 데버스는 그렇게 해주었고, 따라서 패튼은 자신이 잘 알고 있으며 믿음직하고 철저하게 통제를 따르는 참모들을 얻게 되었다.

고급 참모인 휴 개피와 호바트 "햅" 게이, 그리고 핵심 개인 보좌관인 찰스 코드먼Charles Codman과 알렉산더 스틸러Alexander Stiller, 또 아프리카계 미국인 당번병 조지 믹스George Meeks 병장과 의무참모 찰스 B. 오돔Charles B. Odom은 자신이 맡은 직책에서 충성을 다했고, 기꺼이 사령관의 완전한 지휘권 아래에서 통제를 따랐다. 패튼은 이 남자들을 자신의 군대 가족이라고 여겼다. 그리고 애완동물이 없는 가족은 없기 때문에 잉글리쉬 불 테리어를 구해 정복자 윌리엄이라고 이름을 붙였다. 하지만 곧 폭격과 포격에 겁을 먹는 소심한 개라는 것이 확인되어 주인을 실망시켰다. 이 사실을 알게 되자마자 패튼은 개의 이름을 윌리라고 바꾸었다. 이 겁쟁이 개는 여성들 앞에서 특이하고도 무례한 행동을 하였는데, 여성의 다리를 딛고 일어나서 축축한 코로 치마를 들어 올렸다. 패튼이 이에 대해 어떻게 생각했는지는 분명하지 않지만, 베아트리체에게 쓴 편지에 "나는 자연스럽게 개에게 홀딱 빠졌다"라고 했다.[*]

1627년 또는 그즈음에 마지막으로 수리한 저택인 피버 홀^{Peover Hall}에서 그의 "가족"을 구성하면서[**] 패튼은 제3군 사령부의 코드명을 럭키로 정했다. 자신과 핵심 참모들로 구성된 사령부의 해당 구역은 럭키 포워드^{Lucky Forward}였고, 행정구역은 럭키 리어^{Lucky Rear}였다. 패튼의 개인 코드명은 럭키 식스^{Lucky 6}였다. 전쟁 내내 제3군의 규모는 약 10만 명에서 최종 전역인 1945년 5월 8일에는 최다인 43만 7,860명으로 늘어났다.

패튼은 예전처럼 자신의 군대 만들기를 때 빼고 광내기부터 시작하여 "완벽한 훈육"을 창조했다. 각반과 넥타이(징집된 병사들은 이 두 가지를 몹시 싫어했다)를 갖춘 군복과 모든 군사 예절 준수, 또한 모든 이동과 훈련 과목에 있어 그 정확성을 완벽하게 유지하도록 했다. 그런 뒤 패튼이 직접 감독하는 집중 전투훈련을 진행했다. 평소처럼 그는 사령부에 거의 있지 않고 현장에 자주 나갔는데, 장교들과 부대원들이 훈련하는 곳마다 나타났다.

또한 자신의 이미지에 부합하는 장교로 만들기 위해서 자주 강의를

---

* Patton, letters to Beatrice, February 9, 1944, and March 6, 1944, in Martin Blumenson, ed., *The Patton Papers 1940-1945*, reprint ed. (New York: Da Catp, 1966), 413 and 421.

** Patton, letter to Beatrice, February 3, 1944, in Blumenson, ed., *The Patton Papers 1940-1945*, 411.

하고 일련의 지휘 서신을 발행했는데, 아마도 그중 가장 중요한 서신은 1944년 3월 6일 자로 발행된 첫 번째 지휘 서신일 것이다. 가장 중요한 가르침은, "솔선수범"하고 부여된 목표를 달성하는 데 모든 책임을 다하라는 내용이었다. 이에 실패하면 "전사하거나 큰 부상을 입지 않은 장교는 자신의 모든 의무를 다하지 않은 것"이라고도 했다. 좀 더 구체적으로 말하면, 지휘관뿐 아니라 (다소 멀리 떨어져 있는 사령부에서 비교적 안전한 가운데 일하는 것에 익숙해진) 참모장교들에게 "매일 전선을 방문하라"고 했다. 전선에서는 병사들에게 "간섭하지 말고 관찰하라"고 했다. 지휘자의 "기본 임무는… 너의 눈으로 직접 보고 개인적인 정찰을 수행하는 동안에 부대원들에게 보여지는 것이다." 전선에서는 "질책보다는 칭찬이 더 가치 있다"며 좋은 장교는 구체적인 성과를 위해 긍정적인 강화를 많이 해야 한다고 했다. 또한 전선에서 직접적인 참여는 명령의 효과적인 실행을 보장하는 데 필수적이라고 패튼은 썼다. 명령을 내리는 것은 지휘관의 업무 중 10%이다. "나머지 90%는… 적절하고 활발한 수행을 보장하는 데 써야 한다."[*]

패튼은 장교들에게 전투에서는 "상급자가 (전선으로) 가는 것이 하급자가 (사령부로) 오는 것보다 언제나 쉽다"고 설명했다. 장교들은 부상자들을 자주 방문하여 즉시 훈장을 수여해야 한다고도 했다. 이러한 지침은 장교들이 목숨을 걸고 계속 노력해서 지켜야 하는 것이다. 그 외에도 패튼은 적절한 휴식의 중요성도 강조했다. 지친 장교들은 비효율적일 뿐 아니라 상황을 비관적으로 판단하는 경향이 있기 때문에 공격적으로 행동

---

[*] Patton, letter of instruction to officers, March 6, 1944, in Blumenson ed., *The Patton Papers 1940-1945*, 423.

하지 못한다는 것이다. 피로는 "우리 모두를 겁쟁이"로 만든다. 모든 사람이 "항상 일해야 하는 위기의 상황도 있지만, 이런 비상 상황은 자주 일어나는 것은 아니다." 활발한 활동을 조언하면서도 패튼은 장교들이 쓸데없이 힘을 쓰는 것을 원치 않았다. 그것이 지휘소를 가능한 한 전진 배치한 또 다른 이유였다. 그 위치라면 전선으로, 그리고 전선으로부터 운전해 오는 데 낭비되는 시간을 줄일 수 있었다.[*]

패튼은 지도는 분명 자체로도 중요하지만, 지휘관에게는 자신의 존재가 필요한 곳을 직접 알려주는 것이라고 썼다. 계획은 "단순하고 융통성 있어야 하고, 그것을 실행하는 사람들이 만들어야 한다"고 했다. 계획은 정찰에 근거해야 하며, 신선할수록 더 좋은 달걀처럼 새로운 정보를 제공해야 한다고 했다. 명령도 계획과 마찬가지다. 간단하고 짧아야 한다. 거기에는 "어떻게 하나가 아니라, 무엇을 해야 하는지"를 말해야 한다. 그러나 명령은 분명하고 완벽해야 하며, 절대로 아무도 모르게 해서는 안 된다. 기동이나 작전 전에 미리 내리는 "준비 명령"은 전투 관련 부서뿐 아니라 의료 부서, 병참장교 등의 지원 부서를 포함하여 필요한 모든 사람에게 적시에 내려져야 한다. 만일 지원 부서가 "제 기능을 하지 못하면 싸우지 못한다." 보급의 책임은 "공급자와 수요자에게" 똑같이 있다고 훈계했다.[**]

오늘날 육군장교들도 여전히 읽고 있는 이 지휘 서신은 마지막은 이렇

---

[*] Patton, letter of instruction to officers, March 6, 1944 and letter of instruction to officers, April 3, 1944, in Blumenson, ed., *The Patton Papers 1940-1945*, 424 and 432-34.

[**] Patton, letter of instruction to officers, March 6, 1944, in Blumenson ed., *The Patton Papers 1940-1945*, 424.

게 끝이 난다. "용기! 두려움에 떨지 마라."[*]

지휘 서신으로 발행된 패튼의 격언은 그의 정신과 스타일의 일부를 요약한 것일 뿐, 이 지휘관의 개인의 존재와는 비교할 수 없었다. 패튼의 연설에 참석한 한 젊은 병사가 가족에게 편지를 썼다. "우리는 그의 출현에 얼어붙었습니다. … 온몸에 소름이 끼쳤습니다. 그것은 내가 아는 가장 큰 스릴 중의 하나였습니다. … 완벽하게 우뚝 솟은 그 모습에 꼼짝할 수 없었으며, 공기에는 전율이 흘렀습니다."[**]

"나는 확신한다." 패튼은 이 연설에서 자신의 부대원들에게 말했다. "미 제3군은 미국 역사상 가장 위대한 군대가 될 것이다. … 우리는 독일 놈들을 죽일 것이다. 나는 산 채로 가죽을 벗겨버리고 싶은데, 여러분의 본국에 있는 일부 사람들이 나를 너무 거칠다고 비난할까 봐 두렵다."

젊은 병사는 이 시점에서 장군이 "슬쩍 미소를 지었다"고 썼다. "우리는 모두 즐거워하며 웃었습니다. 그는 30분 동안 우리에게 말했고, 문자 그대로 그의 비할 데 없는 혹은 불경스러운 웅변으로 우리를 최면에 빠뜨렸습니다. 그가 연설을 마치자 우리는 마치 어떤 신성한 원천으로부터 엄청난 에너지를 받은 것 같았습니다. 지옥에 가서도 살아 돌아올 남자들이 거기 있었습니다."[***]

하지만 몇 주가 지나도록 제3군은 지옥이든 다른 곳이든 가지 못하고 있었다. 패튼은 제3군 사령관이었지만 앞으로 다가올 노르망디 침공

---

[*] Patton, letter of instruction to officers, March 6, 1944, in Blumenson, ed., *The Patton Papers 1940-1945*, 424.

[**] Third Army soldier quoted in Martin Blumenson, *Patton: The Man Behind the Legend, 1885-1945*, 424.

[***]Patton's address quoted in Blumenson, *Patton*, 220-21.

인 오버로드 작전의 진행 계획이나 방향에 관해서는 사실상 어떤 역할도 하지 못했다. 반면에 다시 한번 야심 차고 종합적인 허위 정보 유출 프로그램의 일부인 미끼 임무를 부여받았는데, 패튼은 노르망디가 아닌 파드칼레Pas de Calais에서 프랑스로 침공할 준비를 하는 가공의 군대를 담당하게 되었다. 영국해협의 가장 좁은 지점으로 반대편 도버Dover에서 직접 횡단할 수 있었기 때문에 파드칼레는 가장 침공이 유력한 장소였고, 독일로 가는 가장 직접적인 루트이자 열려 있는 관문이었다. 연합군은 독일군 고위 사령부가 노르망디 해안이 공격받을 것으로 추정하고 있다는 것을 알고 실제 침공군이 집결하고 있던 영국 해안을 따라 도버에 거대한 미끼 부대를 구성했다. 미끼로는 합판 비행기, 팽창식 고무 전차, 빈 텐트, 빈 건물들이 포함되었는데, 대부분은 영국과 미국의 영화 스튜디오에서 독창적으로 설계되고 제작되었으며, 인간의 활동 모습과 가짜 라디오 통신 및 가짜 뉴스 방송 등이 모두 동반되었다. 독일군이 가장 두려워하고 존경하는 것으로 알려진 패튼 장군을 활용하는 것은 아마도 가장 대담한 속임수였을 것이다. 독일군 고위 사령부는 패튼이 있는 그곳을 침공의 시작 지점으로 예견했다.

패튼 같은 기질을 가진 사람에게는 미끼 작업이 불쾌하지 않은 것처럼, 그는 또한 언론이 도버가 아닌 다른 곳에서 그에 관한 이야기를 다루지 않도록 대중의 관심에서 벗어날 필요가 있었다. 4월 말, 너츠포드의 숙녀들은 연합군 사이의 동료 의식을 다지게 하려고 도넛과 커피, 그리고 대화가 있는 미군 환영 파티를 열었다. 개막식에 초대받은 패튼은 처음에는 거절했다. 연합군의 교묘한 속임수가 여지없이 작용한 결과 독일군 제 15군 전체가 파드칼레로 이동한 상황에서 패튼은 도버가 아닌 너츠포드에 있는 자신을 드러내어 기만행위를 훼손시키는 위험을 감수하고 싶지 않았다. 하지만 제3군의 지휘관으로 좋은 관계를 유지하기를 진심으로 바라며 결국 개막식에 참석은 하되 축사는 하지 않기로 했다. 심지어 의도적으로 15분 늦게 도착하면서 행사 대부분을 피할 수 있길 희망했다. 그러나 너츠포드의 예의 바른 숙녀들은 그를 기다렸고, 그가 도착하자 환영하며 소개를 하고 축사를 해달라고 부탁했다. 그는 불쾌한 내색 없이 거절하지 못하고 단상에 올랐다. 그다음 무슨 일이 일어날지는 아무도 예상하지 못했을 것이다.

패튼의 짧은 발언은 즉흥적이었기 때문에 그 연설에 대해서는 패튼의 기억만이 유일하게 남아 있는 실제 기록이다. 그는 부드럽고 재치가 있었다. "오늘까지, 이런 환영을 받은 것은 '지옥 같은 곳'에서 독일군과 이탈리아군이 환영해준 것이 유일했습니다." 이어서 그는 "이런 환영회는 매우 실제적인 의미가 있다고 생각합니다. 저는 버나드 쇼Bernard Shaw를 믿습니다. 그가 말한 거로 기억하는데, 영국인과 미국인은 하나의 공통 언어로 나누어진 두 나라이고, 영국인과 미국인은 명백하게 한 운명입니다. 우리는 러시아인들이 세계를 지배하려고 할 때 서로에 대해 더 잘 알수록 더 잘 대처할 수 있습니다"라고 말했다.[*]

"악의없는"이라는 단어가 그 행사와 연설을 가장 잘 묘사한다. 따라서 4월 26일 난리가 나자 패튼은 깜짝 놀랐다. 패튼이 너츠포드 행사 기사를 쓰지 말라고 부탁했음에도 몇몇 신문들은 그의 발언을 선별하여 인용했고, 심지어 문맥을 무시하고 영국과 미국인이 전후 세계를 지배할 것이라

---

[*] Patton, remarks to the Knutsford Welcome Club, April 25, 1944, in Blumenson, ed., *The Patton Papers 1940-1945*, 440-41.

말했으며 러시아에 관한 어떤 언급도 하지 않았다고 보도했다. 영국에서는 아무도 신경 쓰지 않았고 처칠 총리는 찻잔 속의 폭풍이라고 일축했지만, 미국 신문들은 패튼이 용감한 동맹 러시아를 모욕했다는 과장된 기사를 헤드라인으로 실었다. 심지어 러시아인을 모욕하는 것에 반대하지 않는 신문들까지도 "세계를 지배한다"는 바로 그 생각이 민주주의 군대의 지도자라기보다 히틀러와 도조東條英機에 더 어울린다고 떠들었다. 곧 상원의원들과 하원의원들은 다시 한번 장군의 해임을 요구했다.

패튼은 망연자실하며 당황했다. 그는 따귀 사건이 왜 스캔들이 되었는지 이해했다. 하지만 이것은 그가 항의했듯이, 그의 발언이 아니라 보도에 잘못이 있었다.

따귀 사건 이후 패튼을 강하게 옹호하던 아이젠하워는 마셜 장군에게 패튼을 집으로 돌려보내는 "가장 극단적인 조치를 심각하게 고려하고 있습니다"라고 썼다. 마셜은 이 문제를 아이젠하워에게 돌려보내면서, 만약 코트니 호지스Courtney Hodges 중장(제1군 사령관)이 패튼만큼 효과적으로 제3군을 지휘할 수 있다고 믿는다면 패튼을 희생시키는 것을 주저해서는 안 된다고 말했다. 그러나 만약 패튼만이 제3군 사령관이 될 수 있다고 이해한다면 "우리가, 현재의 불행한 반응에 대한 부담"을 짊어지자고 마셜은 조언했다.[*]

아이젠하워는 5월 1일 패튼을 사령부로 소환했다. 패튼이 불려 오자 "조지, 자네는 아주 심각한 문제에 부딪혔다네"라고 말하며 대화를 시작했다. 패튼이 말을 끊었다. "장군의 일이 내 일보다 더 중요하다고 말하

---

[*]　Marshall, cable to Eisenhower, quoted in Blumenson, ed., *The Patton Papers 1940-1945*, 446.

고 싶군요. 그러니 나를 구하려다 다치지 말고 나를 버리세요." 아이젠하워는 이런 용맹에도 그를 안심시킬 수 있는 반응을 보이지 않았다. 그는 패튼에게 책임은 자신이 지게 되어버렸고, 패튼이 계속 지휘하는 것은 심각한 문제가 있다고 직설적으로 말했다. 패튼은 일기에 쓰길, 침공 연대 중 하나를 지휘할 수만 있다면 대령으로 강등되어도 된다는 의향을 표명하며 답변했다고 한다. "이것은 부탁이 아니라 권리네." 대화에 관한 회고록에서 아이젠하워는 그 점을 언급하지 않았지만 다만 이것만은 기억했다.

거의 어린 소년이 반성하는 몸짓으로 (패튼은) 내 어깨에 머리를 기댔다. … 이 때문에 그의 헬멧이 떨어졌다. 내가 가끔 생각하기로는 그가 침대에서도 쓰고 있었던 그 반짝이는 헬멧이 말이다. 헬멧이 방 저편으로 굴러가는 동안 나는 내가 우스꽝스러운 상황에 처해 있다는 다소 이상한 느낌이 들었다. … 그의 헬멧이 바닥을 가로질러 구석으로 튕겨 나갔다. 아무도 들어와 그 광경을 보지 않기를 기도했다. … 그는 사과도 어색함도 없이 걸어가 헬멧을 집어 들고는 말했다. "충성! 이제 제 사령부로 돌아가도 되겠습니까?"[*]

이 대화가 있은 지 이틀 뒤 아이젠하워는 패튼에게 전보를 보냈다. "나는 당신의 개인적인 경솔함에서 비롯된 파장에도 불구하고 다시 한번 계

---

[*] Carlo D'Este, *Eisenhower: A Soldier's Life* (New York: Henry Holt, 2002), 508.

속 지휘권을 유지하게 할 것이오. 나는 다른 이유가 아닌 오직 전투 지휘관으로서 당신을 신뢰하기 때문이오." 아이젠하워는 전보와 함께 홍보담당자 저스트 "조크" 로렌스Justus "Jock" Lawrence 대령을 통해 자신의 추가적인 통지가 있을 때까지는 패튼이나 참모들이 어떠한 공개적인 성명도 발표하지 못하도록 하게끔 메시지를 전달했다. "자, 어서. 조크, 아이크가 정말 뭐라고 했어?" 패튼이 물었다. 로렌스가 대답했다. "아이크가 해도 된다고 말하기 전까지 장군은 공개적으로 그 빌어먹을 입을 열지 말라고 했습니다."*

패튼은 다시 한번, 가까스로 구원을 받았다. 일시적으로 상황을 모면한 그는 자신의 군대를 훈련하기 시작했고, 이전 근무지들에서 그랬던 것처럼 가장 저명한 지역 가문과 사회생활을 즐기며 시간을 보냈다. 디데이가 다가올수록 그의 군대는 고도로 훈련되고 정교하게 다듬어졌으며, 패튼은 작전을 기다리는 동안 그 날카로움이 무뎌질까 봐 걱정되었다. 따라서 그는 각 부대를 직접 순시하며 유명한 전투 연설을 더 많이 했다. 지금까지도 가장 유명한 것들은 침공 전 한 달 사이에 몇 번씩이나 연설하였다. 평소처럼 패튼은 메모에 의존하지 않았다. 연설의 몇 가지 변형된 형태가 서로 다른 시간에 연설을 들은 다양한 목격자들에 의해 전해졌다. 패튼은 일기에 "나의 모든 얘기가 그렇듯, 나는 전투와 사살을 강조했다"라고 적었다.

　제군들, 미국이 전쟁을 피하고 싶어 하고, 싸우고 싶어 하지 않는

---

* D'Este, *Eisenhower*, 509.

다고 떠벌리는 일부 뉴스 정보원들의 말은 헛소리이다. 미국인들은 전통적으로 싸우길 좋아한다. 모든 진짜 미국인들은 전쟁의 상처와 충돌을 좋아한다. 미국은 승자를 사랑한다. 미국은 패배자를 용납하지 않는다. 미국인들은 겁쟁이를 경멸하고, 미국인들은 이기려고 한다. 그렇기 때문에 미국은 절대 지지 않았고, 전쟁에서 절대 지지 않을 것이다.

여러분 모두가 죽는 것은 아니다. 오늘 여기 있는 여러분 중 2%만이 이 큰 전투에서 죽음을 맞이할 것이다. 죽음을 두려워해서는 안 된다. 죽음은 언젠가 우리 모두에게 오는 것이다. 그리고 모든 남자는 자신의 첫 번째 작전을 무서워한다. 만약 그가 아니라고 말한다면, 그는 빌어먹을 거짓말쟁이다. … 진정한 영웅은 무서워도 싸우는 남자이다.

여러분은 군 생활 내내 "거지 같은 훈련"이라고 불평했었다. 하지만 그것은 군대의 다른 모든 것처럼 확실한 목적을 가지고 있었다. 그 목적은 명령에 복종하고 지속적인 경계 태세를 만들고 유지하는 것이다! 이것은 모든 군인이 반드시 길러야 한다. 살아 있기를 바란다면 항상 경계하라. 그렇지 않으면 어떤 독일군 개자식이 뒤를 몰래 강타할 것이다. 시칠리아 어딘가에는 깔끔한 무덤 400개가 있는데, 모두 한 사람이 근무 시간에 잠을 잤기 때문이다. … 하지만 그것은 독일군의 무덤이다. 우리가 그 독일놈이 잠든 걸 보았기 때문이지! 육군은 한 팀이고, 팀으로 살고, 자고, 싸우고, 먹는다. 개별적인 영웅 행동은 말도 안 되는 소리다. 《새터데이 이브닝 포스트》에 그런 글이나 쓰는 야비한 개자식들은 자신들이 잘 안다고 염병을 떠는데, 실제 전투의 사격 속에서 싸우는 것에 대해서는 하나도 모른다!

육군의 모든 남자는 중요한 역할을 한다. … 심지어 미군을 위해 물을 끓이는 사람까지!

기억해라, 제군들. 여러분은 내가 여기 있다는 것을 모른다. … 나는 이 부대를 지휘하고 있으면 안 된다. … 나를 찾는 첫 번째 개자식은 빌어먹을 독일군일 것이다. 나는 그들이 올려보며 울부짖기를 바란다. "아. 이런 또 염병할 제3군과 개 같은 패튼이잖아!"

이 일을 끝내고 여기서 당장 나가자, 그리고 일본놈들을 잡자!!! 집으로 가는 가장 빠른 길은 베를린과 도쿄를 지나는 길이다! 우리는 이 전쟁에서 승리할 것이다. 그러나 우리가 승리하려면 오직 적이 가지고 있거나 가질 수 있는 것보다 더 많은 배짱이 있다는 것을 보여주어야만 가능하다!

모든 일이 끝나고 다시 집으로 돌아가게 되면 제군들이 할 수 있는 훌륭한 이야기가 있다. 20년 뒤 손자를 무릎에 앉히고 난롯가에 둘러앉아 있을 때 손자가 전쟁 중에 무엇을 했는지 묻는다면, 여러분은 손자 녀석을 다른 무릎으로 옮겨 앉히며 헛기침을 하고 "나는 루이지애나에서 빌어먹을 삽질을 했단다"라고 말할 수 있음을 하나님께 감사하게 될 것이다.[*]

---

[*] Patton, speech, quoted in Blumenson, *Patton*, 228.

패튼의 연설을 들은 사람 중 소수는 그의 비속한 언어에 불쾌해 했지만, 대부분의 부하는 그것을 즐겼다. 그가 기르고 유지시키려는 전투 정신을 가진 부대원들에게, 그가 알고 있었지만 말하지 않은 것 중 가장 중요한 내용은 제3군이 디데이 상륙작전에 참가하지 않는다는 사실이었다. 이 작전은 요충지의 적 방어를 방해하기 위해 낙하산부대와 글라이더부대의 공중강습으로 시작하고, 그 뒤 브래들리의 미 제1군과 마일스 뎀프시 경Sir Miles Dempsey의 영국 제2군이 노르망디 해변에 상륙하게 된다. 뎀프시는 캉Caen을 점령한 뒤 내륙으로 진격하여 팔레즈Falaise 평원을 확보하고, 헨리 크레라르Henry Crerar의 캐나다 제1군을 위한 길을 내주는 임무를 맡았다. 그 사이 브래들리는 셰르부르Cherbourg를 확보하고 남쪽으로 기동하여 아브랑슈Avranches로 갈 계획이었다. 일단 아브랑슈가 확보되면, 패튼의 제3군이 상륙하여 브르타뉴Brittany를 통과해 질주를 시작한다. 물론 확실히 중요한 임무였지만, 패튼은 모든 일의 시작인 초기 상륙작전 강습에 관여하지 못한다는 것에 크게 실망했다.

1944년 6월 6일, 디데이가 지나갔다. 패튼은 영국에서 대기만 했다. 1936년 하와이에서 패튼과 바람을 피운 젊은 여성 진 고든은 1944년 7월 초 런던에 도착해, 미군에게 도넛과 커피를 전달하는 자원봉사자인 적십자의 "도넛 돌리doughnut dolly"로 제3군에 배치되었다. 아이젠하워의 병참장교 중 한 명인 에버렛 휴즈Everett Hughes에 따르면, 패튼은 그에게 이 아름다운 젊은 여성이 "12년 동안 나의 것이었다"고 말했다고 한다. 패튼, 진 고든, 또는 이 둘을 모두 아는 사람들은 그들 사이에 삼촌-조카 사이가 아닌 다른 어떤 면이 있다는 것을 부인했다. 하지만 베아트리체는 두 사람이 연인 관계라고 확실하게 믿고 있었다. 그녀는 남편에게 진이 신경

쓰인다고 편지에 썼다. 8월 3일 패튼이 답장했다. "우리는 한참 전투 중이오. 그래서 다른 사람을 만날 수도 없으니 걱정하지 마오."*

7월 초 제3군은 영국에서 노르망디로 조용히 배치되었다. 비록 침공이 거의 한 달 전에 시작되었지만, 독일군 최고사령부의 많은 사람은 여전히 패튼이 이끄는 주요 상륙군이 파드칼레에 아직 오지 않았다고 믿었다. 따라서 독일군은 해당 지역에 제15군을 계속 주둔시켰다. 패튼은 이 속임수가 계속되기를 바라면서 자신의 군대가 해협을 횡단하기 시작하는 동안 영국에 남아 있었다. 마침내 디데이로부터 정확히 한 달 뒤인 7월 6일, 그와 참모들은 C-47을 타고 해협을 가로질렀다. 착륙하자마자 내린 첫 명령은 사령부 설치였다. 하지만 도착하자마자 비밀이었던 그의 도착이 알려졌다. 특파원뿐 아니라 일반 병사들과 수병들까지 주위에 몰려들었다. 패튼이 연단에 올랐다. "나는 여러분들 곁에서 싸우러 온 것이 자랑스럽다. 이제 독일놈들의 배를 가르고 베를린으로 전진하자. 그리고 베를린에 도착하면……." 패튼은 눈에 띄게 상아 손잡이가 달린 리볼버를 차고 있었다. "액자에 걸려 있는 그 빌어먹을 개자식을 내가 뱀처럼 직접 쏴버리겠다." 그의 도착을 목격한 한 해군 중위는 "패튼 장군을 보았을 때… 베이브 루스 Babe Ruth가 야구장 타석을 향해 성큼성큼 오르는 걸 봤을 때

---

* See Carlo D'Este, *Patton: A Genius for War* (New York: HarperCollins, 1995), 744. The truth about Patton and Jean Gordon will probably never be known for certain. What is certain is that early in January 1946, weeks after her husband died, Beatrice Patton confronted Jean Gordon in a meeting she arranged at a Boston hotel. Beatrice fixed her eyes on Jean, leveled a finger at her, and recited a curse she had picked up in Hawaii: "May the Great Worm gnaw your vitals and may your bones rot joint by little joint"(D'Este, *Patton*, 806). No one knows what else the two women said to one another, but January 8, 1946, a few days after the meeting, Jean Gordon, not yet 31, put her head in the oven at a friends' New York City apartment and turned on the gas.

와 같은 느낌이 들었다. 이곳에 무언가를 지옥으로 차버릴 덩치 큰 사람이 있구나."[*]

그러나 패튼은 아직 타석에 올라서지 못했다. 프랑스에서도 기다림이 계속되었다. 7월 20일 히틀러 암살 시도 소식이 패튼에게 전해지자 그는 당황하며 브래들리의 사령부로 달려갔다. "제발, 브래드. 전쟁이 끝나기 전에 나를 전투에 투입시켜 주게." 7월 22일 그는 베아트리체에게 편지를 썼다. "내가 이곳에 도착한 지 3주가 지나도록 아직도 여전히 전쟁은 없소." 비, 끊임없이 내리는 비 때문에 치명적인 산울타리 지역에서 벗어나 그 너머 확 트인 평원으로 들어갈 계획인 코브라 작전은 지연되고 있었다. 패튼은 일기에 브래들리의 소심함, 코트니 호지스의 무능함, 아이젠하워의 "자질" 부족에 대하여 불평하는 글을 썼다.[**]

7월 24일 브래들리는 생로Saint-Lô 와 쿠탕스Coutances 간 주요 도로의 바로 북쪽에 있는 라 샤펠-엔주거La Chapelle-Enjuger와 헤베크레봉Hébécrevon 사이 지역을 타격하려고 했다.

연합군 폭격기들이 미군 전선에 폭탄을 잘못 떨어뜨려 150명이 죽거나 다쳤다. 하지만 다음 날 1,500대의 B-17과 B-24는 목표물에 고성능 폭탄을 정확하게 투하했다. 이 폭격에 이어 중폭격기와 전투폭격기가 네이팜탄을 투하했다. 합동공습으로 독일군 전선에 구멍이 뚫렸고, 그 사이로 코브라 작전의 지상군이 폭발적으로 투입되었다. 7월 27일 브래들리

---

[*] D'Este, *Patton*, 613-14.

[**] Patton's plea to Bradley, quoted in D'Este, *Patton*, 616; Patton, letter to Beatrice, July 22, 1944, quoted in Blumenson, *Patton*, 486; Patton's criticism of Bradley, Hodges, and Eisenhower cited in Blumenson, *Patton*, 228.

는 패튼에게 트로이 미들턴Troy Middleton의 제8군단을 배속시켜 아브랑슈로 향해달라고 비공식적으로 요청했다. 마침내 그는 11개월 만에 다시 전장에 뛰어들었다.

Chapter 11

전사

Warrior

　브래들리의 원래 계획은 제3군과 패튼을 생 말로St. Malo 만의 주요 항구이자 브르타뉴로 가는 관문인 아브랑슈에 투입할 생각이었다. 하지만 울타리가 우거진 옛 석벽으로 둘러싸인 프랑스의 시골은 병력과 차량이 나아가는 데 엄청난 장애였고, 이 위험한 전원지대(산울타리 지역)에서 아주 비통하고 피비린내 나는 작전이 지연된 뒤 아브랑슈를 확보하기도 전에 너무나도 갑작스레 코브라 작전의 돌파구가 형성되었다. 패튼은 전 부대가 프랑스에서 공식적으로 편성되기 전에 이 중요한 목표를 확보해달라는 요청을 받은 것에 분명 큰 기쁨을 느꼈을 것이다.

　패튼은 자신의 트레이드마크인 전진을 가열차게 하였고, 2개 기갑사단을 활용하여 목표인 두 도시를 향해 나란히 달리게 하였다. 패튼의 부대는 사흘 만에 아브랑슈에 도착했다. 나흘 째 되는 날 퐁토보Pontaubault에 있는 다리를 확보함으로써 미 육군이 남쪽의 루아르Loire 강, 동쪽의 센강과 파리, 그리고 서쪽의 브르타뉴, 이렇게 세 방향으로 진출할 수 있게 되었다. 코브라 작전으로 연합군은 프랑스 전역으로 돌파해 들어갈 수 있는 주요 동맥을 확보하였다.

8월 1일 브래들리는 제12집단군 사령관이 되었다. 여기에는 (원래 편성된 대로) 코트니 호지스의 제1군과 패튼의 제3군이 포함되었다. 작전이 개시된 지 거의 두 달이 지난 즈음 패튼은 프랑스 전투에 완벽히 참여하고 있었다. 이는 그가 보기에 자신에게는 불운이었지만, 객관적으로 보면 사실 운수대통이었다. 패튼의 명성은 더욱 높아졌다. 그가 작전을 개시할 무렵 6월과 7월 초의 끔찍했던 비가 그쳤고, 브래들리는 마침내 산울타리 지역을 돌파했다. 이제 확실하게 기동전이 가장 필요한 순간이었고, 동시에 가능해진 순간이었다. 8월 초 프랑스 전쟁은 패튼 자신과 제3군이 준비해온 전쟁에 부합했고, 그의 기질과 천재성에 딱 들어맞았다.

브래들리의 명령에 따라 패튼은 트로이 미들턴의 제8군단이 브르타뉴를 향해 진격할 수 있도록 배치했다. 그곳은 대부분의 독일군이 노르망디 상륙을 방어하기 위해 떠난 터라 다소 방어가 약해진 상태였다. (그러나 주목해야 할 것은 독일군 제15군 전체가 여전히 파드칼레 해안에 있었고, 여전히 더 많은 연합군의 상륙을 예상하고 있었다는 점이다. 패튼이 프랑스에 도착한 것은 더는 비밀이 아니었지만, 아이젠하워는 뉴스 기사에 패튼의 이름이 언급되는 것을 자제해달라고 요구했다. 그는 독일군이 패튼의 행방을 추측하고 독일군 제15군이 가능한 한 오랫동안 작전에서 제외되길 바랐다.) 패튼의 제3군은 놀라운 기동의 자유를 누린 반면, 호지스의 제1군과 뎀프시의 영국군 제2군, 그리고 크레라르의 캐나다 제1군은 패튼의 작전지역 북동쪽에서 나타난 강력한 독일군과 치열한 교전을 벌이느라 교착상태에 빠져 있었다. 이에 브래들리는 제

3군의 3개 군단을 아브랑슈에서 출발시켜 동쪽과 남동쪽인 센강과 루아르강으로 진격해 다른 연합군이 받는 압력을 줄이도록 명령했다. 동시에 패튼에게는 1개 기갑사단을 보내 렌Rennes을 경유하여 로리앙Lorient(브르타뉴의 남쪽 해안, 비스케이만Bay of Biscay에 위치, 아브랑슈에서 약 100마일 떨어짐)을 확보하게 하고, 또 다른 사단은 브레스트Brest(브르타뉴 해안의 서쪽 끝, 200마일 떨어짐)를 점령하게 했다. 패튼의 군대는 처음부터 루아르강 북쪽의 프랑스 지역을 가로지르며 작전을 수행했다. 이런 전면적인 기동은 루이지애나와 텍사스 기동훈련에서 길러진 고전적인 패튼 스타일로, 그때 그는 장거리를 빠른 속도로 기동할 수 있다는 생각을 가르쳤다.

패튼과 달리 구식 지휘관이었던 미들턴은 브레스트를 향하고 있던 사단을 우회시켜, 생 말로에 있는 독일군을 공격하는 데 집중했다. 앞에서 언급했듯이 지휘관으로서 패튼은 자신의 업무 가운데 장교들에게 명령을 내리는 것이 10%를 차지하고, 나머지 90%는 지휘관의 명령을 제대로 수행하고 있는지 확인하는 것이라 생각했다. 따라서 브레스트로 향하라는 자신의 명령을 따를 수 있도록 미들턴의 우회 명령을 철회시켰다. 자신이 지정한 목표를 향해 나아가게 조치했다. 패튼은 기갑사단이 생 말로에서 지체되지 않게 하는 대신 보병사단을 보내 마을을 포위 공격하게 했다. 빠른 기갑부대는 브레스트와 같은 먼 거리 목표에 가장 적합했고, 아브랑슈에서 가까운 생 말로는 보병들이 처리할 수 있었다. 패튼이 재빨리 조치했음에도 미들턴이 초래한 지연으로 대가가 따랐다. 기갑사단이 브레스트에 도착했을 때 도시의 수비는 강화되어 있었다. 브레스트는 바로 함락되지 않았고, 9월 초까지도 항복하지 않았다. 속도전을 위해서는 고도의 조정이 필요했고, 모든 예하 지휘관들은 상관의 변함 없는 공격성에 동참해야 했다. 아무리 유능하더라도 구식 지휘관들은 불균형적인 희생이 따르는, 지연을 야기할 수 있는 약한 고리였다.

패튼의 사단은 렌을 쉽게 지나쳤지만, 로리앙에는 매우 강한 수비대가 있다는 것을 알게 되었다. 미군 보병들이 도시 주변에 배치되어 도시를 고립시켰지만, 로리앙은 전쟁이 끝날 때까지 항복하지 않았다.

패튼은 브레스트와 로리앙에 부대들이 잡혀 있는 것을 용납하지 않았다. 브래들리의 명령에 따라 그는 제15군단을 독일군 진지가 비어있는 남동쪽과 동쪽으로 기나긴 질주를 하게 했다. 동시에 제20군단을 루아르강을 향해 보냈다. 공격적인 지휘관인 웨이드 하이슬립Wade Haislip과 월튼 H. 워커Walton H. Walker의 지휘 아래 두 개의 군단은 모든 것을 휩쓸며 후방의 독일군 부대들을 혼란에 빠뜨렸다. 하이슬립은 일주일 만에 르망Le Mans에 도착했다.

이 무렵 독일군 지휘관들은 노르망디 침공의 규모를 깨닫기 시작했고, 히틀러에게 노르망디에서 완전히 철수할 수 있도록 승인해달라고 건의했다. 히틀러는 철수 승인을 거부했을 뿐 아니라 오히려 반격을 명령했다. 연합군의 뛰어난 암호 해독 작전인 울트라Ultra 덕분에 반격 명령을 가로챌 수 있었다. 패튼은 자신이 전투에 대한 육감이 있다는 믿음을 자주 표현했고, 실제 그가 대체로 의존한 것은 첨단기술의 해독이 아니라 바로 이 육감이었다. 하지만 울트라의 정보가 내키지는 않았지만 실제 반격이 있을 경우를 대비해 1개 사단의 이동을 중단하고 모르탱Mortain 근처로 이동할 준비를 마친 상태로 아브랑슈 근처에서 방어를 유지하도록 조치하기에는 꽤 설득력이 있었다. 실제로 반격이 일어나자 패튼은 울트라에 대한 생각을 바꾸었고, 그때부터 울트라 담당 장교인 멜빈 헬퍼스Melvin Helfers

에게 일일 브리핑을 하게 했다. 이것이 바로 전형적인 패튼이었다. 그는 자신의 직감에 대해 아주 신비한 믿음을 가지고 있음에도 불구하고, 일단 가치가 입증되면 가장 현대적인 기술도 받아들였다. 그는 초기에 전차를 위해 말을 포기했고, 이제는 진보된 암호 분석으로 직관을 보충할 용의가 있었다. 그 결과 미 제1군이 8월 8일 모르탱에서 공격을 받았을 때 패튼의 사단이 지원할 수 있었다. 방어태세를 취하는 것을 아주 싫어했지만, 패튼은 공격부대를 끌어들인 후 섬멸시킬 수 있는 종심 깊은 방어의 형태로 자신의 부대들을 전개시켰다.

그러나 패튼은 모르탱을 부차적인 것으로 여겼다. 아이젠하워와 몽고메리의 명령에 따라, 브래들리는 패튼에게 다음으로 하이슬립의 부대를 르망에서 동쪽에서 북쪽으로 방향을 전환하도록 명령했다. 노르망디에서 철수하는 독일 부대가 통과해야 하는 팔레즈Falaise에서 미군과 캐나다군의 간격을 좁히려는 생각이었다. 이것은 웨스트포인트 사관생도들 모두가 철저하게 연구한 기원전 216년 제2차 포에니 전쟁 시 칸나이 전투Battle of Cannae에서 한니발이 사용했던 고전적인 승리 전략으로 이중 포위의 이상적인 상황을 만들 수 있었다. 패튼은 고대의 위대한 장군을 따라 할 수 있어 좋아했으나, 평소처럼 그는 자기의 성과를 올리고 싶었다. 그는 하이슬립과 워커를 센강까지 동쪽으로 더 깊게 질주시킨 뒤 북쪽으로 방향을 전환하게 하여 아주 넓은 지역에 있는 모든 독일군을 포위하고 싶었다. 예상대로 패튼의 의견은 받아들여지지 않았고, 브래들리와 몽고메리, 그리고 아이젠하워는 아르장탕Argentan과 팔레즈에서 잠가버리는 좀 더 안전하고 조심스러운 얕은 포위망으로 충분히 적군을 물리칠 수 있다는 데 동의했다. 패튼은 분명 속으로는 한숨을 쉬었겠지만, 그 명령을 따랐다.

또한 그는 8월 13일 하이슬립을 아르장탕에서 멈추게 하라는 브래들리의 지시를 따랐는데, 이는 브래들리 예하부대가 몽고메리 집단군을 위해 배정된 지역을 침범하지 못하게 하는 조치였다. 이것은 논란의 여지가 있는 결정이었다. 독일군이 패튼과 호지스 사이를 공격하여 하이슬립의 노출된 측면이 맹공격을 받을까 봐 두려워한 브래들리는 몽고메리가 모든 것을 처리하고 두 집단군 사이의 경계를 넘을 때까지 하이슬립을 안전한 후방에 두기로 결정했다. 그동안 캐나다군의 팔레즈 진격은 지연되고 있었다. 하지만 브래들리가 확인하지 못한 독일군 역시 지연되고 있었다. 독일군은 아직 열려 있는 아르장탕-팔레즈 틈새를 빠르게 기동하여 연합군의 미완성 포위망을 뚫지 않고, 히틀러의 철수 승인을 기다리면서 이른바 팔레즈 주머니를 지키기 위해 싸우고 있었다. 히틀러에게 후퇴는 고려사항이 아니었다.

패튼은 독일군이 여전히 취약하다고 생각하여 움직이고 싶어 안달이 났다. 8월 14일 그는 폭넓은 남북 라인을 따라 동쪽의 목표들인 드뢰Dreux로는 하이슬립의 제15군단을, 샤르트르Chartres로는 워커의 제20군단을, 오를레앙Orléans으로는 맨튼 에디Manton Eddy의 제12군단을 기동할 수 있게 해달라고 브래들리에게 요청하였다. 그러나 바로 다음 날 패튼이 일기에서 언급했듯이 "신경쇠약에 시달리고 있는" 브래들리는 패튼의 사령부에서 패튼을 만났다. 브래들리는 판저 5개 사단이 아르장탕에 있다는 소문을 걱정하며 동쪽으로의 기동을 멈춰달라고 요구했다. "그의 신조는 '의심되면 멈춰라'인 것 같다." 그러나 패튼은 브래들리를 계속하여 설득했고, 3개 군단 모두 16일까지 목표를 달성했다. 패튼은 일기에 "내가 최

고 사령관이면 좋겠다"라고 휘갈겨 썼다.[*]

스피드와 협조가 특징이며, 전진 – 공격 – 전진 – (그리고) 공격 – (다시) 전진의 공식이 적용되는 질주를 통해 패튼은 브래들리의 얌전한 구식 작전이었던 코브라 작전을 화려한 돌파로 변형시켜 완성하였다. 이를 인식한 아이젠하워는 즉시 패튼의 이름을 언론에 공개했고, 곧장 전국의 모든 신문 지면에는 패튼이 노르망디를 거쳐 코탕탱Cotentin 반도에서 대규모 기동을 시작하여 어떻게 2주 만에 서쪽 브레스트에서 동쪽으로 약 250마일 떨어진 곳까지 드넓은 프랑스를 해방시키면서 수천 명의 독일군을 추격하고 포위했는지 그 설명으로 가득 찼다. 8월 16일 패튼은 베아트리체에게 이렇게 썼다. "당신이 예상했으리라고 생각하오. 우리는 브르타뉴, 낭트Nantes, 앙제Angers, 르망, 알렁송Alencon을, 그리고 아직 비밀인 여러 다른 곳을 점령했소." 그러나 패튼은 자신이 비문법적으로 부르는 "그들에 대한 두려움"이 "여전히 최고 속도로 질주 중인 우리를 멈추게 했소. 나는 만약 (나를) 그냥 내버려 둔다면 이 전쟁에서 이길 수 있을 것 같다오"라고 불평했다.[**]

패튼이 동쪽으로 밀어붙이자, 8월 15일 당시 알렉산더 패치가 지휘하던 미 제7군은 자유 프랑스군과 함께 프랑스 남부의 리비에라Riviera를 침공했다. 8월 16일 캐나다군이 팔레즈에 도달하자, 히틀러는 결국 아르장탕–팔레즈 주머니에서 독일군의 철수를 승인했다. 몽고메리의 요청에 따

---

[*] Patton, diary, August 15, 1944, in Martin Blumenson, ed., *The Patton Papers 1940-1945*, reprint ed. (New York: Da Capo, 1996), 511.

[**] Patton, letter to Beatrice, August 16, 1944, in Blumenson, ed., *The Patton Papers 1940-1945*, 512.

라 브래들리는 패튼에게 아르장탕을 초월해 북쪽으로 부대를 보내서 캐나다군과 연결하여 주머니를 봉쇄하라고 명령했다. 패튼은 재빠르게 대응하여 8월 17일 휴 개피에게 공격을 이끌라고 명령했다. 그러나 제5군단을 지휘하는 레너드 게로우Leonard Gerow가 개피의 계획에 반대해 18일까지 공격을 연기하였고, 다시 한번 독일군이 철수할 수 있도록 귀중한 시간을 벌어주고 말았다. 그 주머니는 8월 21일까지도 닫히지 않았다. 약 5만 명의 독일군 사상자가 발생했지만, 10만 명 이상이 연합군 야전사령관들이 머뭇거리는 틈을 이용하여 온전하게 철수했다. 적에 대한 이중 포위망도 결정하지 못했고, 제2의 칸나이도 없었다.

패튼은 기회를 잃어버려 애석해 하면서도 시간을 낭비하지 않았다. 대신 하이슬립을 드뢰에서 센강으로 보내려고 했다. 그의 의도는 하이슬립이 강을 건넌 다음 하류로 진출하여 독일군이 건너지 못하게 하는 것이었다. 팔레즈-아르장탕에서는 그들의 퇴로를 가로막지 못했지만, 센강에서는 막을 수 있었다. 하지만 또다시 상급 지휘부가 개입했다. 8월 19일 패튼은 하이슬립의 2개 사단 중 단지 1개 사단만을 센강으로 보내 강을 건널 수 있게 되었고, 다른 1개 사단은 비교적 안전한 강둑을 따라 하류로 기동해야만 했다. 이로 인해 패튼의 기동은 덜 위험했지만 독일군의 퇴로를 차단하는 효과도 훨씬 떨어지게 되었다. 그 결과 노르망디에서 차지한 연합군의 승리는 희석되었다. 패튼은 위험을 좋아해서 위험을 무릅쓴 것이 아니라 가능한 한 결정적이고 간결하게 행동하여 자신의 군대를 적에 짧게 노출하고 싶었다. 그가 보았듯이 지금 죽이거나 붙잡지 못하는 적은 나중에 그들의 조국에서 더 가까운 곳에서 다시 싸울 수 있었고, 그때 적들은 더 치열하게 싸우게 될 것이었다.

패튼을 알리려는 언론의 성급함 때문에 뉴스 미디어는 패튼과 제3군이 파리를 해방시켰다고 잘못 보도했다. 사실 호지스의 미 제1군은 8월 25일 미 보병사단 및 (자크 르클레르Jacques Leclerc가 지휘하는) 자유 프랑스군 기갑사단과 함께 빛의 도시를 해방시켰다. 패튼은 이 기간 하이슬립의 제15군단을 제1군에 넘기고, 워커 및 에디와 함께 파리 남동쪽 믈룅Melun과 퐁텐블로Fontainebeau에서 센강을 건넌 다음, 몽트호Montereau와 썽Sens에서 욘Yonne강을 건넜다. 엄청난 속도로 진군한 패튼은 독일군이 폭파하기 전에 주요 다리들을 확보할 수 있었다. 패튼은 벨기에 방향으로 북상하고 있는 제1군에 멍뜨Mantes와 믈룅에 있는 다리를 넘겼다. 또한 제3군과 함께 동쪽으로 질주하여 재빨리 트루아Troyes, 랭스Reims, 그리고 샬롱Chalons을 연달아 점령했다. 그는 옛 요새 마을인 낭시Nancy와 메스Metz 사이에서 모젤Moselle강을 건너는 것을 목표로 삼았고, 라인Rhine강에서 겨우 100마일 떨어진 곳에 제3군을 전개시키고 싶었다. 패튼은 그 전설적인 라인강을 건너는 최초의 연합군사령관이 되길 간절히 바랐다.

독일군은 패튼을 막을 수 없었지만, 연합군의 병참은 패튼을 정지시킬 수 있었고, 실제로도 그랬다. 8월 말 뫼즈Meuse에서 제3군은 휘발유를 다 소모하였다. 독일의 중요한 서쪽 방어선인 지그프리트 선Siegfried Line에는 사실상 아무도 없었다. 패튼은 브래들리에게 40만 갤런의 휘발유를 준다면 이틀 안에 독일 국경 내에 있게 될 것이라고 말했다. 그는 8월 30일 일기에 "뫼즈에서 멈추는 것은 끔찍하다. 우리는 보름스Worms 근처에서 라인강을 건너야 한다. 그리고 더 빨리할수록 목숨과 군수품을 아낄 수 있다. 나 말고는 아무도 '포기하는 시간'의 끔찍한 가치를 깨닫지 못하고 있다."* 패튼은 브래들리, 몽고메리, 그리고 다른 사람들이 관심을 독차지하는 자신의 전진을 부러워하여 고의로 휘발유 보급을 보류하고 있다고 의심했다. 아이젠하워가 런던을 비롯한 영국 도시들을 공포에 떨게 하는 V-1 버즈 폭탄과 V-2 로켓이 발사되는 발사장을 무력화시키려는 몽고메리에게 귀중한 연료와 물자의 상당 부분을 돌리기로 한 것은 사실이었다. 민간인 학살을 중단시키는 것이 연합군 최고사령관으로서는 중요한 우선순위처럼 보였지만, 패튼은 동의하지 못했다. 그는 자신에게 충분한 연료만 있으면 독일에 더 빨리 치명적인 타격을 줄 수 있다고 주장했다.

우선순위를 둘러싼 이 논쟁을 제쳐놓고라도 가장 중요한 사실은 연합군의 보급이 전투부대와 보조를 맞추지 못했다는 점이다. 해안에는 엄청난 양의 휘발유(및 다른 군수품)가 비축되어 있었지만, 충분한 양을 내륙으로 신속하게 수송할 수 없었다. 의심하던 패튼조차 결국 그 문제가 자존심의 문제가 아니라 수송의 문제라는 것을 깨달았다.

아마도 패튼은 이 일에 마음을 다잡았을 것이다. 그러나 9월 1일 일기에는 다음과 같이 기록했다. "오전 08:00, 우리는 몬티Monty[몽고메리]가 현존하는 가장 위대한 군인이며, 이제 원수Field Marshal로 진급했다는 아이크의 말을 들었다. 나는 그 뒤 비행기를 타고 사령부로 돌아와 온종일 행정서류 작업을 했다."**

패튼은 대단치도 않았던 코브라 작전을 확장해 프랑스 전역 전체를 아우르는 진군을 했다. 불과 한 달 만에 그는 제3군을 이끌고 루아르강 북

---

* Patton, diary, August 30, 1944, in Blumenson, ed., *The Patton Papers 1940-1945*, 531.
** Patton, diary, September 1, 1944, in Blumenson, ed., *The Patton Papers 1940-1945*, 533.

쪽의 프랑스 대부분을 해방시켰고, 이제 군대를 독일 땅에 침을 뱉을 수 있는 거리까지 이동시켰다. 그런데 어째서 지금 몽고메리가 현존하는 가장 위대한 군인으로 칭송받고 있단 말인가?

그렇게 많은 것을 성취한 패튼은 그 기쁨이 자신에게서 멀어지고 있다는 것을 알게 되었고, 그 기쁨은 곧 사라졌다. 몽고메리가 그를 제치고 올라온 것은 개인적인 고통만이 아니라 연합군에게 궁극적인 승리를 안겨준 그의 질주를 상실한 것이었다. 모든 것이 더 나빠지고 있었다. 공격하기에 이상적인 날씨인 아름답고 맑고 건조한 여름 날씨는 1944년 가을이 되자 때아닌 이른 비와 얼음 폭풍, 게다가 눈까지 이어졌다. 보급 부족과 우선순위에 대한 아이크의 잘못된 인식에서 비롯된 몽고메리에 대한 열광적인 찬사는 패튼을 멈추게 하였고, 독일군에 조국을 지키는 마지막 방어선 "서쪽 장벽West Wall"을 구축할 시간을 주었다.

패튼은 9월 둘째 주가 되어서야 재보급을 받을 수 있었고, 그의 질주는 다시 시작되었지만, 그 진행은 이제 훨씬 더 힘들고 느려질 것이라는 암울한 사실을 알고 있었다. 낭시는 9월 15일에 함락되었고, 어마어마하고 유서 깊은 요새 메스는 11월 중순에야 거의 무력화되었지만, 요새의 마지막 진지는 크리스마스 며칠 전까지도 항복하지 않았다.

이러한 성과도 중요하지만, 9월 12일 독일에 처음 진입한 부대는 패튼의 제3군이 아니라 호지스의 제1군이었다. 이제 모든 사람이 전략적으로 중요한 라인강을 돌파하려는 열망을 가지게 되었다. 이는 전략적으로도 중요했지만 심리적으로는 틀림없이 더 중요한 곳이었다. 라인강은 독일인의 신화 속 나라의 심장부에 있는 신성한 강이었고, 이 강을 건넌다는 것은 분명 그들에게 종말의 시작을 의미하는 것이었다. 몽고메리 육군 원수는 네덜란드를 통해 라인강 저지대를 건넌다는 대담하지만 어설프게 계획된 작전인 마켓가든 작전Operation Market-Garden을 고안했다. 작전에 참여한 미군 부대가 목표를 달성하기는 했지만 영국군 부대는 불가피한 상황에 부닥쳐 산산조각이 났다. 마켓가든 작전은 연합군의 후퇴로 끝이 났다.

패튼은 경쟁자의 아이디어였던 마켓가든 작전의 실패가 기쁘지만은 않았다. 제3군은 교착상태에 빠지지 않고 계속 전진하였으나, 기동은 느리고 고통스러웠으며 상당한 피를 흘리는 희생을 치러야만 했다. 9월 말이 되자 보급품 공급은 다시 줄어들었고, 패튼은 상급 지휘관들이 "10월 정지"라고 부르는 명령을 받아들여야만 했다. 몽고메리가 안트베르펜 항구를 개방할 때까지 탄약과 다른 물자를 보존하려는 생각이었다. 여기에도 논리는 있었다. 해협을 따라 있는 항구보다 안트베르펜 항은 진격하고 있는 연합군과 훨씬 더 가까운 곳에다 보급품을 하역할 수 있었다. 그러나 패튼이 보았듯이 그의 보급품은 다시 한번 몽고메리의 요구를 충족시키기 위해 전용되고 있었다. 탄약을 엄격하게 배급하고 있는 상태에서 패튼이 할 수 있는 일은 자신이 가장 싫어하는 것, 즉 방어태세를 취하는 것밖에 없었다.

자신도 우울했기 때문에 공격하는 데 익숙해져 있는 자신의 부대 역시 비슷하게 분위기가 축 가라앉았을 것이라고 패튼은 생각했다. 이를 막기 위해 지역 곳곳을 순시하며 격려 연설을 했고, 소규모 군인들과 개인적인 대화를 나누었다. 그는 사기를 유지시키기 위해서는 가능한 한 좋은 음식을 먹으며, 집에서 온 우편물을 제때에 받는 것이 중요하다고 강조했다. 패튼은 항상 매일 양말을 갈아 신을 수 있게 양말을 보급하는 일에 특히 신경을 썼다. 왜냐하면 마른 양말만이 상처에 감염을 일으켜 장애를 가져오는 질병인 참호족trenchfoot을 예방하는 유일한 방법이라는 것을 알고 있었기 때문이다. 또한 그는 자주 '병사가 곧 군대다'라고 말했고, 상급 명령을 따라야 하는 좌절감이 있다고 해서 자신의 부하들을 돌보지 않는 짓은 절대 하지 않았다. 언젠가 기자가 그에게 "상병이 군대에서 가장 중요한 사람"이라고 생각하느냐고 묻자 패튼은 "이병이 제일이다"*라고 대답했다.

브래들리가 패튼에게 공격 재개 권한을 다시 준 것은 11월 초였다. 그러나 끊임없이 내리는 비와 홍수, 그리고 진흙으로 인해 기어갈 정도로 진격을 형편없이 느리게 만들었고, 게다가 제이콥 데버스가 제6집단군의 일부 소부대를 라인강에 위치시킨 상황에서도 패튼과 제3군은 여전히 멀리에 있었다. 여름 동안 프랑스 전역을 휩쓸었던 제3군은 11월 8일부터 12월 15일까지 40마일밖에 전진하지 못했는데도 오히려 피비린내 나는 대가를 치렀다. 이런 전진에 비통하고 의기소침해진 패튼은 이제 그의 주요 공격인 지그프리트 선을 넘어 라인강으로 향하고 대도시인 프랑크푸르트Frankfurt를 공격해 점령하기를 고대했다. 그는 사령부를 동쪽으로 옮길 준비를 하였지만 위대한 작전을 고려할 때 늘 그랬듯이 흥분하는 대신 자신이 걱정을 하고 있다는 것을 알게 되었다. 이는 그의 육감이었다. 그는 11월 말경의 일기에 "제1군은 룩셈부르크 서쪽 국경과 인접한 마을인 바스토뉴 동쪽에 적이 진지를 구축할 가능성이 매우 크다고 판단하여 바스토뉴 남동쪽에 (트로이 미들턴이 지휘하는) 제8군단을 남겨두는 끔찍한

---

* Transcript of Patton press conference, September 7, 1944, in Blumenson, ed., *The Patton Papers 1940-1945*, 540.

실수를 저질렀다"고 썼다.[*]

　　연합군 사령부의 모든 사람은 똑같은 지도를 가지고 있었지만, 패튼을 제외하고는 바스토뉴 근처의 위험을 감지한 사람은 없는 것 같았다. 브래들리의 생각은 제1차 세계대전에서 생생한 부대가 "서서히" 전투에 투입되고, 전쟁에 지친 부대는 휴식할 수 있는 장소인 이른바 "조용한 구역"을 유지하자는 것이었다. 독일군에 대해서는 그들의 군대는 모든 면에서 끝나가고 있었다. 적어도 패튼의 동료 장군들은 그 상황을 이렇게 보았지만, 적들은 상황을 매우 다르게 보았다. 전쟁 중 가장 힘든 전투를 막 견뎌낸 사람이자 "두들겨 맞은" 독일군이 여전히 소집되어 충분히 저항할 수 있다고 보고 느낀 패튼만이 이상하게도 적의 눈으로 상황을 제대로 보고 있었다.

---

[*] Patton, Diary, November 24, 1944, in Blumenson, ed., *The Patton Papers 1940-1945*, 582.

Chapter 12

90도 북쪽으로

9 0   D e g r e e s   t o   t h e   N o r t h

1944년 12월이 되자 연합군은 아이젠하워가 말한 "승리 열
victory fever"에 사로잡혀 있었다. 아이젠하워는 그것이 치명적일 만큼 중독
성이 있다는 것을 알고 있었다. 그러나 패튼에게는 면역성이 있는 것으로
판명되었다. 그는 자신이 패배를 인정할 때까지 지지 않았다는 것(그는 반
복해서 장교들에게 조언했다)과 이는 부하들과 마찬가지로 적들 또한 그렇
다는 사실을 잘 알고 있었다. 12월 6일 히틀러는 바스토뉴 인근에서 룩셈
부르크 아르덴을 맡은 트로이 미들턴의 미 제1군 제8군단에 대한 총공세
인 가을 안개 작전Operation Autumn Fog을 개시했다. 안개가 낀 그날 아침 공격
자들은 자신이 패배했다고 믿는 사람같이 싸우지 않았다.

　브래들리와 다른 사람들은 승리 열의 영향으로 이 공격을 단순히 "시
위" 또는 대수롭지 않은 괴롭힘을 뜻하는 군대용어인 "쓸데없는 공격"으
로 해석하였다. 결국 독일군은 어떻게 그들에게 진짜 펀치를 날릴 수 있

었을까? 사령부를 항상 전방에 가능한 한 가깝게 배치하던 패튼과는 대조적으로 전쟁의 이번 단계에서 브래들리는 사령부를 제1군의 주요 진지들과는 다소 먼 룩셈부르크 시내에 유지했다. 따라서 그는 독일군이 증강되었다는 증거를 직접 확인할 수가 없었다. 게다가 제8군단의 상황을 직접 순시하지 않기로 했으며, 심지어 아이젠하워와 계획을 토의할 예정인 안전한 베르사유 Versailles로 출장을 갔다. 이 기간에 몹시 나쁜 날씨로 비행이 불가능했기 때문에 브래들리는 운전을 해야만 했다. 베르사유에 도착했을 때는 저녁 무렵이었고, 아르덴에서 멀리 떨어진 그곳에서, 제8군의 불룩 튀어나온 벌지 구역에 대한 독일군의 대규모 공세 소식을 듣게 되었다. 브래들리는 수화기를 집어 들고 패튼에게 미들턴을 지원할 기갑사단을 보내라고 명령했다. 바스토뉴에서 남쪽으로 약 40마일 떨어진 자신의 담당 구역에서 동쪽으로 향하는 공격을 재개하던 패튼은 지금 이 시점에서 일부 사단을 분리하는 것은 자신의 노력을 약화시킬 것이라고 항의했다. 그러나 브래들리는 자기주장을 밀어붙였고, 패튼은 직관적으로 상황을 파악한 뒤 한 시간 이내에 사단을 이동시켰다.

다음 날인 12월 17일 패튼은 브래들리의 추가 명령을 기다리지 않고 아르덴 일대에 신속히 대규모 증원을 준비했다. 그는 제3군단을 지휘하는 존 밀리킨 John Millikin을 불러 독일 공세에 대항하는 반격을 이끌기 위해 아마도 북쪽으로 이동해야 할 것이라고 말했다. 그는 밀리킨에게 군단을 준비하고, 지형에 익숙해지라고 충고했다.

패튼은 종종 충동적으로 행동한다고 비난을 받았다. 감정적인 그의 기질로 볼 때 비난은 정당했지만, 패튼은 자신의 직업에 관해서는 사전 준비를 철저히 하는 신중한 기획자였다. 일단 작전이 진행되면 패튼은 전형적으로 진격과 공격이 조합된 끊임없는 작전에 초점을 맞추었다. 하지만 서두르는 것과 빠른 속도를 구별하기 위해 늘 신경을 썼다. 그에게 있어 서두른다는 것은 즉흥적이거나 최소한 적절하지 않게 계획된 작전이었다. 반면 철저하게 준비하면 서두를 필요 없이 빠른 속도를 낼 수 있으며, 작전 또한 효율적이고 신속하게 진행될 수 있었다. 빠르게 작전을 수행하는 데 가장 중요한 것은 사전 준비였다. 패튼은 사후 대응보다는 사전 대책을 마련했고, 가능하면 전투의 시간과 장소 같은 조건들이 적에 의해 좌우되기보다는 자신이 선택하기를 원했다. 철저한 준비는 진행되는 사건마다 지휘관의 의지와 주도권이 지속해서 행사되는 데 도움이 되었다. 제1차 걸프전the first Gulf War 성공에 책임을 다한 H. 노먼 슈워츠코프 H. Norman Schwarzkof와 여러 사람은 패튼의 이러한 원칙을 1990~1991년 실행에 옮겼다. 전격전이었던 사막의 폭풍 작전에서는 치밀하게 준비한 사막 방패 작전Operation Desert Shield이 선행되었다.

브래들리는 12월 8일 아침 베르사유에서 룩셈부르크 사령부로 돌아와, 패튼과 패튼의 참모들을 불러들였다. 럭키 포워드의 남자들은 브래들리가 연락한 지 10분도 안 되어서 도착했다. 브래들리는 그들이 도착하자 지도가 있는 곳으로 그들을 데려가 불룩한 곳인 벌지를 보여주었다. 독일군은 이제 뫼즈강을 돌파하여 최종적으로는 최근 어렵게 확보해 연합군의 물자와 병력이 유입되고 있는 안트베르펜으로 진격하려는 의도임이 분명해졌다.

이는 큰 위기였고, 승리열에 사로잡혀 있던 연합군은 정신이 번쩍 들었다. 브래들리는 패튼에게 언제 무엇을 보낼 수 있는지 물었다. 패튼은 주저 없이 밀리킨이 지휘하는 3개 사단을 보낼 수 있다면서 1개 사단은 자정에 출발하고, 다음은 해가 뜨면, 그다음은 24시간 안에 보낼 수 있다고 대답했다. 또한 패튼의 진지 남쪽에 있던 제이콥 데버스가 제7군단을 커버해줄 수 있다면, 맨튼 에디가 지휘하는 군단 전체도 보낼 수 있다고 대답했다. 그건 놀라운 약속이었다. 이 약속이 의미하는 것은 꾸준히 동쪽으로 향하고 있던 제3군의 상당한 부분을 북쪽으로 90도 회전하고, 전속력을 다해 절박한 전장 안으로 전진한다는 뜻이었다. 얼음과 눈보라가 몰아치는 겨울에, 매우 빠른 속도로, 약 20만 명의 병력이, 차량과 장비까지 끌고, 그런 복잡한 전환을 실행한다는 것은 최악의 도박임이 틀림없었다. 18륜 세미트레일러든 25만 대군이든 모든 거대한 것들은 운동성과 관성이 있다. 그것들은 갑작스러운 멈춤과 시작, 그리고 방향 변화에 저항한다. 브래들리는 회의적이었으나 패튼이 제안한 것들이 필요했고, 패튼에게 19일 오전 11시 베르됭에서 열리는 아이젠하워와의 회의에서 만나자고 요청했다.

패튼은 오전 7시 주요 현장 지휘관인 밀리킨과 에디뿐 아니라 핵심 참모들과 회의를 하였고, 오전 8시 전에 참모들과 협의를 마친 뒤 베르됭으로 출발했다. 일찍이 패튼이 "자질"이 부족하다고 비난했던 아이젠하워는 그때 빛을 발했다. 회의는 시작되었고, 정보장교가 아르덴 상황을 아주 비관적으로 설명하였다. 아이크는 일어나 상황을 바꾸었다. "현재 상황을 재앙이 아닌 하나의 기회라고 여겨야 합니다." 그가 선언했다. "여기 회의 테이블에 있는 사람들은 곧 좋은 일이 생겨 웃게 될 겁니다." 이어지는 패튼의 말을 아이크는 이렇게 기록했다.

"젠장, ＿＿ ＿ ＿＿. 파리로 가도록 내버려 둘 배짱을 가집시다. 그리고 우리는 그들을 정말로 잘게 썰어서 씹어버립시다."

아이젠하워가 남긴 이 기록의 빈칸에 들어갈 단어는 패튼이 가장 좋아하는 비속어인 '개자식들sons of bitchs'인데, 아이크는 이런 비속어 대신 좀 더 정숙해 보이도록 둘은 길게 하나는 짧게 빈칸으로 처리했던 것이다. 그 발언으로 긴장은 깨졌고 참석한 모든 사람이 씩 웃고 말았지만, 아이젠하워는 오해가 생기지 않도록 적들이 "뫼즈강을 건너도록 내버려 둬서는 절대 안 될 것"이라고 말했다.[*]

아이크는 패튼을 돌아보며 말하길, "장군이 룩셈부르크에 가서 전투를 지휘하고, 적어도 6개 사단으로 강력한 반격을 해주길 바란다"고 했다. 하지만 그가 말하는 "6개 사단 가운데 3개 사단이 단지 서류상으로만 존재한다는 사실이 아이크의 머릿속에는 들어 있지 않았다." 이미 아르덴의 3개 사단은 독일군의 공격으로 전멸한 상태였다. 아이젠하워는 데버스에게 제7군단이 북쪽으로 방향을 전환하는 동안 방어선을 얼마나 맡아줄 수 있는지 물었다. "데버스는 철저히 이기적인 이유로 긴 연설을 했고, 해줄 수 있는 건 아무것도 말하지 않았다"라고 패튼은 일기에서 불평했고, "브래들리는 조금이라고 말했다"라고 덧붙였다. 마침내 아이크는 패튼에게 다시 돌아섰다. "언제 공격할 수 있소?" 패튼은 제4기갑사단, 제26기갑사단, 제80기갑사단의 3개 사단이 12월 22일에 공격 가능하다고 약속하였다.[**]

"어리석은 소리 하지 말게, 조지." 아이젠하워가 짜증을 내면 말했다.

---

[*] Dwight David Eisenhower, *Crusade in Europe*, reprint ed. (Baltimore: The Johns Hopkins University Press, 1997), 350.

[**] Patton's account of the meeting is excepted in Martin Blumenson, ed., *The Patton Papers 1940-1945*, reprint ed. (New York: Da Capo, 1996), 599.

"그렇게 일찍 이라면, 3개 사단이 모두 준비되지 않아 단편적으로 따로 움직이게 되는 거요. 22일에 공격할 수 있다고 하는데, 나는 자네의 초기 타격이 강력한 한 방이길 바라오! 3개 사단을 모두 준비시키려면 좀 더 걸릴 것이고, 23일까지는 마무리되었으면 하오."[*]

그러나 패튼은 22일에 효과적인 공격을 할 수 있다고 주장했다. 회의에 참석한 영국군 장교 중 몇 명이 웃었다. 다른 사람들은 초조하게 발을 이리저리 움직이다가, 패튼이 정말 심각하다는 것을 인식하고 의자에 똑바르게 앉았다.

그의 경력에서 다른 어떤 단순한 의견보다 이 약속은 패튼을 규정하는 순간이었다. 그는 거의 모든 부대를 북쪽으로 90도 방향전환을 하겠다고 제안했고, 쉬지 않고 얼음과 눈 속을 40마일 이상이나 뚫고 진군하여 몇 달 만에 처음으로 승리를 거둔 적에게 반격하자고 제안했다.

패튼은 3개 사단의 공격이 "충분히 강하지 않을 것"이라는 아이젠하워의 두려움을 인정했지만, "나는 3개 사단으로 독일군을 이길 수 있다고 주장했고, 만약 (그 노력에 더 많은 사단을 투입하기 위해) 기다린다면 나는 기습의 기회를 잃게 되는 것이었다." 전쟁은 완벽이 아니라 기회라는 것이 패튼의 확고한 신념 중 하나였다.[**]

아이젠하워는 불안했지만 패튼의 제안을 승인했고, 제3군단의 공격은 12월 22일 04시로 정해졌다. "21일 나는 여러 상급자로부터 꽤 많은 전화를 받았는데, 단지 3개 사단만으로 성공적인 공격을 할 수 있다는 나의

---

[*]   Carlo D'Este, *Patton: A Genius for War* (New York: HarperCollins, 1995), 680.

[**]   Patton quoted in Blumenson, ed., *The Patton Papers 1940-1945*, 600.

능력에 걱정을 표하는 내용이었다. 나는 기다리다가 기회를 잃는 것보다 작더라도 한 번에 기습공격을 하는 것이 더 낫다는 주장을 견지했다."*

패튼은 지도로 성큼성큼 걸어가 브래들리에게 시선을 고정했다. "브래드, 독일놈들이 고기 분쇄기에 머리를 집어넣었소." 그는 주먹으로 지도를 밀며 벌지 부분에 들이밀었다. "그리고 이번에는 우리가 손잡이를 잡게 되었소."** 이것은 그가 제안한 전략에 대한 비유였다. 그는 독일군이 벌지 쪽으로 40~50마일을 더 기동할 수 있도록 허용해준 다음, 퇴각의 길목인 벌지 입구를 꽉 잡아맬 목적으로 자신의 공격을 북동쪽으로 향하게 한 뒤, 후방에 갇힌 독일군을 공격할 계획이었다. 코브라 작전 중 패튼이 루아르강 북쪽의 모든 독일군을 포위하기 위해 깊은 포위망을 구성하자고 제안한 것처럼, 그는 이제 아르덴에서 가능한 많은 독일군을 함정에 빠뜨리고 파괴하기를 원했다. 하지만 그의 이전 제안처럼 이 역시 거부되었다. 브래들리는 많은 수의 적을 죽이는 것보다, 이미 벌지에 있는 적군들이 바스토뉴를 제압할까 봐 걱정했다. 그는 제101공수사단과 다른 미군 부대가 필사적으로 확보하고 있는 바스토뉴가 주요 도로의 분기점이라는 것을 알고 있었다. 누가 확보하든 그 분기점을 통하면 더 먼 서쪽으로 접근할 수 있었다. 따라서 브래들리는 패튼이 제안한 반격을 바스토뉴 정면으로 역습하는 것으로 변경하여 지시했다.

패튼도 이런 상황에서는 좀 더 보수적인 접근이 어느 정도는 이치에 맞는다는 것을 인정한 것 같다. 패튼은 벌지의 기저부에 모든 자원을 쏟

* George S. Patton Jr., *War as I Knew It*, reprint ed. (Boston: Houghton Mif-flin, 1995), 197.
** Quoted in D'Este, *Patton*, 681.

아붓는 대신, 밀리킨에게 3개 사단으로 독일군의 포위망을 풀라고 명령했다. 하지만 에디의 사단이 도착하자, 패튼은 더 먼 동쪽에서 고기 분쇄기의 손잡이를 잡을 때를 대비하여 이들을 투입하지 않고 예비사단으로 남겨두었다. 공격의 우선순위가 결정되면서 패튼은 점점 더 많은 병력을 아르덴으로의 기동시키는 복잡한 일에 몰두했고, 패튼이 약속한 대로 12월 22일 아침 일찍 밀리킨이 공격을 감행했다. 패튼은 온종일 수화기를 붙잡고 모든 작전을 통제했다.

1944년 가을과 겨우내 북유럽 날씨는 20년 만에 최악이었고, 밀리킨이 공격하는 동안 극에 달했다. 그가 담당한 전선은 폭이 20마일이나 되었고, 폭설과 혹한 속에서 전진하며 싸워야 했다. 날씨가 지상 진격을 어렵게 만들면서 공중 지원도 불가능하게 되었고, 이는 미군의 반격을 심각하게 위협했다. 바스토뉴에서는 포위된 제101공수사단이 계속하여 힘겹게 버티고 있었다. 12월 22일 아침 독일군 장교 2명과 부사관 2명이 백기를 든 채 접근하여 항복하라는 최후통첩을 전달했다. 이 메시지는 사단장 대리 앤서니 맥컬리프Anthony McAuliffe에게 전해졌다. 제101공수사단이 포위된 채 두들겨 맞고 있을 때 독일군이 왔는데, 맥컬리프는 처음에 독일군이 자신에게 항복하러 온 것으로 생각했다. 반대로 독일군이 제101공수사단에게 항복을 요구하고 있다는 소리를 들은 맥컬리프는 웃으며 말했다. "우리보고 항복하라고? 아우, 미친 소리Nuts!" 항복을 요구하는 독일군에 대한 맥컬리프의 대답은 미국 욕 "넛츠Nuts!" 한 단어였다.

"넛츠!" 이야기는 순식간에 제3군 전체로 퍼져나가 오랫동안 전설이 되었다. 하지만 패튼은 바스토뉴를 구하려면 아무리 당당하고 의미심장하더라도 반항 이상의 무엇이 필요하다는 것을 알고 있었다. 그는 독일군과 날씨 모두와 싸워야 하는 것이 불만스러웠다. 공중 지원 없이는 돌파구 형성이 거의 불가능했다. 지난 11월 또 다른 악천후가 몰아쳤을 때, 좌절하고 있던 패튼은 제3군 군종신부인 대령 제임스 H. 오닐^{James H. O'Neill} 예하에게 전화를 걸어 "날씨에 대한 좋은 기도"가 있느냐고 물은 적이 있다. 패튼은 전통적으로 신앙심이 깊은 사람은 아니었지만 종교를 진지하게 받아들였고, 그가 자주 기도하는 하나님과 매우 개인적인 관계가 있다고 믿었다. 패튼은 신이 자기편이라고 믿었다. 날씨 기도는 단순히 그에게 그 사실을 상기시키는 데 도움이 되었다. 표준 날씨 기도가 없다는 것을 알게 된 오닐 사제는 한 시간 동안 직접 기도문을 썼다.

> 전지전능하시고 자비로우신 아버지, 우리와 싸우고 있는 이 무자비한 비를 그치게 해달라고 겸손하게 당신의 크나큰 선함을 간청드리옵니다. 우리에게 전투하기에 적당한 날씨를 허락해주옵소서. 주님의 은혜로 부른 저희에게 자비롭게 귀를 기울여주시고, 주님의 권능으로 무장한 우리가 승리에서 승리로 나아가, 원수들의 억압과 사악함을 무찌르고, 사람과 국가 사이에 주님의 정의를 확립할 수 있게 하옵소서. 아멘.

패튼은 만족해하며 그 기도를 간직했고, 지갑 크기의 카드로 25만 부를 인쇄하여 제3군의 장병들에게 배포하라고 지시했다. 각 카드의 뒷면에는 패튼을 대신하여 오닐이 쓴 크리스마스 인사말이 적혀 있었다.

미 육군 제3군의 모든 장교와 병사들에게, 메리 크리스마스가 되길 바랍니다. 나는 여러분의 용기와 의무에 대한 헌신, 그리고 전투기술을 전적으로 믿습니다. 우리는 승리를 완성하기 위해 전력을 다해 행군합니다. 이번 크리스마스에 하나님의 은총이 여러분 모두에게 있기를.

G. S 패튼, 주니어.

중장

미 육군 제3군 사령관

패튼이 오닐에게 설명했듯, 그는

기도를 굳게 믿습니다. 사람이 원하는 것을 얻는 방법에는 세 가지가 있습니다. 계획을 세우고, 일을 하고, 기도를 합니다. 어떤 위대한 군사작전이든 신중한 계획과 생각이 필요합니다. 그리고 그것을 수행하려면 제대로 훈련된 부대가 있어야 합니다. 그리고 실행해 나갑니다. 그러나 계획과 작전 사이에는 항상 알 수 없는 것이 있습니다. 이 미지의 기도문은 승리 또는 패배, 성공 또는 실패를 의미합니다. 그것이 실제로 오면 실행자들은 시련에 대해 반작용을 합니다. 어떤 사람들은 휴식처를 찾습니다. 나는 신에게서 찾습니다.

모든 것에는 하나님의 역할이나 지분이 있다고 생각합니다. 이것이 기도를 하는 이유입니다.*

---

* The Prayer and Christmas message are quoted in D'Este, *Patton*, 685-86, as is Chaplain O'Neill's account, "The Story Behind Patton's Prayer."

12월 23일 마침내 연합군의 대규모 공습이 가능할 만큼 날씨가 좋아졌고, 밀리킨은 바스토뉴 주변에 도달했다. "청명하고 추운 크리스마스"라고 패튼은 일기에 썼다. "독일군을 죽이기에 너무나도 좋은 날씨군. 좀 이상해 보이지만, 누구의 생일인데 말이야." 그 뒤 12월 26일 패튼은 밀리킨의 사단 중 1개 사단을 지휘하는 휴 개피의 전화를 받았다. 개피는 바스토뉴를 돌파하고 빠르게 전진하여 제101공수사단과 연결될 수 있다고 보고했다. 물론 그것은 위험했다. "내가 그에게 노력하라고 말했다." 패튼이 일기에 기록했다. "18시 45분에 부대가 연결되었고, 바스토뉴는 해방되었다. 대담했고 잘해냈다. 물론 그들이 차단될 수도 있지만 나도 의심스럽다. … 우리의 기동 속도는 나조차 놀랍고, 독일군에게는 끊임없이 놀라움의 원천이 되어야 한다."[*]

패튼은 개피가 자랑스러웠고, 제3군이 자랑스러웠고, 오닐 신부도 자랑스러웠다. 날씨가 다시 나빠지자 패튼이 소리쳤다. "굉장해! 그 기도문을 10만 장 정도 더 인쇄해야 할 것 같아." 그는 오닐을 불러들여 그가 "사령부에서 가장 인기 있는 사람이며, 당신은 정말 주님과 병사들에게 꼭 필요한 사람이오"라고 말했다. 오닐이 회상하길, 패튼은 그때 "그의 승마용 채찍으로 나의 철모 옆을 툭 쳤다. '잘했다'는 그의 표현이었다."[**] 패튼은 오닐에게 동성 훈장을 수여했고, 기도문을 쓴 영예로 그 훈장을 받은 유일한 미 육군 군종신부가 되었다. 종교적인 믿음이 점점 특이하게 보이는 오늘날의 군대에서라면 어울리지 않을 행동이었다.

---

[*]   Patton, diary, December 25 and 26, in Blumenson, ed., *The Patton Papers 1940-1945*, 606-607.

[**] O'Neill, "The Story Behind Patton's Prayer," quoted in D'Este, *Patton*, 688.

한편 제3군은 독일군의 포위 시도에 격렬하게 저항하면서 동시에 바스토뉴를 위협하며 버텼기 때문에 전투는 계속되었다. 그러나 12월 29일 패튼은 베아트리체에게 편지를 쓸 만큼 자신감이 생겼다. "바스토뉴 구출은 지금까지 우리가 수행한 작전 중 가장 뛰어났고, 내 생각에는 이 전쟁에서 가장 뛰어난 업적인 것 같소. 이제 우리가 적들의 뜻대로 움직이는 것이 아니라 적들이 우리 뜻대로 움직이게 되었소."[*]

반격이 성공한 만큼 패튼은 더 많은 것을 원했다. 그는 독일군이 벌지에서 철수하는 것을 막기 위해 계속 공격하기를 원했다. 다시 한번 그는 너무 많은 적을 도망치게 두고 있는 브래들리와 아이젠하워가 지나친 보수주의, 심지어 소심함으로 인해 자기 생각과 계속 부딪히고 있다는 것을 알게 되었다. 그들은 인내심을 넘어 부대를 몰아치는 것을 두려워했지만, 패튼은 전쟁에서 위기에 빠졌을 때는 인내하지 말고 모든 부대를 몰아 신속한 승리를 달성할 힘을 발휘하도록 강요해야 한다고 믿었다. 그러나 일단 바스토뉴에 대한 위협이 사라지자, 다른 지휘관들 특히 아이젠하워와 브래들리는 위기 속에서 만들어진 추진력을 상실하고 말았다.

2월이 되자 패튼의 우울함은 더욱 깊어졌다. 아이젠하워는 미군이 갖고 있던 연합군 공세의 주요 추진력을 몽고메리 휘하의 영국군으로 넘겨주었다. 패튼은 1945년 2월 4일 베아트리체에게 "내가 방어하고 있다는 것을 당신이 들었을지도 모르지만, 나를 여기에 가둔 것은 적이 아니었소. … 방어로는 전쟁을 끝내기에 부족하다고 생각하오"라고 썼다. 패튼은 아이젠하워의 인정과 칭찬을 받길 원했지만, 아무것도 받지 못했다.

---

[*] Patton, letter to Beatrice, December 29, 1944, in Blumenson, ed., *The Patton Papers 1940-1945*, 608.

2월 5일 그가 바스토뉴에서 아이크를 만났을 때 "아이젠하워가 나의 바스토뉴 작전에 대해 어떠한 언급도 하지 않아 깜짝 놀랐소. 지금까지 같이 일하면서 그는 나와 다른 장교들이 한 어떤 작전에도 칭찬한 적이 없소. … 그는 아주 멋진 5성 별 배지를 새로 달고 있었소"라고 썼다. 편지 대상을 다시 베아트리체에게 돌리며 그는 "너무 많은 '안전 제일주의'자"들이 일을 처리하고 있다는 사실에 한탄했다. "나는 이 전쟁에서 나의 미래가 보이지 않소."*

---

*   Patton, diary, February 5, 1945, and letter to Beatrice, February 4, 1945, in Bumenson, ed., *The Patton Papers 1940-1945*, 635 and 634.

Chapter 13

최후의 진격

The Final Advance

벌지 전투 뒤 패튼은 아들 조지에게 리더십에 관한 글을 보냈다. "나는 리더십이 있다. 하지만 내가 그것을 정의할 수는 없다." 이것은 자랑도 자존심도 아니었다. 패튼의 본성에 대한 사실적인 진술이었다. "그것"은 성취나 기술도 아니다. "그것"은 단순히 설명할 수 없는 수정 불가능한 요소였다. 어쨌든 패튼은 1월 1일 언론 발표를 통해 승리에 대한 모든 공을 장교와 병사들에게 돌렸다.

바스토뉴 구출은 "조지 패튼이 얼마나 위대한 사람인가 하는 소리처럼 들리지만, 저는 위대함과는 아무런 관련이 없습니다. … 실제로는 젊은 장교와 병사들이 한 것입니다. 추위 속에서 한 번도 본 적이 없는 길을, 아무도 길을 잃지 않고, 밤새 행군하는 저들을 보면, 그리고 모든 이들이 제때 그 장소에 도착한 것을 생각하면, 그것은 매우 놀라운 업적입니다. 저는 군 역사에서 그 작전과 필적할 만한 것이 없다는 것을 알고 있습니다. … 저는 그들에게 경의를 표합니다. … 우리 병사들이 해낸 일은 한없이 경이롭기만 합니다."[*]

벌지 전투 뒤 패튼은 실망했지만 2월 중순 제3군이 라인강에 진입하면서 풀리기 시작했다. 2월 4일 그는 베아트리체에게 방어만 하는 전쟁은 끝나야 한다고 불평했다. 그리고 2월 10일 브래들리를 통해 아이젠하워가 제3군이 얼마나 빨리 방어태세로 전환하여 몽고메리의 제21집단군에 병력을 내줄 수 있느냐고 물어오자, 반항적으로 대응했다. 패튼은 브래들리에게 전쟁에서 이 시점에 공세를 포기한다면 사임하겠다고 대답했다. 브래들리는 패튼의 최후통첩을 아이젠하워에게 전달했고, 아이젠하워는 브래들리(따라서 패튼)에게 이른바 "공격적인 방어"태세를 취하도록 허락한다며 어느 정도까지 물러섰다. 패튼은 스스로 지적한 대로 "이것을 대중의 낮은 관심을 유지한 채 라인강을 향해 '계속 기동'하라는 명령으로 보기로 했다." 패튼은 비록 매우 조용히 움직였지만, 사실 공격을 함께 가했다. "북쪽에 있는 신사분들이 지도에서 우리가 뭘 하는지 알게 하라."[**]

제3군은 룩셈부르크를 떠나 가공할 방어선인 독일군 지그프리트 선의 서쪽 장벽 아이펠Eifel 고원을 통과했다. 완강한 방어가 준비된 그 지역은 숲이 우거지고 험준하며, 모젤강, 오우르강Our강, 자우어Saur강으로 나뉘어 있었다. 싸우면서 아이펠을 통과한 패튼은 2월 14일 베아트리체에게 편지를 썼다. "어떤 때는 부대원들이 더 잘 싸우지 못해 화가 나지만, 결

---

[*] Patton, letter to son George, January 16, 1945, and Patton, press confernce, January 1, 1945, in Martin Blumenson, ed., *The Patton Papers 1940-1945*, repreint ed. (New York: Da Capo, 1996), 625 and 612.

[**] Patton, diary, February 26, 1945, quoted in Carlo D'Este, *Patton: A Genius for War* (New York: HarperCollins, 1995), 706.

국 훌륭한 업적을 이뤘소. 자우어강과 오우르강을 건넌 것은… 위대한 업적이오."[*]

2월 14일 패튼과 보좌관 찰스 코드먼은 며칠 간의 휴식을 보내기 위해 파리로 떠났다. 패튼은 폴리 베르제르^{Folies Bérgère} 술집에서 저녁을 보냈고, 거기서 그는 (일기에 기록된 대로) "완전히 벌거벗은 상태여서 아무도 관심을 두지 않았다."[**] 패튼은 또 아이크의 참모장 베델 스미스와 사냥을 나가 오리 3마리, 꿩 1마리, 산토끼 3마리를 잡은 뒤, 스미스에게 '눈에 띄지 않는 자신의 공세에 더 많은 병력을 투입해달라고 요청할 예정인데, 그 요청을 지지해줄 것'을 부탁했다. 패튼은 간신히 브래들리를 설득해 제10기갑사단을 제3군으로 돌렸는데, 브래들리는 패튼과 공모하여 아이젠하워와 나머지 연합국 원정군 최고사령부^{SHAEF; Supreme Headquarters Allied Expeditionary Force}에는 비밀을 유지하기로 했다. 브래들리는 패튼에게 SHAEF가 제10기갑사단을 다시 불러들일 수 없을 정도로 늦어질 때까지, 며칠 동안 전화를 받지 말라고 주의를 시켰다. 명령 자체를 받을 수 없다면, 그는 명령에 복종할 수도 거역할 수도 없었다.

패튼은 아이펠의 주요 도시 트리어^{Trier}(그가 기쁘게 살펴본 결과, 이곳은 로마 군단에게 점령된 적이 있었다)를 향해 진격했다. 3월 1일 트리어는 제10기갑사단과 보병사단에 함락되었다. 그 직후 패튼은 전화를 다시 받았고, 곧장 트리어를 우회하라는 명령을 받았다. 그는 답장 메시지를 보냈다.

---

[*]   Patton, letter to Beatrice, February 14, 1945, in Blumenseon, ed., *The Patton Papers 1940-1945*, 638.

[**] Patton, diary, February 1945, in Blumenson, ed., *The Patton Papers 1940-1945*, 634.

"2개 사단으로 트리어를 확보했소. 포기하고 다시 돌려주길 바라오?"[*]

제6집단군 병력은 11월부터 라인강 서쪽에서 싸우고 있었다. 1945년 3월 7일 마침내 윌리엄 M. 호지William M. Hoge 준장의 제9기갑사단 부대원들이 레마겐Remagen의 온전한 철교를 점령한 뒤 재빨리 라인강을 건넜고, 동쪽 제방에 교두보를 마련했다. 같은 날 제3군은 코블렌츠Koblenz에서 마침내 라인강에 도착했지만, 독일군은 이곳 다리를 그대로 두지 않았다. 패튼은 제3군이 라인강을 건넌 첫 번째 부대가 아니라는 사실에 실망했지만, 적어도 미 육군이 몽고메리를 이긴 것만은 만족스러웠다. 패튼의 공병은 라인강을 건너기 위해 작업을 시작했고, 3월 22일 밤 패튼은 몽고메리보다 하루 먼저 은밀하게 자신의 사단이 먼저 강을 건너게 조치했다. 몽고메리는 지나치게 정교한 준비를 하느라고 강을 건너는 것이 지연되었다고 알려졌다. "하나님 감사합니다." 패튼은 23일 일기에 기록했다. 그는 즉시 제3군 명령 70호를 작성하였고 1월 29일부터 3월 22일까지의 성과를 집계하여 하달했다. "제3군 장교와 병사 그리고 제19TAC[전술 공군 사령부Tactical Air Command]"에게 연설하였다. 트리어, 코블렌츠, 빙엔Bingen, 보름스, 마인츠Mainz, 카이저스라우테른Kaiserslautern, 루드빅스하펜Ludwigshafen을 점령하였으며, 포로 14만 112명을 잡았고, 적군 9만 9,000명을 사살하거나 부상을 입혔으며, "그로 인해 독일 제7군과 제1군은 거의 모두 제거되었다. 역사에는 이렇게 짧은 시간 안에 이보다 큰 업적을 이룬 기록이 없다. … 세상은 여러분에 대한 칭찬으로 가득 차 있다. … 여러분들이 해낸 일에 진심 어린 감탄과 감사를 표하며, 여러분이 라인강을

---

[*] Harry Semmes, *Portrait of Patton* (New York: Paperback Library, 1970), 240.

건너 공격한 것을 기억하라. … 앞으로 더 큰 영광을 누릴 수 있길 바란다."*

패튼은 이 훌륭한 일반 명령을 쓴 다음 날 일기에 다음과 같이 기록했다. "강으로 가서 부교를 건너다가 중간쯤에 멈춰 서서 라인강에 오줌을 쌌다. 그리고 건너편에 있는 흙을 약간 집었다."** 흙덩어리를 집어 든 것은 정복자 윌리엄을 따라 한 것이었다. 윌리엄은 1066년 페베스니Pevesney에서 하선하며 휘청거렸는데, 영국 땅의 흙을 한 움큼 집고 일어나 자신의 군대로 헤이스팅스 전투Battle of Hastings를 이끌었다. 패튼이 라인강에 소변을 본 또 다른 행동은 의심할 여지 없이 막된 행동이었으나, 윈스턴 처칠도 도착과 동시에 같은 행동을 하였다.

비록 패튼과 제3군이 첫 번째로 라인강을 건넌 것은 아니지만, 그가 자신의 병사들에게 세상이 그들에 대한 칭찬으로 가득 차 있다고 말했을 때는 꽤 확신에 차 자신감이 넘쳤는데, 거기에는 자신에 대한 자부심 또한 가득 차 있었다. 패튼은 다시 한번 주목을 받으며 위대한 장군으로 환영받았다. 그러나 그 순간 또다시 자신의 명성을 위험에 떨어뜨리는 행동으로 많은 논란거리가 되었다.

튀니지 전역 기간 중, 패튼의 사위 존 워터스가 포로로 잡혔다. 1945년 초까지 폴란드 포로POW수용소에 억류되어 있었으나, (패튼이 받은 정보에 의하면) 소련군이 접근하자 좀 더 서쪽인 독일 내 함멜부르크Hammelburg 수용소로 이송되었다. 함멜부르크 수용소에는 미군 1,500명을 포함하여 전

---

* Patton, Third Army General Orders 70, March 23, 1945, in Blumenson, ed., *The Patton Papers 1940-1945*, 660-61.

** Patton, diary, March 24, 1945, in Blumenson, ed., *The Patton Papers 1940-1945*, 661.

쟁포로 5,000명이 수용되어 있었는데, 많은 사람이 몹시 아프고 거의 모두가 기아상태에 가까웠다. 패튼은 구출 임무를 실행하기로 결심했다.

패튼은 맨톤 에디와 그 문제를 의논했다. 함멜부르크는 적군이 장악하고 있는 영토 내에 있었고, 패튼은 임무 수행을 위해 기갑 전투원 4,000명을 파견하길 원했다. 하지만 에디는 겨우 병력 306명과 중中전차 10대, 경전차 6대, 하프 트럭 27대, 지프 7대, 그리고 자주 돌격포 3대로 이루어져 규모는 훨씬 작지만 기동성이 뛰어난 분견대가 기습하여 타격한 뒤 철수하는 것이 효과적이라며 그를 설득했다. 패튼은 마지못해 동의했다. 에이브러햄 바움Abraham Baum 대위가 분견대를 지휘하게 되었다. 패튼은 존 워터스를 알고 있어 알아볼 수 있는 자신의 보좌관 알렉산더 C. 스틸러 Alexander C. Stiller에게 함께 가달라고 요청했다. (그러나 명령을 하지는 않았다.) 스틸러는 바움의 지프에 탑승했다. 스틸러의 존재는 패튼의 동기에 대해 심각한 의문을 불러일으키게 되었다. 자신의 사위를 포함한 연합군 포로 5,000명을 구하기 위해 306명(스틸러 포함 307명)을 위태롭게 한 것일까? 아니면 우연히 5,000명의 다른 포로들과 함께 있던 사위를 구하기 위해 그들을 위험에 빠뜨린 것일까?

습격대는 함멜부르크로 질주하면서 적 전차부대와 교전하였고, 일부 기관차와 무개화차에 실린 군사 장비를 파괴하였으며, 소련군 포로 700명을 구해낸 다음 수용소에서 전투를 벌였다. 수용소장은 항복하였고, 워터스를 포함하여 포로 4개 무리를 보내주었다. 그러나 용감무쌍한 독일군 경비대가 포로 무리에 사격을 가해 워터스가 심하게 다쳤다. 바움은 수용소를 해방하고, 해방된 포로들을 가능한 한 많이 차에 실었다. 그러나 돌아오는 길에 습격대는 매복해 있던 강력한 적 부대에 당했다. 치열한 총격전에서 바움은 세 군데나 상처를 입었다. 그리고 구조대는 적의 엄청난 수적 우세에 밀려 항복했다. 포로들은 대부분 다시 수용소로 돌아가게 되었고, 스틸러는 뉘렘베르크^{Nuremberg}의 감옥으로 보내졌으며, 나머지 습격대 모두는 다시 함멜부르크로 보내졌다. 습격 일주일 뒤 총격전에서 탈출한 여러 장교가 미군 전선으로 돌아왔고, 워터스가 잡혔다고 확인해주었다. 이로부터 불과 이틀 뒤인 4월 5일, 제14기갑사단은 함멜부르크에 도착하여 워터스 등 아직 그곳에 남아 있던 포로들을 해방시켰다. 워터스는 회복되어 군 생활을 계속했다. 스틸러는 4월 말에야 풀려났다.

어떤 면에서 보면 작전에서 가장 큰 타격을 입은 사상자는 패튼이었다. 몇 주 전만 해도 그를 그란트, 리, 나폴레옹이라고 묘사했던 신문들은 패튼이 사위를 위해 영웅적인 군인들을 어떻게 희생시켰는지에 관한 기사를 실었다. 아이젠하워와 브래들리는 둘 다 크게 화를 냈지만, 다행히도 공식적인 반향은 없었다. 브래들리는 전후 회고록인『솔저 스토리^{A Soldier's Story}』에 "나는 그것에 대해 (패튼을) 질책하지 않았다"며 이렇게 썼다. "조지 자신에게는 실패 자체가 최악의 질책이었다."[*]

◇◇◇◇◇◇◇◇◇◇◇

전쟁 중 패튼의 담당 구역인 독일 남부의 저항은 급속히 끝나 가고 있었고, 제3군의 부대는 전쟁포로를 쓸어 담고 있었다. 4월 초까지 제3군은 다른 연합군이 붙잡은 인원보다 많은 40만 명 이상의 포로를 잡았다. 4월

---

* Omar N. Bradley, *A Soldier's Story* (New York: Henry Holt, 1951), 542-43.

말이 되자 제3군은 100만 명 이상의 포로를 처리했다. 같은 달 맨톤 에디의 제12군단은 메르케르스Merkers 산업용 소금 광산을 해방시켰고, 그곳에서 제3제국이 비축해둔 금괴 전체를 발견했다. 에디는 지하 2,100피트 광산에도 제국은행 소유의 금고가 있다고 패튼에게 보고했다. 에디가 조사하기를 망설이자, 패튼은 그에게 "빌어먹을 금고를 박살 내 그 안에 무엇이 들어있는지 봐"라고 똑똑히 명령했다.[*]

그 안에 있던 것은 아이젠하워, 브래들리, 패튼이 특별 순시를 할 만했다. 세 명의 장군은 한 줄의 케이블에 매달려 있는 아주 오래된 엘리베이터를 타고 광산으로 내려갔다. 어둠 속으로 천천히 내려갈 때 패튼은 빈정거리는 유머를 중얼거렸다. "만약 이 빨랫줄이 끊어진다면 미 육군의 진급이 상당이 빨라지겠는데."

아이크는 재미있어하지 않았다. "그만, 조지, 그만해. 우리가 다시 지상으로 올라갈 때까지는 이상한 소리 하지 말게."[**]

장군들은 25파운드짜리 골드바 4,500개(당시 가치로 약 5,760만 달러)와 마르크, 영국 파운드, 미국 달러를 포함하여 통용되고 있는 수백만 달러, 그리고 나치가 정복한 국가의 박물관과 저택에서 약탈한 수백 점의 그림들을 보았다. 패튼이 말했다. "우리는 명화로 추정되는 몇 개를 조사했다. 내 생각에 내가 본 것들은 약 2달러 50센트의 가치가 있는 것으로 통상 미국 술집에서 볼 수 있는 그런 종류였다."[***] 장군들은 또한 훨씬 더 사악한 것을 보았다. 히틀러와 심복들은 최종 해결Final Solution이라고 부르고,

---

[*] Ladislas Farago, *The Last Days of Patton* (New York: McGraw-Hill, 1981), 45.

[**] Farago, *Last Days of Patton*, 46.

[***] George S. Patton Jr., *War as I Knew It*, reprint ed. (Boston: Houghton Mif-flin, 1995), 292.

세계에서는 홀로코스트^{Holocaust}라 부르는 희생자에게서 빼앗아 가져온 수천 개의 금과 은으로 된 물건들이 거기 있었다.

패튼은 바로 그날 오후 그 희생자들과 마주했다. 그는 아이젠하워 및 브래들리와 함께 막 해방된 오르트루프^{Ohrdruf} 강제 수용소를 방문했다. 거기서 패튼은 "우리가 처음 보는 공포의 수용소였다. 그곳은 상상할 수 없는 가장 끔찍한 광경이었다"고 말했다. 장군들은 교수대와 채찍 테이블("일반 남성의 가랑이 정도의 높이였다. 발은 땅에 있는 나무 위에 놓여 있었고, 남자는 테이블 위로 당겨져 있었다. … 그는 등부터 허리까지 두들겨 맞았다.")을 보았다. 그리고 벌거벗은 시체가 겹겹이 쌓여 있었는데, 일부는 바깥에 있었고 일부는 창고 안에 쌓여 있었다. 모두 "살균의 마지막 단계였다." 장군들은 또한 "벽돌 기초 위에 깔린 60센티미터나 되는 일종의 그릴 같은 철로"도 보았다. 미군이 수용소로 다가가자 독일 경비병들은 수감자들에게 많은 죽은 사람들을 꺼내어 시체를 그 "그릴" 위에 쌓으라고 명령했다. 전쟁 범죄는 물론 반인륜적 범죄의 수많은 증거를 태워버리려는 생각이었다. 패튼이 언급했다. "그 시도는 실패했다. … 어떤 거대한 식인 바비큐를 떠올리지 않을 수 없었다."[*]

패튼이 "공포의 캠프"의 광경과 냄새에 대해 얼마나 강한 영향을 받았는지는 그의 일기, 편지, 또는 다른 글에서 알 수 없다. 제3군이 해방시킨 부헨발트^{Buchenwald}를 방문한 미국 외교관은 패튼이 "매우 메스꺼워하며 자리를 떠나 구석으로 갔다"고 언급했다.[**]

---

[*] Patton, *War as I Knew It*, 293.

[**] Robert Murphy, *Diplomat among Warriors* (Garden City, N.Y.: Doubleday, 1964), 255.

패튼은 죽음의 수용소 방문으로 아팠을 뿐 아니라 다시 우울증이 생겼다. 아이젠하워가 제3군을 베를린에서 전환하여 남동쪽 바이에른Bavaria을 거쳐 체코슬로바키아로 질주하게 했을 때 그 우울증은 더욱 깊어졌다. 그곳은 강경파 나치들이 필사적인 최후 투쟁을 위해 모이고 있다고 알려진 곳이었다. 아이젠하워는 독일 수도 베를린은 미군도 영국군도 아닌 붉은 군대가 점령할 것이라고 패튼에게 알렸다. 패튼은 그 소식에 충격을 받았고, 혐오했으며 낙담했다. 그는 독일보다 소련이 미국과 서방 동맹국들에 훨씬 더 큰 위협이라고 믿었다. 그렇게 큰 상을 주면서까지 군사적 승리를 위해 정치적으로 패배하는 것은 패튼이 보기에는 굉장한 비극이었다.

베를린에 관한 소식으로 여전히 마음이 어지럽던 패튼은 4월 12일 밤 자신의 시계를 정확히 맞추기 위해 BBC 방송을 틀었다. 그는 방송을 통해 프랭클린 D. 루스벨트가 조지아의 웜스프링스Warm Springs에 있는 "리틀 화이트 하우스"에서 뇌출혈로 사망했다는 소식을 들었다. 패튼은 즉시 아이젠하워와 브래들리에게 이 소식을 전했고, 일기에 기록한 대로 그들은 "무슨 일이 일어날지 오래도록 의논을 했다." 개인적으로 패튼은 정치적 야심이 없었지만, 대부분의 직업 장교들과 마찬가지로 보수적인 공화당원(그의 아버지는 민주당원)이었다. 하지만 그는 루스벨트의 카리스마 있는 리더십 스타일을 높이 평가했다. 그는 이제 자신의 일기에 "어떻게 정치적 선호를 통해, 사람들이 당이나 주님이 의도하지 않은 부통령을 대통령으로 만들 수 있는지"라며 불평했다.[*]

---

[*] Patton, diary, April 12, 1945, in Blumnson, ed., *The Patton Papers 1940-1945*, 685.

우울한 기분을 풀기 위해 패튼은 코드먼과 함께 파리로 가서 병원에 입원해 있는 워터스를 방문했다. 패튼은 에버렛 휴즈와 함께 밤을 보냈고, 휴즈는 다음 날 아침 식사 때 패튼에게 육군의 공식 신문인《성조Stars and Stripes》를 건네주었다. 패튼은 대충 훑어보고는 넘겨 주었다. 휴즈가 다시 그에게 넘겨주면서 어떤 기사를 가리켰다. "이걸 읽어보세요." "이런" 패튼이 신문을 보다가 그를 쳐다보았다. "이럴 수가" 패튼은 별 4개인 육군 대장이 되었다.[*]

◇◇◇◇◇◇◇◇◇◇◇◇

클라렌스 후버너Clarence Huebner가 지휘하는 제3군 제5군단은 5월 5일 체코슬로바키아 플젠Pilsen에 도달했다. 패튼이 브래들리에게 프라하Prague로 진격할 수 있도록 허가를 요청하자, 브래들리는 아이젠하워에게 확인한 뒤 안 된다고 답했다. 플젠이 제3군의 진격 한계가 되었다. 패튼은 체코 수도의 해방이 제3군에 주어지는 마지막 상이 되길 간절히 바랐으나, 기회를 얻지 못했다. 그리고 1945년 5월 7일 새벽 2시 41분, 랭스에서 독일 장교 대표단이 무조건 항복에 서명했다.

패튼은 태평양 전역으로 신속히 전환되기를 원했지만, 그 지역은 더글라스 맥아더와 조지 S. 패튼이 같이 있을 만큼 충분히 크지 않았다. 일찍이 2월에 패튼은 마셜에게 태평양 사령부 근무를 요청하면서 사단장이라도 좋으니 기꺼이 복무할 용의가 있다고 말했다. 하지만 마셜은 만약 중

---

[*]   Martin Blumenson, *Patton: The Man Behind the Legend, 1885-1945* (New York: Quill/William Morrow, 1985), 265.

국이 패튼이 출입하도록 주요 항구를 확보하게 해준다면, 그를 중국으로 보낼 거라고 대답했다. 패튼은 그 말이 아주 가능성이 작다는 것을 알고 있었다. 따라서 마셜의 대답은 정중한 거절이나 마찬가지였다.

5월 8일 패튼은 제3군의 전쟁특파원들과 작별 인사를 하면서 마지막으로 질문을 받았다. 곧 그를 괴롭히게 될 한 가지 질문이 있었다. "(포로로 잡힌) SS대원들은 다른 방식으로 처리됩니까?" 패튼이 대답했다. "아닙니다. 독일에서 SS는 미국에서 민주당이라는 의미 이상이 아닙니다. 따로 처리되지 않을 겁니다." 다시 한번 패튼은 언론에 정치적으로 부적절한 발언을 했고, 잠시 더 나은 생각을 하긴 했지만 계속해서 잘못된 발언을 이어갔다. "내 말은, 초기에 SS대원들은 몹시 나쁜 놈들이었습니다. 그러나 전쟁이 진행되면서 개자식들은 다 제거되었고, 그 뒤에는 아무나 SS대원이 되었습니다. 일부 최상급 SS대원 중에는 범죄자로 취급될 만한 사람도 있겠지만, 징집되어 그 제복을 입게 된 사람들까지 따로 처리할 이유는 없습니다." 그 발언은 전쟁 뒤 패배한 적에 대하여 패튼이 가진 관점의 일부였다. 그는 독일군의 야만성을 보고 느꼈다. 그는 죽음의 수용소에서 구역질이 났었다. 그런데도 그 뒤 며칠 또는 몇 주 동안 그는 영국과 미국이 소련에 대항할 동맹으로 이제 전쟁에 패배한 독일을 참여시켜야 한다고 자신의 군 동료들에게 직접 제안하였다. 5월 8일 그날에도 패튼은 전쟁특파원들에게 "북아프리카에서 영국해협까지" 목숨을 바친 사람들에 대해서 말했다. "나는 죽은 이들이 오늘, 수 세기 만에 처음으로 중부 유럽과 서부 유럽에 칭기즈칸(조지프 스탈린을 뜻함)이 있다는 걸 알게 된다면 뭐라고 말할지 궁금합니다. 나는 그들이 우리 시대에 평화가 없을 것이며, 미국인들, 아직 태어나지도 않은 미국인들까지 해서, 내일부터 또 10년이나 15년 아니면 20년 뒤까지 러시아와 싸워야 한다는 것을 알게 된다면 그 기분이 어떨지 궁금합니다."*

5월 중순 패튼은 휴식을 취하기 위해 파리로 갔다가 런던으로 향했다. 그리고 6월 바이에른 점령군 군정장관으로 새로운 임무를 시작하기 전에 가족과 장기 휴가를 보내려고 미국으로 돌아왔다. 그는 6월 7일 보스턴 외곽 베드퍼드Bedford 공항에 착륙했고, 베아트리체와 아이들이 그를 맞이했다. 베드퍼드 시내까지 25마일을 달리는 내내 환호하는 군중들이 거리에 줄지어 있었다.

2만 명의 사람들이 그의 연설을 기다리고 있는 보스턴과 찰스 리버 에스플래나드Charles River Esplanade 공원의 해치 셸Hatch Shell까지 가는 내내, 그는 차 안에 똑바로 서서 손을 흔들었다. 보스턴 사람들은 미국 전역의 사람들과 마찬가지로 승리에 감사했고, 영웅의 존재를 갈망했다. 적어도 지금만은 모든 논쟁이 사라지고 없었다.

여느 때처럼 공개적인 연설에서 패튼은 승리의 공을 병사들에게 돌렸다. 그는 앞쪽 특별 예약석에 앉아 있던 다친 제3군 참전용사 400명을 보면서 이렇게 선언했다. "여러분의 피와 유대감으로 우리는 독일군이 이곳에 도착하기 전에 격파했습니다. 이 박수는 나, 조지 S. 패튼을 위한 것이 아닙니다. 조지 S. 패튼은 그저 제3군 대표로 활동했을 뿐입니다." 그러고 나서 부상자들을 기리기 위하여 말했다. 패튼은 대부분의 사람이 전투에서 죽는 사람을 영웅이라고 하지만 사실 전투에서 죽는 사람은 바보

---

* Patton, press conference, May 8, 1945, in Blumenson, ed., *The Patton Papers 1940-1945*, 700; Larry G. Newman, "Gen. Patton's Premonition," *American Legion Magazine* (July 1962), quoted in D'Este, Patton, 734.

라고 말했다. 그는 부상자 참전용사들을 가리켰다. "이 사람들이 영웅입니다."[*]

광범위한 찬사 대신 이 연설은 골드 스타Gold Star 부모들(전사한 군인들의 부모는 창문에 골드 스타를 붙일 자격이 있었다)이 마셜 장군과 육군성 장관 스팀슨, 그리고 권위 있는 다른 사람들에게 분노와 비통함이 담긴 편지들을 쏟아내게 하였다. 패튼은 또다시 칭찬 가운데 분노를 자아냈다.

패튼은 한 달도 안 되는 휴가를 미국에서 보냈다. 보스턴을 방문했고, 덴버Denver에서 연설했으며, 워싱턴을 공식적으로 방문하기 전에 로스앤젤레스에 나타나 콜로세움에서 10만 명의 군중 앞에서 연설했다. 그런 뒤 패튼은 7월 4일 유럽으로 돌아왔다. 그는 군인들 사이로 돌아와 안심했지만, 관료가 아닌 전사였던 그는 자신과 끝내 어울리지 않는 행정 및 정치 임무를 수행하고 싶지는 않았다.

실제로 패튼에게 어울리지 않는 것은 평화 그 자체였다. 전투를 함께 하다가 이제 다시 평화롭게 근무하고 있는 사람들에게 그는 늙고 피곤해 보였으며, 그 활동을 그저 통과하기 위해 최선을 다하는 사람 같았다. 8월 10일 일본이 항복하자 제2차 세계대전이 끝났다는 소식이 전해졌고, 그는 베아트리체에게 이렇게 썼다. "이제 평화, 평화주의, 그리고 소련에 대한 공포가 무한정 지배할 거요. 나는 다음번에 러시아인과 싸울 만큼 젊었으면 좋겠소." 그는 일기에 더욱 암담하게 자신을 표현했다. "또 다른 전쟁이 끝났고, 그것으로 세상에 대한 나의 유용성은… 이제 남은 일은 둘러앉아 장의사가 도착하길 기다리다가 사후의 불멸을 기다리는 것

---

[*] Patton, speech in Boston, June 7, 1945, quoted in Blumenson, ed., *The Patton Papers 1940-1945*, 721.

뿐이다. 다행히도 나는 또 탈나치화De-Nazification와 바이에른 정부에 몰두
해야 한다."*

탈나치화는 정확히 패튼에게 마지막 파문을 불러일으키는 문젯거리였
다. 연합군 군정 아래에서 이 과정은 독일 전역에서 빠르게 진행되었다.
나치 성직자들은 숙청되었고, 나치의 거리 명칭은 삭제되었다. 또한 나치
의 기념물은 해체되었으며 이전 나치 당원들은 전문직뿐 아니라 상업, 은
행 및 산업에서 제외되었다. 라디오와 전신, 전화 등 통신 분야에서는 이
전 나치들이 깨끗하게 정리되었다. 그러나 패튼의 지역인 바이에른에서
는 탈나치화가 훨씬 느리게 진행되었다. 전국의 다른 지역 군정장관들과
는 달리 패튼은 그 과정에 대해 열의를 보이지 않았다. 이 문제는 9월
22일 바트 툉츠Bad Tölz 본부에서 열린 기자 회견에서 제기되었다. "왜 나
치가 바이에른 군정부의 핵심 직책을 맡고 있습니까?" 한 기자가 물었다.

패튼의 보좌관 햅 게이는 고개를 세차게 저으면서 대답을 회피하라고
신호를 보냈다. 패튼은 햅의 신호를 무시하고 날카롭게 대답했다. "바이
에른 정부의 기능을 감독하면서 제일 먼저 주어진 나의 임무는 나치 혐
의자를 제거하라는 것이었습니다. 지금, 독일 국민의 절반 이상이 나치인
상황에서 만약 우리가 모든 나치 당원을 공직에서 제외한다면 우리는 엄
청난 곤경에 처할 것입니다." 이것이 어떤 사람들에게는 합리적으로 들
렸을지도 모르지만, 아이젠하워와 정치인들이 원하는 대답은 아니었다.
패튼은 말을 이었다. "내가 보기에 이 나치 질문은 민주당과 공화당의 선
거와 매우 비슷합니다. … 이제 우리는 더 나은 사람들을 얻을 때까지는

---

* Patton, letter to Beatrice, August 10, 1945, and diary, August 10, 1945, in Blumenson, ed.,
  The Patton Papers 1940-1945, 735 and 736.

더 낫지 않은 사람(이전의 나치 당원)이라도 활용해야 합니다."* 바이에른에는 패튼이 먹여 살려야 할 사람들이 있었다. 전기와 열, 그리고 물도 공급해야 했다. 그는 기초 기반 시설의 재건을 시작해야 했다. 실제로 이런 일을 할 줄 아는 유일한 사람들은 히틀러 정권 동안 관료와 행정가로 근무했으며, 당원 자격은 당시 직업을 얻기 위한 필수 요건이었다. 그러나 신문들은 패튼이 나치와 미국의 정당을 비교한 것 외에는 더 이상의 것을 보지 않았으며, 패튼이 나치와 민주당 및 공화당 사이에 아무런 차이가 없다고 말한 것은 충격이라고 헤드라인에 실었다.

예상한 대로 아이젠하워는 폭발했다. 패튼은 자신의 얘기가 잘못 인용되었다고 주장하면서 자신을 변호했다. 엄밀히 말하면 잘못 인용한 것이 아니라 문맥에서 자연스레 인용된 것이었다. 아이젠하워는 기록을 바로 잡기 위해 다시 기자 회견을 열자고 제안했다. 이에 따라 패튼은 조심스럽게 서면 진술서를 준비했다. 하지만 그것을 그대로 읽지 않고 연설을 미사여구로 꾸미면서 반항적인 어조로 준비되지 않은 말을 했고, 나치를 행정직에 유지하려는 자신의 이유를 되풀이하는 데 그쳤다.

패튼은 계급 편견, 인종차별, 반유대주의가 지배적이던 시대와 사회적 환경에서 자랐다. 홀로코스트의 끔찍한 증거인 죽음의 수용소도 자신의 출신과 오래된 문화적 관점을 누그러뜨리지 못했다. 사실 그는 나치의 비인간성에 구역질이 났지만, 또한 유대인들이 스스로 희생당하도록 허용한 것을 비난하는 경향이 있었다. 따라서 언론과 정치인들이 자신을 비난하자, 그는 자신의 편견 속에서 추악하고 완전한 망상에 빠져버렸다. 그

---

* The press conference was recorded by Robert S. Allen in "The Day Patton Quit," *Army* (June 1971) and quoted in D'Este, *Patton*, 766.

는 자신에게 잘못이 있다고 보지 않았고, 9월 25일 베아트리체에게 보낸 편지에 "악마와 모세"가 자신에게 대항하는 세력에 합류했다고 선언했다. 그는 그녀에게 보낸 또 다른 편지에 "나를 반대하는 잡음은 단지 유대인과 공산주의자들이 독일을 더 많이 분열시켜 큰 성공을 거두려고 시도하는 수단일 뿐이오"라고 썼다. 그는 일기에 "언론이 유대주의의 영향을 받은 것은 명백하다. 그들은 두 가지를 하려고 노력하고 있다. 첫째 공산주의를 실행하고, 둘째 독일 혈통과 모든 비유대인 사업가가 직장에서 쫓겨나는 것을 보려 한다." 그는 계속해서 유대인이 지배하는 언론과 그가 자신의 가치 있는 유산으로 본 것 사이에 분명한 선을 그었다. "그들은 앵글로 색슨의 정의 개념을 완전히 잃어버렸고, 다른 누군가가 나치라고 말하면 그 사람은 쫓겨날 수도 있다고 생각한다."[*]

1945년 9월 28일 아이젠하워는 프랑크푸르트 이게 파르벤IG Farben 빌딩에 있는 본부로 패튼을 소환했다. 패튼, 아이젠하워, 그리고 베델 스미스 사이에 열띤 토의가 있었고, 아이젠하워는 조용히, 심지어 부드럽게 한 가지 조심스러운 제안을 했다. 실제로는 소규모 사령부와 참모만이 있는 이른바 제15군이 유럽 전쟁사를 편찬하기 위해 구성되었다. 아이젠하워는 그 일이 중요하며 제15군에 훌륭한 지휘관이 필요하다고 말했다. 그는 패튼에게 제15군을 맡아달라고 요청했다. 패튼은 바로 그 자리에서 사직하고 싶은 충동이 일었지만, 입을 꾹 다물었다. 어쩌면 역사에 대한 그의 사랑과 전쟁사가 어떻게 쓰이는지에 관한 그 기술에 대한 통제권을 갖게 되는 기회가 될지도 몰랐다. 어떤 이유였든 간에 그는 현재 맡은 제

---

[*]   Patton, letter to Beatrice, September 25, 1945, and diary, September 22, 1945, in Blumenson, ed., *The Patton Papers 1940-1945*, 772-73 and 766.

3군을 포기하고 이 새로운 "페이퍼 아미paper army"의 지휘권을 받기로 결정했다.

처음에는 마지못해 패튼을 위해 수행했지만, 그다음에 시칠리아의 메시나를 점령하면서 훌륭하게 임무를 수행해낸 옛 동료이자 믿을 수 있는 부하 루시안 트루스콧이 10월 7일 바트 퇼츠 육군 사령부에서 제3군의 지휘권을 인계받았다. 침울했던 지휘관 교대식에서 패튼은 장교들에게 "모든 좋은 일은 끝이 난다"라고 말했다. "지금까지 나에게 일어난 일 중 가장 좋은 일은 제3군을 지휘했던 명예와 영광이었다."[*]

새로운 지휘권을 받은 패튼은 지체 없이 바트나우하임Bad Nauheim의 한 호텔에서 제15군의 병력을 투입하여 전쟁사를 쓰는 데 필요한 문서를 수집하였다. 하지만 곧 자신의 임무에 흥미를 잃었다. 참모들이 연구를 시작하자 패튼은 파리, 렌, 샤르트르, 브뤼셀Brussels, 메스, 랭스, 룩셈부르크, 베르됭으로 출장을 나갔다. 그는 어디에서나 영웅으로 환영받았고, 명예시민 증서와 군대 훈장을 받았다. 그는 심지어 1912년 올림픽 때 영광의 순간이었던 스톡홀름으로 출장을 가기도 했다. 그곳에서 당시 스웨덴 올림픽팀 선수 중 생존해 있는 선수들과 만났다.

패튼은 1946년 크리스마스를 위해 집으로 돌아간 뒤에는 절대로 유럽이나 제15군으로 복귀하지 않겠다고 결심했다. 아마도 그가 군에 남게 된다면 몇몇 주 정부에서 일하게 되거나 전역했을 것이다. 그것은 베아트리체와 상의할 문제였다. 패튼은 아이크의 비행기를 타고 영국 사우스햄프턴Southampton으로 가서 뉴욕으로 가는 배를 타기로 했다. 8일 햅 게이

---

[*] Patton, speech to officer and men of Third Army, October 7, 1945, in Blumenson, ed., *The Patton Papers 1940-1945*, 792.

는 패튼의 기분을 북돋우려고 같이 슈파이어Speyer 서쪽 지역으로 차를 몰고 꿩 사냥을 가자고 제안했다. 패튼은 기뻐했고, 12월 9일 일요일 이른 아침 일병 호레이스 L. 우드링Horace L. Woodring은 장군의 1938년 모델 75 캐딜락 전용차량을 준비했다. 그들은 9시에 바트나우하임을 출발했다. 정오 직전, 우드링은 만하임Mannheim 외곽의 철도 건널목에 멈춰 서서 기차가 지나가게 했다. 그리고 선로를 건넜다. 반대 방향에서 기술 부사관 로버트 L. 톰슨Robert L. Thompson 중사가 운전하는 2.5톤 트럭이 갑자기 왼쪽으로 돌아 보급창으로 진입했다. 정확히 11시 45분에 패튼은 버려진 차량이 많아서 도로가 어지럽다고 말했다. "전쟁이 얼마나 끔찍한지⋯⋯." 그가 말했다. "이 낭비를 봐." 장군의 말에 귀를 기울이고 있던 우드링은 시선을 도로에서 돌렸고, 다시 고개를 돌렸을 땐 회전하고 있던 톰슨의 차량이 눈앞에 나타났다. 그는 브레이크를 꽉 밟고 핸들을 왼쪽으로 세게 꺾었다. 무슨 일이 벌어지는지 본 게이는 "조심해!"라고 말했다. 게이는 충돌에 대비했다. 하지만 패튼은 전쟁의 낭비를 생각하느라 무슨 일이 벌어지고 있는지 알아채지 못했다.[*]

비록 피하지는 못했지만 그 상황에서 우드링이 잘 대처했기 때문에 충돌은 크지 않았다. 운전자도 다치지 않았고, 게이도 가벼운 타박상만 입었다. 하지만 패튼은 머리에 심한 상처를 입었고 출혈까지 있었다. 그는 승객과 운전자를 구분하는 뒷좌석 유리 칸막이를 들이받았고, 자동차의 다이아몬드 모양의 실내등에도 부딪힌 것 같았다.

패튼은 먼저 게이와 우드링이 다쳤는지 물었다. 두 사람 모두 아니라

---

[*] Account of Hobart R. Gay, quoted in D'Este, *Patton*, 785.

고 대답하자 그는 침착하게 말했다. "나는 마비된 것 같아. 숨쉬기가 힘들어. 내 손가락으로 나를 만져봐. 가져다가 내 팔과 어깨를 세게 문질러 봐." 패튼은 아무것도 느낄 수 없었다. "빌어먹을, 문질러 보라고." 패튼이 심하게 다친 것을 알게 된 게이는 도움을 요청하는 동안 움직이지 말라고 말했다.

"아주 멋지게 죽는군." 패튼이 말했다.[*]

패튼 장군은 하이델베르크Heidelberg에 있는 병원으로 후송되었다. 그는 절대 의식을 잃지 않았고, 그에 대해 떠드는 의사들과 간호사들에게 농담도 했다. "진정해, 여러분, 나는 지금 끔찍한 상태는 아니야."[**]

진단 결과는 제3 경추와 제4 경추의 골절과 탈구, 즉 척추손상으로 목이 부러진 상태였다. 패튼은 상처가 아물거나 염증이 가라앉으면 일부 움직임과 감각이 회복되리라 기대하면서 견인 상태로 있었다. 옥스퍼드 대학교에서 저명한 신경외과 의사가 왔다. 그리고 아이젠하워는 베아트리체 패튼에게 비행기를 제공해주었다. 그녀와 함께 미국의 유명한 신경외과 의사이자 최근 대령으로 제대한 R. 글렌 스펄링R. Glen Spurling 박사가 패튼의 병상으로 왔다.

패튼은 베아트리체에게 쾌활한 태도로 대했다. 하지만 스펄링 박사와 단둘이 있을 때 있는 그대로의 진실을 물었다.

"자, 대령. 우리는 전투 중에 서로 알고 지냈고, 당신이 나와 남자 대 남자로 이야기해주었으면 하오. 내가 회복할 수 있겠소?"

---

[*] Account of Hobart R. Gay, quoted in D'Este, *Patton*, 785.

[**] Patton quoted in Blumenson, *Patton*, 292.

스펄링은 자신의 예측으로는 앞으로 며칠 동안 일어날 일에 달려 있다고 답했다.

"내가 다시 말을 탈 수 있겠소?"

"없습니다."

"다시 말하자면 내가 바랄 수 있는 최상은 하반신 마비라는 것이네."

"네."

"솔직하게 말해주어 고맙소, 대령."[*]

그 후 13일 동안 패튼은 완전히 마비된 채 있었는데, 불평도 하지 않고 화를 내지도 않고 누구에게 무례한 말을 하지도 않았다. 12월 21일 오후, 그의 아내는 그가 잠에 빠져든 4시까지 책을 읽어주었다. 그의 호흡이 불규칙해지자 스펄링 박사를 불렀다. 5시 15분이 되자 호흡이 좋아졌고, 이제는 평화롭게 잠들어 있는 것 같았다. 베아트리체와 스펄링 박사는 저녁 식사를 하러 갔다. 6시, 윌리엄 듀안 주니어 William Duane Jr. 박사가 병원 식당에 나타나 두 사람을 패튼의 병실로 불러들였다. 몇 분도 걸리지 않았는데, 그들이 침대 옆에 도착했을 때는 미 육군 장군 조지 S. 패튼 주니어가 이미 사망한 후였다. 유럽에서 전쟁이 끝난 날 패튼은 보좌관에게 이렇게 말했다. "노병에게 최고의 마지막은 마지막 전투의 마지막 순간, 총알에 맞는 것이다."[**] 마지막 전투가 끝나고 몇 달 뒤, 패튼은 폐부종과 울혈성 심부전으로 쓰러졌다. 그의 나이 60세였다.

---

[*] Farago, *Last Days of Patton*, 276-77.

[**] Robert S. Allen, *Lucky Forward* (New York: Vanguard Press, 1964), 401-402.

Chapter 14

패튼의 문제와 패튼의 유산

The Patton Problem and the Patton Legacy

시칠리아 전역 동안 패튼은 일기에 자신이 "운명의 강에 떠 있는 칩chip(나무토막)이 되는 느낌이 든다"라고 털어놓았다. 그것은 전쟁 내내 자주 사용한 은유였고, 변형(때로는 운명의 바람에 날리는 잎사귀)이 되기도 했다. 칩, 잎사귀, 물에 뜨다, 바람에 날리다 같은 개인적인 운명에 관한 패튼의 감각은 평생 변함없었다. 이것은 공격적이고 직접적인 지휘 스타일, 영광에 대한 갈망, 그리고 승리에 대한 절대적인 결단으로 알려진 지도자의 어휘가 아니다. 수동적인 항복의 언어이다.[*]

아마도 이 은유의 역설은 전사로서 그의 천재성과 관련해 단서를 제공한다. "올드 블러드 앤 거츠"는 겉으로는 격렬한 운동선수이자 세속적인 살인자였지만, 속으로는 운명을 세월을 통해 흐르는 샘으로 보면서, 현재

---

[*] Patton, diary, June 8, 1943, in Martin Blumenson, ed., *The Patton Papers 1940-1945*, reprint ed. (New York: Da Capo, 1996), 263-64.

싸우면서도 과거에도 싸우다 죽었다고 생각하고 미래에도 틀림없이 싸울 것이라고 확신하는 종교적인 신비주의자였다. 자신에 대한 이런 비전은 가끔 판에 박힌 듯 종교적이었다. 그는 자신을 하나님의 뜻을 이루기 위한 도구로 보았다. 그러나 종종 그 비전은 좀 더 특이하게 신비스러웠다. 그의 임무는 신의 섭리가 아니라, 오히려 하나님이 아무런 역할을 하지 않는 것처럼 보이는 만큼 비개인적인 운명에 의해 주도되는 것 같았다. 그가 하나님의 도구든 운명의 강에 떠 있는 칩이든 신의 섭리든 어떤 경우든 간에 운명 앞에 수동적이었던 적은 없었다. 운명을 이행하려면 최선의 노력과 용기, 대담함, 그리고 의지의 실행이 필요했다.

패튼과 동시대 사람들은 수동성과 공격적인 행동이 공존하고, 항복과 승리가 공존하며, 신비로운 영성과 피에 굶주린 불경스러움이 공존하는 지휘관을 받아들이기 어려웠고, 합리적인 민주주의를 위해 복무하는 군대 지도자들도 그를 용납할 수 없었다. 비록 미국의 역사는 전쟁과 전쟁 같은 폭력의 이야기이지만, 미국인들은 전사들을 온전히 편하게 생각한 적이 없으며, 역사적으로 대규모 상비군을 유지하는 데 거부감을 가져왔다. 이는 패튼이 속해 있다고 믿는 바로 그 계급인 전사 계급과 유사한 집단을 육성함에 국가적 혐오감이 반영된 것이라고 할 수 있다.

우리가 낭만적인 영감의 관념에 강한 영향을 받는 문화 속에 빠져 있는 동안, 대부분은 베토벤이나 미켈란젤로, 또는 에디슨과 같은 위대한 작곡가, 예술가, 과학자, 발명가들이 이성적이고 일상적인 자아를 넘어선 원천과 그 영향력으로 영감을 받을 수 있다고 쉽게 생각한다. 우리 중 많은 사람은 전사가 비슷한 영감을 받을 수도 있다는 것을 받아들이는 데 어려움을 겪는다. 패튼이 자신의 영감의 근원을 하나님으로 일관되게 확인했다면 이는 문제가 되지 않았을지도 모른다. 패튼이 날씨 기도문을 쓰라고 명령했을 때 오닐 신부는 불편했지만, 독일군을 죽이는 데 신의 도움을 요청했다. 오늘날의 군대에서 패튼의 영성은 좀 더 전통적인 측면에서 받아들여질 준비가 되어 있다. 많은 군인은 자신이 신의 편에서 싸우고 있다는 믿음에서 힘을 얻고 있으며, 근래에는 미국의 전쟁을 포함한 미국의 외교정책을 형성하는 보수적인 정치인들이 신의 뜻에 따라 인도된다고 주장하므로 군대에서 종교의 역할은 그 어느 때보다 두드러지고 있다.

하지만 패튼은 단순히 하나님의 군인이 아니었다. 그는 셰익스피어 작품들 속의 불안할 정도로 복잡한 군사 인물들과 더 비슷했다. 그가 영감을 받은 명장인 셰익스피어의 율리우스 카이사르, 오델로Othello, 타이투스 앤드로니커스Titus Andronicus 같은 인물들은 전쟁 시에는 문명사회가 그들에게 의존했지만, 평화 시기에는 그들을 참을 수 없었다. 셰익스피어의 명장들과 마찬가지로 패튼도 그랬다. 평화로운 문명은 그를 용납할 수 없었고, 그는 평화로운 문명 속에서 평화롭게 살 수 없었다. 아이젠하워나 브래들리 같은 군인들은 그런 갈등을 견뎌내지 못했다. 그들은 신의 섭리나 운명 같은 건 없다고 주장했으나, 국가를 위해 복무하는 전문 전사가 되기를 열망했다. 하지만 패튼이 전면전에서 보여준 맹목적 대담함은 이따금 브래들리나 아이젠하워에 의해 철회되었다.

브래들리와 더 나아가 아이젠하워가 전후 세계에서 예외적인 성공을 거둔 것은 우연이 아니다. 패튼이 회고록을 쓰기 전에 죽은 반면, (내가 알고 있는 그의 전쟁은 다른 사람의 손에 의해 편집되고 구성된 노트로 존재한다) 아이젠하워와 브래들리는 널리 읽힌 회고록을 통해 전쟁에 관한 자신의 설명과 비전을 전달하면서 살았다. 또한 전쟁 중에 그들은 대중 언론을 능숙하게 다루어 유리하게 만들었다. 브래들리는 계속해서 지상의 "G.I. 장군", 아이젠하워는 미소 풍부한 연합군의 최고 전략가로 그려졌다. 이미지가 중요했던 패튼은 (그는 생도 시절부터 '전쟁 얼굴'을 연습했지만) 언론에 의해 한 번 만들어진 이미지를 좀처럼 통제하지 못했다. 기자들 앞에서도 충동적인 성격을 억누를 수 없었던 그는 어느 날 신문들에 의해 높이 올려졌지만, 다음 날 깊은 나락에 내던져졌다. 패튼은 아마 그런 현대 군대의 이미지 통제와 관련한 언론과의 투쟁을 높이 평가했을 것이다. 베트남 전쟁 당시에는 지휘 통제 문제뿐 아니라 잔학 행위에 대한 뉴스가 자주 보도되어 전쟁에 대한 미국의 집단적 혐오를 불러일으켰다. 마찬가지로 2003년 시작된 이라크 자유작전 때도 포로 학대와 고문, 심지어 살인에 관한 전 세계 뉴스 기사로 시달려야 했다. 하지만 제2차 세계대전 시기의 뉴스 매체가 오늘날보다 훨씬 더 엄격하게 통제되었고, 잠재적으로 당혹스러운 기사들이 효과적으로 검열되는 동안에도 항상 신문들은 조지 S. 패튼과 관련된 해로운 뉴스를 기사화했다.

이 모든 것이 패튼이 죽은 날 갑자기 바뀌었다. 그 논쟁들은 잊히지는 않았지만, 패튼을 아주 위대한 장군, 아마도 제2차 세계대전에서 최고의 장군으로 묘사하기에 바빴다. 미국 국민은 대체로 진심으로 애도했고, 심지어 따귀 사건이나 너츠포드 연설, 그리고 탈나치화 발언 이후 패튼의 사임을 요구했던 사람들조차도 진심으로 애도했다. 제2차 세계대전의 당황스럽고 불안한 여파가 있는 동안 (패튼, 처칠, 그리고 다른 사람들이 경고했듯이) 옛 연합국 소련이 끔찍한 위협으로 새롭게 등장하자, 영웅적이고 단순하며 마음대로 행동하는 사람이라는 패튼의 대중적 이미지는 이제 가장 유혹적이고 매력적인 이미지가 되었다.

　육군장교들에게 패튼의 죽음은 곧바로 의전상의 문제가 되었다. 전쟁 중에는 어떤 미군 장교나 병사도 장례식을 위해 본국으로 송환되지 않았다. 그런데 패튼의 경우만 만약 예외가 된다면 대중들, 특히 그 모든 골드스타의 부모들은 어떻게 반응할까? 이 문제가 제기되자 베아트리체 패튼은 즉각 이렇게 대답했다. "당연히 그는 그곳에 묻혀야 합니다! 왜 내가 그렇게 생각하지 않을 것이라고 생각합니까? 게다가 조지 역시 쓰러진 군인들 옆에 눕고 싶을 겁니다."[*] 베아트리체는 남편이 가장 자랑스러워했던 치열한 전장인 바스토뉴에서 멀지 않은 룩셈부르크 함Hamm에 있는 미군 묘지를 선택했다. 따라서 패튼은 사망 후 살아 있을 때 야기된 모든 논란은 물론 심지어 육체적 존재의 마지막 흔적인 유해조차도 조국의 사람들에게서 멀리 떨어진 곳에 묻히게 되었다. 영웅이 죽으면 최고의 영웅이 된다. 왜냐하면 그들의 시간은 멈추고, 신화와 같은 집단적인 문화적 투영을 간섭해오던 인생의 골치 아픈 일 따위는 더는 존재하지 않게 되기 때문이다.

　그가 죽자 패튼은 미국의 신화적 상상력에 봉안되었다. 서문에서 언급했듯이 패튼에 관한 논의는 여전히 논란의 여지가 있다. 하지만 패튼이라는 이름은 결코 마법을 잃지 않았다. 패튼보다 아이젠하워, 브래들리, 맥아더가 연합군 승리의 주역이라고 주장하는 것은 어렵지 않다. 하지만 그들이 더 우월한 전사라고 주장할 수도 없었고, 그들 중 누구도 신화적 상상력의 영역에 들어가지 못했다.

---

[*]　R. Glen Spurling's recollections ("The Patton Episode"), in Carlo D'Este, *Patton: A Genius for War* (New York: HarperCollins, 1995), 798.

그리고 그것은 패튼에 대한 논란의 또 다른 측면이다. 신화의 형상은 대체로 우리가 그들에게 부여한 의미를 나타낸다. 패튼에 관한 것들이 미국 신화에 들어갈 수 있을까? 신화 속 패튼은 군인이자 군인의 지도자인 역사적인 패튼을 너무 쉽게 가려버리기에 다음과 같은 중요한 질문을 흐리게 만든다. 패튼이 오늘날 군대에 남긴 것은 무엇인가?

지휘권 행사 Command Presence

역사적으로 여러 뛰어난 지휘관들을 통하여 이 질문에 답하는 방법은 전략과 전술, 그리고 교리적인 공헌을 확인해보는 것이다. 그러나 패튼의 경우 그의 가장 중요한 공헌은 계량화할 수 없으며, 전통적인 영역에서 그가 행한 공헌이 훨씬 더 중요하다. 패튼은 군대에 전사 같은 리더의 이상형을 남겨주었다. 그는 가장 좋은 최신 무기를 갖추고 가장 현대적인 병참이 지원되며 가장 진보된 정찰과 통신기술의 도움을 받는 현대적인 군대를 원했는데, 오히려 자신의 오래되고 심지어는 인간 본래의 마음으로 부대를 고무시켰다. 현대 군대에서는 이것을 지휘권 행사라고 부른다. 사람 각각의 개성을 통합하여 응집시키고 동기부여가 높은 강력한 전력으로 만들어내는 것은 지휘관의 능력이다. 효율적인 군대는 그들의 리더와 동일시 되며, 리더가 책임지며 목표를 향해 나아간다면 필시 승리하는 군대가 만들어진다. 오늘날 군사 기획가들은 군대조직의 전투력을 두드러지게 증가시키는 전력증강자force multiplier이다. 패튼은 지휘관이 모두의 전력을 최대한으로 올릴 수 있다는 것을 보여주었다. 그렇다고 오늘날 지휘관들이 단순히 패튼을 모방해야 한다는 뜻은 아니다. 그것은 각 리더가 자신의 전사적 영혼을 찾아 자신이 명령하는 부대에 투영해야 한다는 것을 의미한다. 이는 전쟁대학에서 쉽게 배울 수 있는 교훈이 아니며 패튼의 예에서 구현된 교훈이다.

전술 Tactics

만약 모든 위대한 장군들이 효과적으로 지휘권을 행사한다면 그들 대부분은 중요한 전략가일 것이다. 하지만 조지 S. 패튼은 그렇지 못했고, 상관들도 인정한 사실이다. 그들은 횃불 작전과 연합군의 북아프리카 침공, 그리고 시칠리아 침공작전인 허스키 작전에서 패튼에게 부수적인 역할을 맡겼으며, 노르망디 침공작전인 오버로드 작전을 계획할 때는 아무런 역할도 주지 않았다. 패튼은 보통 다른 사람들이 설정한 전략을 실행하는 데 만족했고, 실행과정에 자유를 준다면 그것을 그다지 불쾌해 하지 않았다. 그는 아무리 뛰어난 전략이라도 불충분한 전술을 보완할 수는 없다고 믿었다. 계획은 단지 실행이나 다름없었다. 반대로 그는 숙련되고 맹렬히 실행되는 좋은 전술은 나쁜 전략까지도 보완할 수 있다고 진심으로 믿었다.

최상의 상황에서 그가 공격 시간과 장소를 선택할 수 있을 때, 패튼은 비할 데 없는 전술가였다. 브래들리의 상당히 평범한 전략을 전례 없는 속도와 범위의 절대적인 힘으로 확대시킨 코브라 작전에서 그의 질주와 진격의 경우는 전술이 전략이 되어 루아르강 북쪽의 프랑스 전역을 순식간에 되찾을 수 있었고, 이는 유럽 전역의 상당 부분을 변화시켰다. 미국이 제2차 세계대전에 참전하기 전 루이지애나와 텍사스에서 실시한 대규모 기동훈련을 시작으로 코브라 작전에서 정점을 찍은 패튼은 웅대한 스케일과 시간을 자기편으로 만드는 속도를 통한 기동전의 모델을 제시했다. 패튼의 코브라 작전 질주를 위한 야심 찬 기회 포착과 추진력은 전차가 주도하는 대규모 지상군의 신속한 기동을 특징으로 하는 제1차 걸프전의 후배 지휘관들에 의해 재조명되었다.

패튼의 전술은 언제나 대담함과 위험함으로 구별되었다. 그는 신중하게 계획을 세웠다. 꼼꼼하게 정보를 수집했고, 더 새로운 정보일수록 좋다고 믿었다. 하지만 그는 결코 어떤 정해진 계획에 집착하지 않았다. 일단 공격이 시작되면 기회를 놓치지 않았고, 실행하여 승리를 확대시킬 수 있다면 늘 즉시 행동할 준비가 되어 있었다. 그는 계획이 자신을 제한하지 못하도록 하였다.

패튼 전술의 또 다른 특징은 전투력의 속도와 조정이었다. 그의 목표는 가장 빨리 최대의 효과를 만들어 자신의 부대가 적의 포화에 최대한 짧게 노출되도록 하는 것이었다. 그는 현대식 전차 및 기타 차량 등의 기동전과 공중 지원뿐 아니라 신속한 통신으로 실행 속도가 향상된다는 것을 알고 있었다. 패튼의 시대 이후 대부분의 전쟁기술은 작전 속도를 높이는 데 전념해왔다. 이것은 전투 시간에 관한 패튼의 사고방식이 그 어느 때보다 중요해졌다는 것을 의미한다. 제1차 걸프전은 전투력의 속도와 조정을 적용한 극적인 사례였지만, 제2차 걸프전과 이라크 자유작전은 이 전술교리의 한계를 보여주었다. 패튼의 원칙을 적용한 지상작전이었던 2003년 이라크 침공은 아주 짧은 기간에 완수되었다. 그러나 이 전쟁의 국면은 2005년 현재, 그 누구도 최종적으로 종식되었다고 볼 수 없는 반란이 뒤따랐다. 패튼의 전술은 대규모 재래식 군대가 점령하고 있는 광대한 전쟁 공간을 위해 개발되었다. 하지만 비대칭전 시나리오에서는 효과적이지 않았다. 비대칭전에서는 완강한 반란이 거의 무한정 일어날 수 있었고, 그런 상황이라면 적이 시간을 훨씬 더 유리하게 적용할 수 있기 때문이다.

군사 전문주의의 재정립 Redefinition of Military Professionalism

패튼은 미국 군대 전통에 따른 전문 직업에 대하여 새로운 정의를 남겼다. 그는 물론 동시대 사람들이 생각하는 것보다 더 많이 군인이라는 직업이 유서 깊은 전통에 속한다고 믿었지만, 동시에 현대 군사령관은 최신 및 새로 생겨난 무기체계를 포함하여 모든 무기체계에 완전히 익숙해져 현실 세계에서 자신의 입지를 분명히 해야 한다고 주장했다. 패튼은 전차교리와 전술의 달인이었을 뿐 아니라 전차 역학, 장갑판, 내구성, 연료 요구, 속도, 그리고 다양한 지형에서의 역량 등을 완전히 이해했다. 전쟁에 관한 세부적인 기본사항은 장교로 임관하지 않은 기술자에게는 맡기지 않았다. 패튼은 모든 세부사항이 지휘관의 분야가 되어야 한다고 주장했다.

전쟁기술이 복잡해짐에 따라 패튼이 말한 전문기술 숙련도 수준까지 도달하기는 점점 어려워졌다. 1983년 그레나다^{Grenada} 침공 당시 전장 장비의 능력과 한계를 이해하지 못해 당혹스러운 결과를 가져왔다. 지휘관들은 자신이 지휘하는 군대의 통신 기반 구조를 제대로 이해하지 못했다. 그 결과 상당수의 임무용 무선장비가 서비스 전반에 걸쳐 호환되지 않았다. 육군의 무전기는 해병대와 송수신이 되지 않았고, 공군은 지상군과 제대로 통신할 수 없었다. 어떤 때는 현장 장교들이 개인 전화 또는 심지어 공중전화를 통해 상급부대와 통신할 수밖에 없었다. 제1차 걸프전에서 지휘관들은 이라크의 스커드 미사일 공격을 방호하기 위해 패트리어트 미사일 시스템에 의존했는데, 무기 성능을 충분히 이해하지 못해 작전 수행에 차질을 빚었다. 패트리어트는 대미사일 무기로 설계되지 않아 유감스럽게도 방공 역할에는 부적절했는데, 이 사실을 지휘관들은 전쟁이 끝날 때까지 이해하지 못했다.

기병 사상의 업데이트 Updating the Cavalry Idea

패튼은 현대 기갑에 대한 선구적인 전투교리를 개척하면서도 기병을 통해 배운 전통적인 교훈을 절대로 잊지 않았다. 그는 기병들의 오랜 사상인 속도, 매우 유연한 기동성, 강한 타격을 가하는 습격자 정신, 그리고 전장의 "지면"(지형)에 대한 예리한 감각을 기갑 전술과 교리에 전용했다. 이런 의미에서 그는 20세기로 기병을 가져 왔다고 말할 수 있다. 패튼이 경전차 및 중中전차 관점에서 기마병의 전술과 교리를 재정립함에 따라 제2차 세계대전에서 기동 무기는 탁월해졌다. 그리고 베트남 전쟁 시기 군대 전술가들은 베트남 전쟁과 가장 밀접하게 일치되는 기동 무기인 헬리콥터 측면에서 기병대를 다시 재정의했다. "공중 기병대air cavalry"는 전통적인 기병대와 매우 유사한 기능을 하는 강습 부대로 발전하여 적지에 침투하여 치고 빠지기식 기습공격과 정찰 등을 실시하였다. 패튼은 말을 사랑했고 안장에 앉아 싸우기를 좋아했지만 제1차 세계대전에서 말보다 경전차의 우월성을 바로 인정했다. 구식 무기 시스템에 향수 어린 마음으로 매달리는 대신, 그 시스템에서 가장 좋은 것을 살려 새로운 양식에 적용했다. 패튼을 통해 기병 사상은 살아남았고, 또 다른 무장 기동수단과 아주 다른 전쟁에서 여전히 싸우고 있던 베트남에서의 후대 전사들에게 활용되었다.

제병협동부대 접근법 Combined Arms Approach

패튼은 기병대를 사랑한 기갑의 열렬한 옹호자였지만, 결코 자신을 한 가지 무기로 제한하지 않았다. 그는 오늘날 전쟁에서 "제병협동부대" 접근법이라고 불리는 것의 초기 옹호자이자 실천가였고, 제2차 세계대전의 주요 작전마다 기갑·보병·포병·항공을 통합했다. 모두가 자기 역할을 했고, 어느 것도 다른 것에 종속되지 않았다. 유럽의 패튼과 태평양의 맥아더 같은 지휘관 덕분에 제2차 세계대전은 통합 무기교리가 발전하는 거대한 실험실이 되었다. 이 교리는 현대전에서 중심으로 부상하여 1947년 육군성은 육군, 공군, 해군, 해병대의 합동부대를 조정하는 내각급 관청인 국방부로 대체되었다. 따라서 각각의 군대 내에서 제병협동부대들도 꾸준히 중요해졌고, 제2차 세계대전 이후 모든 주요 군사작전은 제병 연합부대의 관점에서 구상되고 실행되었다.

패튼은 제병협동부대 접근법을 활용해 자신이 가장 좋아하는 전술을 수행하였는데, 그는 이 전술은 종종 '적의 코를 잡고 엉덩이를 걷어찬다'고 묘사했다. 이것은 적의 약점을 찾아내고 그를 이용하여 엄청난 속도로 최대한 맹렬하게 약점을 공격하고, 적이 파멸할 때까지 추격한 다음에 다시 엄청난 속도로 진격을 계속하는 것이다. 전형적으로 패튼은 보병을 이용해 적의 코를 잡았고, 전차들은 보통 먼 거리를 우회하여 엉덩이를 걷어찼다. 전차 무리를 활용하여 길게 늘어진 적의 주위를 우회 질주하여 측면을 치는 것은 제2차 세계대전 당시 매우 효과적이었다. 패튼의 전술은 H. 노먼 슈워츠코프H. Norman Schwarzkopf에 의해 활용되었는데, 이라크 주요 지상군의 취약한 측면을 치는 이른바 아베 마리아Hail Mary 우회 질주 덕분에 1991년 걸프전은 신속하고 상당히 파괴적인 결과를 얻을 수 있었다. 그 짧은 충돌에서, 전차가 주도하는 주력 합동군이 엉덩이를 걷어차는 동안, 수륙양용 공격으로 적의 코를 잡고 있던 것은 해병대였다.

속도의 원칙 The Principle of Speed

패튼은 독일군이 폴란드, 프랑스, 소련을 상대로 그토록 파괴적으로 사용했던 전격적 전술에서 특별히 융통성 있는 버전을 완벽한 상태로 가져왔다. 그의 이상은 속도와 파괴력을 결합한 전투를 만들어 최소한의 병력 및 장비 손실로 전투를 승리로 이끄는 것이었다. 패튼은 재래식 전쟁의 전투는 안전에 대한 환상을 주었지만, 결국 더 많은 생명을 앗아갔다고 설파했다. 승리를 달성하고 동시에 사상자를 최소화할 수 있는 유일한 방법은 사격으로부터 자신의 병력을 가능한 한 짧게 노출시키고, 최대한 빠르게 적을 물리치는 것이었다. 제1차 걸프전에는 패튼의 이런 원칙이 인상 깊게 적용되었다. 대규모 합동군이 증강된 다음, 패튼의 원칙은 신속하고 가차 없이 고도로 협조된 방식으로 사용되어, 적의 사격을 받는 시간을 최소화했다. 그 결과 합동군 사상자가 극히 적은 상황에서 이라크군을 크게 이겼다. 제1차 걸프전처럼 대담하고 맹렬한 공격에 강력하고 통합된 부대를 사용하는 것은 재래식 적에 가장 효과적이다.

부수적인 피해 감소 Reduction of Collateral Damage

사격을 받는 시간을 줄이는 것은 공격하는 부대원의 생명을 구할 뿐 아니라 오늘날 부수적인 피해라고 부르는 무고한 구경꾼인 민간인들에 대한 파괴를 줄일 수도 있다. "올드 블러드 앤 거츠"는 다친 군인들의 광경과 그가 목격한 수많은 민간인의 참화에 큰 혼란을 겪었다. 그를 비난하는 사람들은 그것을 인정하기 싫겠지만, 패튼은 전쟁에서 인간애의 중요한 척도를 가져왔다.

"스마트 무기" 전개라는 현대적 추세는 적의 군 전투력과 관련한 전쟁을 더욱 파괴적으로 만들었고, 전쟁 전사들이 부차적인 피해를 최소화시켰다. 이는 이라크 자유작전 초기 단계에서 실시된 바그다드 공습에서 입증되었다. 그러나 잘못된 정보에 의존하여 1999년 베오그라드Belgrade 주재 중국 대사관에 실수로 스마트 폭탄 공격을 지시한 미군처럼 "스마트" 기술을 잘못 적용시킬 수도 있다.

이라크 자유작전의 초기 시간과 며칠 동안, 이라크 독재자 사담 후세인이 은거한 것으로 잘못 알려진 장소에 스마트 무기가 사용되었다. 무기가 아닌 잘못된 정보로 인한 공격은 아주 큰 부차적인 피해를 가져오고 무고한 생명을 앗아갈 수 있다. 패튼은 전쟁의 낭비를 혐오했고, 원칙적으로 그 낭비를 줄일 수 있는 도구로서 스마트 무기 기술을 승인했을 것이다. 그러나 그는 또한 첨단 무기를 사용한 공습에만 의존하는 정치·군사적 사고를 비난하면서 첨단 무기가 지상군의 눈과 귀, 두뇌와 용맹까지는 대신할 수 없다고 틀림없이 지적했을 것이다.

훈련 Training

　패튼이 영광스럽고 논란 많은 전투 기록을 가졌기 때문에, 마셜 장군을 비롯한 상급 사령부의 사람들은 전쟁 발발 시 패튼을 전투지도자라기보다 군인의 트레이너로서 가장 큰 가치가 있다고 보았다는 것을 잊기 쉽다. 패튼은 캘리포니아 인디오에 있는 사막훈련센터를 만들고 지휘하면서 미국의 제1세대 사막 전사들을 훈련시켰다. 제1차 걸프전과 이라크 자유작전 초기 사막 전투 단계에서의 전술적 승리는 패튼이 북아프리카 사막에서 롬멜을 패배시키기 위해 인디오에 세운 육군 훈련시설의 기초 위에 달성되었다.

　패튼은 특정 환경을 위해 부대를 훈련시키는 것을 넘어, 일반적으로 훈련을 새로운 지위로 격상시켜 군대의 중심이 되게 하였다. 그는 군대를 훈련시키는 것보다 전투의 열기와 위험 속에서 복무하는 것을 훨씬 더 좋아하긴 했지만, 아마도 미국 독립혁명의 프리드리히 폰 슈토이벤Friedrich von Steuben 이래로 패튼처럼 훈련을 중심적인 역할로 만든 미군 지휘관은 없을 것이다. 오늘날 미국 군대는 고품질의 훈련이 군대가 가진 가장 가치 있는 상품이라는 걸 전제로 한다. 모든 군인이 받는 기본 훈련 이후, 현대 미 육군은 교육사령부Training and Doctrine Command(TRADOC)는 육군 시설 16개 안에 주요 학교와 센터 33개를 유지하고 있다. 2005년 현재, 이들 학교에는 교관 9,141명이 근무하고 있으며 1,753개 과정을 제공하여 군인 30만 명 이상이 교육받고 있다. 패튼이 제1세대 전차 승무원 및 지휘관과 제1세대 사막 전사를 훈련시킨 것은 오늘날 미군에서 흔히 볼 수 있는 일종의 특수 응용훈련의 선구적인 사례이다.

리더십 Leadership

패튼은 다른 모든 지휘관 사이에 우뚝 서 있는 리더십의 표본이었다. 그는 동기부여의 달인이었고, 자신이 지휘하는 부하들에게 그들이 생각하는 최고의 수준을 뛰어넘어 수행하도록 동기를 부여할 수 있었다. 그는 승리의 이미지를 창조할 수 있는 능력과 그 이미지를 실현하기 위한 의지와 감정, 마음가짐을 부하들에게 부여할 수 있는 능력을 갖춘 사람이었다. 군 지도자들뿐 아니라 기업체 및 민간 정부의 지도자들도 리더십에 관한 패튼의 연설과 다른 선언들을 연구하여 그로부터 중요한 동기부여 기술을 배운다. 패튼이 자신의 기술을 말로 표현한 것까지는 연구될 수 있다. 하지만 패튼 자신이 빠진 그의 리더십 스타일은 기껏해야 반만 유형화할 수 있다. 그것은 마치 어느 배우의 훌륭한 작품에서 육체적인 배우의 존재가 없다면 부분적으로만 평가되는 것과도 같다. 그것을 카리스마라 부르든 아니면 패튼 자신이 그것을 "그것"이라고 부르든 이는 리더십의 무형적인 부분으로, 존경받을 만하고 경이로운 것으로 어느 정도 전달될 수도 있다. 하지만 가르칠 수는 없다.

리더로서 패튼이 이끌어낸 효과의 핵심을 역사학자 에릭 라레이비Eric Larrabee의 말을 빌리면 "군대처럼 생각하는" 신비로운 능력이었다. 그는 본능적으로 군대가 주어진 상황에서 무엇을 이룰 수 있는지, 그리고 마찬가지로 중요하다고 해도 무엇을 이룰 수 없는지 알고 있었다. 제3군의 존

잉글스John Ingles 중위가 말했듯이 패튼은 "전장에서 무엇이 가능한지에 대한 탁월한 감각"을 지니고 있었다. 잉글스는 "우리는 패튼 장군이 우리에게 무엇을 기대하는지 알고 있었고, 그렇게 하면 우리가 이길 것이라고 믿었다"고 말했다. 아이젠하워나 브래들리 같은 다른 뛰어난 군인들은 패튼이 할 수 있는 모든 것들을 제3군과 함께 하도록 항상 허락하지는 않는데, 패튼은 이런 처사를 도저히 이해할 수가 없었다. 이는 패튼이, 자신에게는 너무나 당연했던 직관이 브래들리나 아이젠하워에게 없다는 것이 무엇을 뜻하는지 이해하지 못했다는 의미이기도 하다.[*]

◇◇◇◇◇◇◇◇◇◇

전문 역사가와 군인, 그리고 군 애호가들은 패튼이 좀 더 자유재량을 가졌더라면 어떤 일이 일어났을지 오랫동안 추측해왔다. 코브라 작전의 정점에서 팔레스-아르장탕 주머니를 넘어 패튼에게 더 깊은 침투를 허용했다면 어떤 결과를 낳았을까? 유럽 전역에서 훨씬 더 많은 독일군을 더 빨리 죽이거나 붙잡았을 가능성이 크다. 그렇다면 아르덴 역습은 어떤가? 만약 패튼이 독일군의 두드러진 "벌지"의 기저부를 더 많이 공격하도록 허락받았다면 어떻게 달라졌을까? 그랬다면 틀림없이 바스토뉴의 함락을 무릅써야 했을 것이고, 궁극적으로는 안트베르펜까지도 위험에 빠뜨릴 수도 있었겠지만, 만약 그 공격이 성공하기만 했다면 벌지 전투의 희생은 훨씬 적고 효과는 훨씬 컸을 것이다. 그 문제에 대해 우리가 생각

---

[*] Eric Larabee, *Commander in Chief* (New York: Harper & Row, 1987), 487; John Ingles is quoted in D'Este, Patton, 819.

할 수 있는 것은 따귀를 때린 사건 이후 패튼이 약 11개월 동안 활동하지 못하면서 연합군의 전쟁 노력에 손실이 있었다는 것이다. 제2차 세계대전이 끝난 뒤 몇 년 동안 여러 전문가와 아마추어들, 그리고 탁상공론하던 장군들은 패튼에게 더 많은 권한을 주고 휘발유를 제공했다면 유럽에서의 전쟁은 1944년에 끝났을 것이라고 말해왔다.

패튼은 유럽에서 벌어진 전쟁에서 승리하는 데 중요한 역할을 충분히 성취해냈다. 아이젠하워와 브래들리가 패튼을 그저 평범한 사령관이라고만 생각했다면, 패튼은 전쟁을 승리로 바꿀 기회를 얻지 못했을 것이다. 아이젠하워가 말한 대로 "그는 군인이 되기 위해 태어난 사람이었다."*

---

*   Eisenhower quoted in Brenton G. Wallace, *Patton and His Third Army* (Nashville: The Battery Press, 1981), 206.

한국국방안보포럼(KODEF)은 21세기 국방정론을 발전시키고 국가안보에 대한 미래 전략적 대안을 제시하기 위해 뜻있는 군·정치·언론·법조·경제·문화 마니아 집단이 만든 사단법인입니다. 온·오프라인을 통해 국방정책을 논의하고, 국방정책에 관한 조사·연구·자문·지원 활동을 하고 있으며, 국방 관련 단체 및 기관과 공조하여 국방 교육 자료를 개발하고 안보의식을 고양하는 사업을 하고 있습니다. http://www.kodef.net

KODEF
안보총서
105

패튼
★ PATTON ★

초판 1쇄 인쇄 2020년 9월 3일
초판 1쇄 발행 2020년 9월 10일

지은이 앨런 액슬로드
옮긴이 박희성
펴낸이 김세영

펴낸곳 도서출판 플래닛미디어
주소 04029 서울시 마포구 잔다리로 71 아내뜨빌딩 502호
전화 02-3143-3366
팩스 02-3143-3360
블로그 http://blog.naver.com/planetmedia7
이메일 webmaster@planetmedia.co.kr
출판등록 2005년 9월 12일 제313-2005-000197호

ISBN 979-11-87822-49-3 03990